Level 6

READER'S
BANK

Plant the Seeds of Love for English!

저는 독해집의 사명이 흥미로운 지문을 통해서 독해력을 향상시키는 것이라고 생각합니다. 그리고 독해력 향상 못지않게 중요한 것이 바로 독자들의 가슴에 영어에 대한 사랑의 씨앗을 심어주는 것이라고 굳게 믿고 있습니다. 이런 이유로 저희 영어연구소에서는 독자들에게 영어에 대한 흥미와 호기심을 불어넣을 수 있는 지문을 찾기 위해 많은 노력을 했습니다.

저희들이 심은 사랑의 씨앗들이 독자들의 가슴에서 무럭무럭 자라나서 아름다운 영어 사랑의 꽃을 피우면 얼마나 좋을까요! 먼 훗날 독자들로부터 리더스뱅크 덕분에 영어를 좋아하게 되었다는 말을 들을 수 있다면 저희들은 무한히 기쁠 것입니다.

이 책을 만들기 위해 지난 2년간 애쓰신 분들이 많습니다. 흥미와 감동을 주는 글감을 만드느라 함께 노력한 저희 영어연구소 개발자들, 완성도 높은 지문을 위해 수많은 시간 동안 저와 머리를 맞대고 작업한 Quinn(집에 상주하는 원어민 작가), 지속적으로 교정과 편집을 해주신 Richard Pak(숙명여대 교수), 채영인 님(재미 교포 편집장) 등 모두에게 깊은 감사를 드리며, 지난 30년간 지속적으로 이 책의 클래스룸 테스팅에서 마지막 교정까지 열정적으로 도와주신 김인수 선생님께도 고맙다는 말씀 전하고 싶습니다.

리더스뱅크 저자
이 장 돌 올림

About Reader's Bank

지난 35년 동안 대한민국 1,400만 명이 넘는 학생들이 Reader's Bank 시리즈로 영어 독해를 공부하였습니다. '영어 독해서의 바이블' Reader's Bank는 학생들의 영어 학습을 효율적으로 이끌 수 있도록 끊임없이 양질의 콘텐츠를 개발할 것입니다.

1 10단계 맞춤형 독해 시스템!

Reader's Bank는 초등 수준에서 중·고등 수준까지의 다양한 독자층을 대상으로 만든 독해 시리즈입니다. Level 1~Level 10 중에서 자신의 실력에 맞는 책을 골라 차근차근 체계적으로 단계를 밟아 올라가면 자신도 모르는 사이에 점차적으로 독해 실력이 크게 향상될 것입니다.

2 흥미도 높은 지문과 양질의 문제!

Reader's Bank 시리즈는 오랜 준비 기간에 걸쳐, 유익하고 흥미로운 지문들을 엄선하여 수록하였습니다. 지문에 딸린 문제들은 기본적으로 수능 경향에 초점을 맞추었지만 내신에 많이 등장하는 문항들도 적절한 비중으로 포함시켜서, 장기적인 목표인 수능과 단기적인 목표인 내신을 모두 대비할 수 있도록 균형 있게 다루었습니다.

3 문법, 어휘 및 쓰기 실력을 키워주는 다양한 연습 문제와 QR 코드

독해 지문에 나온 어휘와 문법은 Review Test와 Workbook을 통해 복습할 수 있으며, 지문을 원어민의 음성으로 읽어주는 MP3 파일은 QR 코드 스캔 한 번으로 들을 수 있습니다.

How to Study

흥미로운 영어 지문

- 지식과 상식을 풍부하게 만드는 알찬 영어 지문으로 구성
- 설문을 통해 학생과 선생님이 관심 있는 주제로 선정
- 다수의 원어민과 오랜 경험을 가진 선생님들의 현장 검토 실시
- 난이도 별 표시 / 어휘 수 —
  난이도: ★★★ 상 / ★★☆ 중 / ★☆☆ 하
  어휘 수: 지문을 구성하는 단어의 개수
- QR 코드
  스마트폰으로 스캔하여 생생한 원어민 음성으로 녹음한 지문 MP3 청취
- Grammar Link
  - 지문에서 사용한 핵심 문법을 예문으로 간결하게 정리
  - 교과서 핵심 문법으로 쉽고 빠르게 학교 시험 대비

07

Technology

★★☆ / 147 words

Thanks to digital devices, we can have new and exciting experiences. Two technologies that create these experiences are virtual reality (VR) and augmented reality (AR).

VR takes you to a completely virtual world. Some video games use VR. By putting on a headset, you can become the main character and fight monsters yourself.   (A)   , you can enjoy performances at virtual concerts held all over the world.

AR,   (B)   , is a combination of the real and virtual world. In fact, it adds virtual images to the real world. For example, the famous furniture company, IKEA uses AR technology for their business. With the IKEA app, you can see how the furniture would fit in your house right on your smartphone.

With advances in technology, VR and AR are becoming more common. In the future, maybe you will experience them in all parts of your life.

Grammar Link

6행 | 재귀대명사(-self/-selves)의 강조 용법
The children flew drones **themselves**. 아이들이 자기 스스로 드론을 날렸다.
The author **herself** gave me her new book.
그 저자는 직접 나에게 그녀의 신간을 주었다.

cf. The girl locked **herself** in the bathroom. ▶ locked의 목적어: 재귀 용법(생략 불가능)
그 소녀는 그녀 자신을 욕실에 가뒀다.

강조 용법의 재귀대명사는 의미를 강조하는 역할이므로 생략할 수 있어요

030 | LEVEL 6

English Only

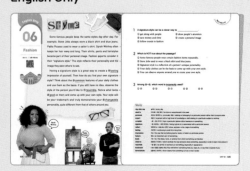

영어 문제와 단어 영영 풀이

Review Test

Unit 마무리 어휘·문법 문제

Word Hunter

흥미로운 단어 퍼즐

Laugh & Think

위트가 넘치는 만화

1 이 글의 주제로 가장 적절한 것은?

① some side effects of VR and AR
② new experiences through VR and AR
③ the impact of VR and AR on mobile apps
④ the bright future of the entertainment business
⑤ useful digital devices: headsets and smartphones

2 이 글의 빈칸 (A)와 (B)에 들어갈 말로 가장 적절한 것은?

	(A)		(B)
①	For example	·····	however
②	Moreover	·····	in other words
③	Therefore	·····	moreover
④	In other words	·····	on the other hand
⑤	Moreover	·····	on the other hand

정답과 해설 p.12

(서술형)
3 이 글의 VR과 AR에 대한 <u>these experiences</u>의 사례를 우리말로 쓰시오.

(1) VR: _____

(2) AR: _____

(G)
4 다음 문장의 밑줄 친 부분 중, 생략할 수 있는 것을 고르시오.

① Sam said to <u>himself</u>, "I am happy."
② I don't need your help. I can do it <u>myself</u>.
③ Did the children enjoy <u>themselves</u> at the party?

Did You Know?

삶을 바꾸는 첨단 기술

VR(가상 현실)은 머리에 장착하는 HMD 기기를 통해 컴퓨터로 만든 가상의 세계에서 실제와 같은 체험을 할 수 있는 기술이다. 이 기술은 비디오 게임에 가장 먼저 사용된 후, 현재는 외과 수술, 비행 조종 훈련, 가상 콘서트 공연 등 다양한 분야에 적용되고 있다. AR(증강 현실)은 눈으로 보는 현실 세계에 가상 이미지를 겹쳐 보여 주는 기술로, 스마트폰이 대중화되면서 더욱 주목받기 시작했다. 스마트폰 카메라로 주변을 비추면 근처에 있는 상점의 위치 및 전화번호, 지도 등의 정보가 입체 영상으로 표시되는 것이 AR 기술의 한 예이다. MR(혼합현실은 Mixed Reality의 줄임말로, 가상 현실과 증강 현실을 혼합한 기술이다.

Words

device 기기, 장비, 장치
technology (과학) 기술
virtual reality 가상 현실
augmented reality 증강 현실
completely 완전히
virtual 가상의 (↔ real 진짜의, 실제의)
fight (적과) 싸우다
performance 공연 (v. perform)
all over the world 세계 도처에
combination 조합(물), 결합(물) (v. combine)
add A to B B에 A를 더하다
fit (~에) 맞다
right 즉시, 바로
advance 진전, 발전
참 1. side effect 부작용
   entertainment 오락
   2. moreover 더욱이, 게다가
   in other words 다시 말해서

UNIT 03 | 031

· · · · ·

핵심을 찌르는 다양한 문제

● 지문 이해에 꼭 필요한 다양한 유형의 문제들로 구성

● 서술형 내신 문제 (서술형)
주관식, 도식화, 서술형 등 다양한 유형의 문제로 내신 대비

● 문법 문제 (G)
Grammar Link에서 익힌 문법을 문제를 통해 확인

● **Did You Know?**
지문 내용과 함께 알아두면 좋은 흥미진진한 배경지식

● **Words**
지문 속 주요 단어와 표현 정리

책 속의 책

정답과 해설

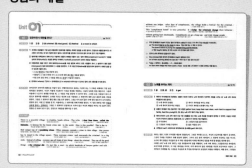

친절한 해설, 지문 끊어읽기, 구문 풀이

Workbook

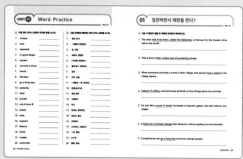

단어 정리와 지문 해석 연습

단어장

지문별 주요 단어 정리 및 우리말 발음 제시

Contents

Contents

"I hope you live a life you're proud of.
If you find that you're not,
I hope you have the strength to start all over again."

– The Curious Case of Benjamin Button –

네 자신에게 자랑스러운 인생을 살았으면 좋겠어.
만약에 네가 가고 있는 길이 자랑스럽지 않다고 생각되면,
모든 것을 새롭게 시작할 수 있는 힘을 가지길 바라.

– 영화 「벤자민 버튼의 시간은 거꾸로 간다」 중에서 –

UNIT

HOLLYWOOD

Society

★★☆ / 146 words

There is a peaceful village in Zambia, South Africa. The tribe that lives there, called the Babemba, is famous for the ⓐ lowest crime rate in the world. How is this possible? This is due to their unique way of punishing crimes. When someone commits a crime in their village, that person has to stand in the village square. Then everyone comes and ⓑ surrounds the criminal in a big circle. Instead of yelling, everyone says all kinds of nice things about the criminal. They say all the ⓒ good things the criminal did. It's just like a court in which hundreds of lawyers gather and talk without any judges. After days of compliments, the village holds a festival for the criminal. This "compliment bomb" is very ⓓ hurtful. It helps the criminals change their behavior without getting hurt emotionally. Compliments can go a long way and truly ⓔ change people.

Grammar Link

9행 | 관계부사 where를 대신하는 in which

John visited the town **in which** he was born. ▶ 그가 태어난 마을
(= where)

The hotel **in which** we stayed was very small. ▶ 우리가 묵었던 호텔
(= where)

관계부사 where는
「전치사(in/at/on 등)
+which」로 바꿔 쓸
수 있어요.

1 이 글의 요지로 가장 적절한 것은?

① 범죄는 강력한 법으로 막을 수 있다.

② 사람의 진정한 변화는 칭찬에서 비롯된다.

③ 이웃의 선행을 기억하고 감사하는 것이 중요하다.

④ 공동체 구성원은 모두 변호사와 같은 역할을 해야 한다.

⑤ 죄책감에서 벗어나게 하는 것이 처벌보다 중요하다.

2 이 글의 밑줄 친 ⓐ~ⓔ 중, 흐름상 어색한 단어는?

① ⓐ   ② ⓑ   ③ ⓒ   ④ ⓓ   ⑤ ⓔ

(서술형)

3 다음은 바벰바족 마을에서 범죄자를 처벌하는 과정을 설명한 것이다. 각 빈칸에 알맞은 말을 본문에서 찾아 쓰시오.

> The (A) _____ stands in the village square.

⬇

> People stand around the person and say (B) _____ things about him or her.

⬇

> After days of compliments, a (C) _____ for the person is held in the village.

Words

tribe 부족
be famous for ~로 유명하다
crime rate 범죄율 *cf.* crime 범죄
due to ~때문에, ~에 기인하는
unique 독특한, 고유의
punish 처벌하다
commit a crime 죄를 짓다
cf. commit (그릇된 일을) 저지르다
square 광장
surround 둘러싸다, 에워싸다
criminal 범죄자, 범인
instead of -ing ~하는 대신에
yell 소리치다, 고함치다
court 법정
lawyer 변호사
judge 판사
compliment 칭찬, 찬사
hold a festival 축제를 열다
bomb 폭탄 (칭찬 세례를 비유적으로 표현)
hurtful 마음을 상하게 하는 (*v.* hurt)
behavior 행동, 행실 (*v.* behave)
emotionally 감정적으로
go a long way 영향을 끼치다, 큰 도움이 되다; 성공하다

G

4 다음 우리말과 일치하도록 주어진 말을 바르게 배열하시오.

나는 조용히 공부할 수 있는 방을 찾고 있다.

I'm looking for _____ I can study quietly.
(which / a room / in)

02

Animal

★☆☆ / 133 words

Ants are often praised for their diligence. They gather food, keep their nest clean and work hard to support their family. However, not all ant species live up to the praise. A handful of ant species ₃ have figured out a way to have their weaker cousins do these essential tasks.

These so-called "slave-making ants" steal eggs from neighboring ₆ ants. The slave-making ants attack their nests, kill the adults and carry the unborn young to their own nest. When the young hatch, they accept their new masters and carry out their tasks. For ₉ instance, they feed the young of the slave-makers because slave-making ants specialize in fighting and have lost the ability to perform such basic tasks themselves. You may feel sorry for the slave ants. ₁₂ But surprisingly, they don't know they _____.

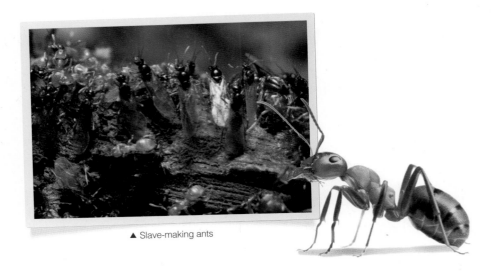

▲ Slave-making ants

Grammar Link

4행 | **have + 목적어 + 동사원형**: ~에게 …하게 하다
I always **have** my kids **wash** their hands before eating.
나는 아이들에게 항상 먹기 전에 손을 씻게 한다.

Sarah **had** her son **move** some boxes.
Sarah는 자신의 아들에게 상자 몇 개를 옮기게 했다.

> 동사 let과 make도
> '시키다'의 의미를 나타낼
> 수 있어요.

1 이 글의 주제로 가장 적절한 것은?

① the habits of slave ants

② how ants feed their young

③ the essential tasks of slave ants

④ the features of slave-making ants

⑤ the reason why we should protect ants

2 이 글의 밑줄 친 <u>such basic tasks</u>에 해당하지 않는 것은? (2개)

① 식량 모으기

② 보금자리 청소하기

③ 이웃 개미의 알 가져오기

④ 다른 개미의 집 공격하기

⑤ 어린 개미에게 먹이 주기

3 이 글의 빈칸에 들어갈 말로 가장 적절한 것은?

① are slaves   ② are diligent

③ lost their eggs   ④ support their family

⑤ have many enemies

4 Ⓖ 다음 우리말과 일치하도록 괄호 안에서 알맞은 것을 고르시오.

경찰관이 운전자에게 그의 차에서 내리도록 했다.

The police officer had the driver (to get / get) out of his car.

Words

be praised for ~ 때문에 칭찬받다
cf. praise 칭찬하다; 칭찬
diligence 근면, 성실 (*a.* diligent)
support 부양하다
species (분류상의) 종
live up to (기대에) 부응하다
a handful of 소수의
figure out ~을 알아내다
essential 필수적인, 가장 중요한
task 일, 과업
so-called 소위, 이른바
slave-making ant 노예 사역 개미, 무사 개미 *cf.* slave 노예
neighboring 이웃의, 근처의
unborn 아직 태어나지 않은
young (동물의) 새끼들
hatch 부화하다
master (노예의) 주인
carry out 수행하다 (= perform)
feed 먹이를 주다
specialize in ~을 전문으로 하다
문 1. **feature** 특징

03

Origin

★★★ / 191 words

You may think robots are a recent invention, but they existed in the 19th century, too. Here's something interesting about them.

In 1928, a mysterious machine arrived at the Franklin Institute Science Museum. The machine was ⓐ a doll that looked like a young boy. Since the machine was not in good shape, the curators at the museum had no idea what it could do. So they patiently put the parts together and gave it a test run. Suddenly, the machine started to move! ⓑ The boy opened his eyes, clutched a pen in his hand and began to draw! He drew pictures and even wrote poetry. This was no ordinary machine. It was ⓒ the earliest version of modern robots. But who built it? The robot gave the curators a clue. After writing a poem, the machine signed it like this: "Written by the *Automaton of Maillardet." Henri Maillardet, ⓓ a Swiss clockmaker, had developed this automatic machine in London in 1805. At the time, clockmakers often invented such machines to show off their skills. Maillardet might have made ⓔ this machine for fun, but it certainly helped pave the way for today's robotics technology.

*automaton 자동 장치[로봇]

Grammar Link

16행 | **might have p.p.**: (어쩌면) ~이었을지도 모른다
The man **might have forgotten** my name.
그 남자는 내 이름을 잊어버렸을지도 모른다.

You **might have heard** news about the accident.
당신은 그 사고에 대한 소식을 들었을지도 모른다.

'might have p.p.'는 과거의 일에 대한 약한 추측을 나타낼 때 사용해요.

1 이 글의 밑줄 친 ⓐ~ⓔ 중에서 지칭하는 것이 <u>다른</u> 하나는?

① ⓐ　　　　② ⓑ　　　　③ ⓒ　　　　④ ⓓ　　　　⑤ ⓔ

2 초기 로봇에 대한 이 글의 내용과 일치하면 T, 일치하지 <u>않으면</u> F를 쓰시오.

(1) ＿＿＿＿ 부품들이 조립되자 갑자기 움직였다.

(2) ＿＿＿＿ 로봇은 그림을 그리고 시를 쓸 수 있었다.

(3) ＿＿＿＿ 제작한 사람이 직접 서명을 하여 자신의 이름을 남겼다.

3 이 글의 내용으로 보아, 다음 빈칸 (A), (B)에 들어갈 말로 가장 적절한 것은?

> An early version of a ＿＿(A)＿＿ made by a Swiss clockmaker in 1805 helped today's robotics technology to ＿＿(B)＿＿.

(A)	(B)		(A)	(B)
① poem	····· invent		② robot	····· develop
③ doll	····· finish		④ clock	····· improve
⑤ machine	····· use			

G

4 다음 우리말과 일치하도록 주어진 단어를 알맞은 형태로 바꾸어 쓰시오.

나는 어제 그 형제들이 어쩌면 만났을지도 모른다고 생각한다.

I think the brothers ＿＿＿＿＿＿＿＿＿＿＿ yesterday. (meet)

Review Test

정답과 해설 p.06

1 성격이 나머지 셋과 <u>다른</u> 단어는?

① lawyer   ② behavior   ③ master   ④ curator

2 다음 빈칸에 알맞은 단어는?

> I take it as a _____ when people say I look like my father.

① diligence   ② tribe   ③ compliment   ④ clue

3 영영 풀이에 해당하는 단어는?

> be around something on all sides

① hatch   ② clutch   ③ support   ④ surround

4 우리말 풀이가 <u>잘못된</u> 것은?

① commit a crime: 죄를 짓다   ② a handful of: 손으로 할 수 있는
③ in good shape: 상태가 좋은   ④ carry out: 수행하다

5 빈칸에 공통으로 들어가기에 알맞은 것은?

> · Your plan went a long _____ in helping us with our problem.
> · Mark's efforts paved the _____ for his success as a designer.

① way   ② task   ③ version   ④ test

[6~8] 다음 문장의 괄호 안에서 알맞은 것을 고르시오.

6 Is there any room (which / in which) we can view the ocean?

7 I was afraid the girl (may lose / might have lost) her way home.

8 Jenny had the waiter (bring / to bring) her some drink.

9 다음 우리말과 일치하도록 주어진 말을 바르게 배열하시오.

벨보이에게 제 가방들을 방까지 옮겨 달라고 해 주세요.

Please _____ .
(a bellboy / up to my room / have / carry my bags)

04

Health

★ ☆ ☆ / 125 words

Are your friends making you fat? Or keeping you slender? According to new research, obesity can spread from person to person in a social network. (ⓐ) In fact, if one person becomes overweight, his close friends and family members become overweight, too. (ⓑ) One explanation is that we change our idea of what an acceptable body type is by looking at people around us. (ⓒ) When a close friend becomes overweight, fatness may not look as bad as you think. (ⓓ) Also, if you have a lot of fat friends with unhealthy eating habits, you are likely to adopt their life styles, too. (ⓔ) In reality, the more fat friends and family members you have, the more likely you are to ＿＿＿＿＿＿＿＿, the study suggests.

Grammar Link

10행 | the + 비교급 ~, the + 비교급 ...: ~하면 할수록, 더욱 더 ...하다

The more you eat, **the fatter** you get.
(= As you eat more, you get fatter.)

The higher we go up, **the colder** the air becomes.
(= As we go up higher, the air becomes colder.)

접속사 as를 이용해서 문장을 쓸 때는 비교급이 동사 뒤에 오고, the는 쓰지 않아요.

1 이 글의 흐름으로 보아, 다음 문장이 들어가기에 가장 적절한 곳은?

> Why does this happen?

① ⓐ   ② ⓑ   ③ ⓒ   ④ ⓓ   ⑤ ⓔ

2 이 글의 빈칸에 들어갈 말로 가장 적절한 것은?

① get worse
② become fat
③ argue with them
④ improve your health
⑤ change your eating habits

3 이 글의 내용과 일치하면 T, 일치하지 <u>않으면</u> F를 쓰시오.

(1) _____ 가까운 사람들의 체형이 개개인의 체형 기준에 영향을 미친다.

(2) _____ 친구끼리는 서로의 식습관을 따라 할 가능성이 크다.

4 Ⓖ 다음 두 문장이 같은 뜻이 되도록 빈칸에 알맞은 단어를 쓰시오.

As I study harder, my grades will get better.

= _____ _____ I study, _____ _____ my grades will get.

05

Superstition

★☆☆ / 146 words

When someone sneezes, people in America say, "Bless you," or "God bless you." The reason for this is that people believe sneezing brings bad luck. According to an old European superstition, your soul is supposed to leave your body when you sneeze. Then an evil spirit would use that opportunity to enter your body and make you sick. So people say, "Bless you," to _____.

Interestingly, similar expressions exist in other countries, too. In Germany, people say, "Gesundheit," which means "good health." The Germans recognize a sneeze as a possible sign of getting sick. The French and Spanish are similar to the Germans in their responses to sneezing. When someone sneezes, the French say, "Sante," and the Spanish say, "Salud." Both of these mean "good health." The languages may be different, but they all wish you good health when you sneeze.

Grammar Link

4행 | **be supposed to 부정사**: ~할 것으로 여겨진다, ~하기로 되어 있다
Richard **is supposed to come** here tonight.
This restaurant **is supposed to make** excellent salads.

일반적으로 누구나
그럴 것이라고 기대할 때
쓰는 표현이에요.

1 이 글의 빈칸에 들어갈 말로 가장 적절한 것은?

① call the evil spirit

② wish you happiness

③ help you feel better

④ look deep into your soul

⑤ protect you from the evil spirit

서술형

2 다음은 각 나라의 재채기에 대한 내용을 정리한 것이다. 각 빈칸에 알맞은 말을 본문에서 찾아 쓰시오.

When someone sneezes, what do people say?

America	Europe	
Bless you, or God bless you.	• Germany: Gesundheit. • France: Sante. • Spain: Salud.	These words mean (B) _____ .
They think sneezing brings (A) _____ _____ .	They consider sneezing as a possible sign of getting (C) _____ .	

G

3 다음 우리말과 일치하도록 괄호 안에서 알맞은 것을 고르시오.

오늘 오후에는 따뜻할 것으로 예상된다.

It is supposed (being / to be) warm this afternoon.

Words

sneeze 재채기하다; 재채기
God bless you 신의 축복이 있기를 *cf.* bless ~을 축복하다
superstition 미신
soul 영혼(= spirit)
evil spirit 악령 *cf.* evil 악마의, 사악한
opportunity 기회(= chance)
recognize A as B A를 B로 인식하다
sign 징후, 조짐
similar to ~와 비슷한
in (one's) response to ~에 대한 반응으로 *cf.* response 반응
문 1. **look deep into** ~을 깊이 살펴보다
　　 protect A from B A를 B로부터 보호하다

Style

Some famous people keep the same styles day after day. For example, Steve Jobs always wore a black shirt and blue jeans. Pablo Picasso used to wear a sailor's shirt. Oprah Winfrey often ₃ keeps her hair wavy and long. Their shirts, pants and hairstyles became part of their personal image. Fashion experts consider it their "signature style." The style reflects their personality and the ₆ image they want others to see.

Having a signature style is a great way to create a ⓐ lasting impression of yourself. Then how do you find your own signature ₉ style? Think about the ⓑ common features of your daily clothes and use them as the basis. If you still have no idea, observe the style of the person you'd like to ⓒ resemble. Notice what looks ₁₂ ⓓ good on them and come up with your own style. Your style will be your trademark and truly demonstrate your ⓔ changeable personality, quite different from that of others around you.

Oprah Winfrey

Pablo Picasso

Steve Jobs

1 A signature style can be a clever way to _____.

① get along with people   ② draw people's attention

③ save money and time   ④ create a personal image

⑤ follow trends in fashion

2 Which is NOT true about the passage?

① Some famous people wear certain fashion items repeatedly.

② Steve Jobs used to wear a black shirt and blue jeans.

③ Signature style is a reflection of a person's unique personality.

④ Your daily clothes can be the basis to come up with your own style.

⑤ You can observe anyone around you to create your own style.

3 Among ⓐ~ⓔ, which word is incorrectly used?

① ⓐ   ② ⓑ   ③ ⓒ   ④ ⓓ   ⑤ ⓔ

Words

day after day	날마다 / every day
used to	(과거에) ~하곤 했다 / be done or experienced in the past
personal	개인의, 개인적인 (n. personality 개성) / relating or belonging to a particular person rather than to anyone else
expert	전문가 / a person with a high level of knowledge or skill relating to a particular subject or activity
consider	~을 …라고 여기다 / have a particular opinion about someone or something
signature	~을 대표하는, ~하면 떠오르는 / being typical of or associated with a particular person
reflect	반영하다 (n. reflection 반영) / show, express, or be a sign of something
lasting	지속적인 / continuing to exist for a long time
impression	인상 / the way that something seems, looks, or feels to a particular person
feature	특징 / an important part of something
basis	기반, 기초 / the ideas, facts, or actions from which something can develop
observe	관찰하다, 주시하다 / watch carefully the way someone does something, especially in order to learn more about it
resemble	~을 닮다 / be similar to someone or something, especially in appearance
trademark	(사람·사물을 상징하는) 특징, 특성, 트레이드마크 / something that you wear, do, or say that is typical of you
demonstrate	입증하다, 보여주다 / show clearly that something is true or that it exists

Review Test

정답과 해설 p.11

[1-3] 다음 각 문장의 빈칸에 알맞은 말을 보기 에서 골라 쓰시오.

보기
| sneeze | observe | spread |

1 Most psychologists like to _____ people.

2 Cold viruses can _____ easily through the air.

3 Don't forget to cover your nose and mouth when you _____ .

[4-5] 다음 영영 풀이에 해당하는 단어를 고르시오.

4
a time or a situation that makes it possible to do something

① superstition   ② feature   ③ impression   ④ opportunity

5
accept or start to use something new

① consider   ② adopt   ③ protect   ④ suggest

6 우리말 풀이가 잘못된 것은?

① in reality: 실제로는   ② day after day: 다음 날
③ eating habit: 식습관   ④ in response to: ~에 대한 반응으로

[7-8] 다음 밑줄 친 부분을 바르게 고쳐 쓰시오.

7 The more arguments you win, you'll have fewer friends.

8 Everyone is supposed to bringing a dish to share.

9 다음 우리말과 일치하도록 주어진 말을 바르게 배열하시오.

네가 연습을 많이 할수록, 너는 더 잘하게 될 것이다.

_____

(more / you / better / as / practice / will do / you)

Word Hunter

● 주어진 힌트를 참고하여 퍼즐을 완성하시오.

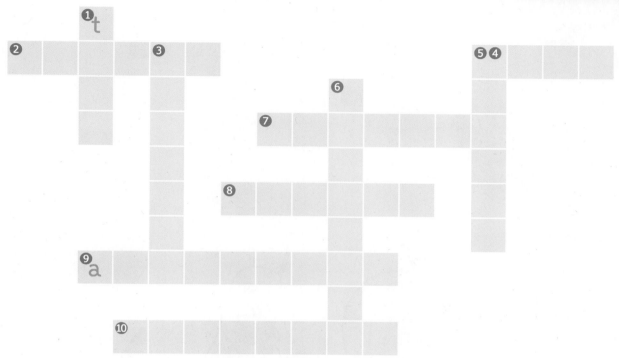

Across

② express strong admiration for someone

④ write your name on something in your own personal way

⑦ slim = _____

⑧ 큰 광장을 만들다: create a large _____

⑨ working by itself with no direct human control

⑩ _____ ↔ extraordinary

Down

① Judy has done her _____.
(Judy는 자신의 일을 해냈다.)

③ 생활 능력이 없는 사람의 생활을 돌보다

⑤ reach or have an effect on a wider area

⑥ react : reaction = behave : _____

Snail's New Bag

"Everything I had in my shell is now on my tablet PC!"

해석 [달팽이의 새로운 가방] 내 껍질 속에 있던 모든 게 이제는 내 태블릿 PC에 있어!

07

Technology

★ ★ ☆ / 147 words

Thanks to digital devices, we can have new and exciting experiences. Two technologies that create these experiences are virtual reality (VR) and augmented reality (AR). 3

VR takes you to a completely virtual world. Some video games use VR. By putting on a headset, you can become the main character and fight monsters yourself. _____(A)_____, you can 6 enjoy performances at virtual concerts held all over the world.

AR, _____(B)_____, is a combination of the real and virtual world. In fact, it adds virtual images to the real world. For example, the 9 famous furniture company, IKEA uses AR technology for their business. With the IKEA app, you can see how the furniture would fit in your house right on your smartphone. 12

With advances in technology, VR and AR are becoming more common. In the future, maybe you will experience them in all parts of your life.

Grammar Link

6행 | **재귀대명사(-self/-selves)의 강조 용법**

The children flew drones **themselves**. 아이들이 자기들 스스로 드론을 날렸다.

The author **herself** gave me her new book.
그 저자는 직접 나에게 그녀의 신간을 주었다.

cf. The girl locked **herself** in the bathroom. ▶ locked의 목적어: 재귀 용법(생략 불가능)
그 소녀는 그녀 자신을 욕실에 가뒀다.

> 강조 용법의 재귀대명사는 의미를 강조하는 역할이므로 생략할 수 있어요.

1 이 글의 주제로 가장 적절한 것은?

① some side effects of VR and AR
② new experiences through VR and AR
③ the impact of VR and AR on mobile apps
④ the bright future of the entertainment business
⑤ useful digital devices: headsets and smartphones

2 이 글의 빈칸 (A)와 (B)에 들어갈 말로 가장 적절한 것은?

	(A)		(B)
①	For example	·····	however
②	Moreover	·····	in other words
③	Therefore	·····	moreover
④	In other words	·····	on the other hand
⑤	Moreover	·····	on the other hand

(서술형)

3 이 글의 VR과 AR에 대한 <u>these experiences</u>의 사례를 우리말로 쓰시오.

(1) VR: _____

_____

(2) AR: _____

Ⓖ

4 다음 문장의 밑줄 친 부분 중, 생략할 수 있는 것을 고르시오.

① Sam said to <u>himself</u>, "I am happy."
② I don't need your help. I can do it <u>myself</u>.
③ Did the children enjoy <u>themselves</u> at the party?

Did You Know?

삶을 바꾸는 첨단 기술

VR(가상 현실)은 머리에 장착하는 HMD 기기를 통해 컴퓨터로 만든 가상의 세계에서 실제와 같은 체험을 할 수 있는 기술이다. 이 기술은 비디오 게임에 가장 먼저 사용된 후, 현재는 외과 수술, 비행 조종 훈련, 가상 콘서트 공연 등 다양한 분야에 적용되고 있다. AR(증강 현실)은 눈으로 보는 현실 세계에 가상 이미지를 겹쳐 보여 주는 기술로, 스마트폰이 대중화되면서 더욱 주목받기 시작했다. 스마트폰 카메라로 주변을 비추면 근처에 있는 상점의 위치 및 전화번호, 지도 등의 정보가 입체 영상으로 표시되는 것이 AR 기술의 한 예이다. MR(혼합 현실)은 Mixed Reality의 줄임말로, 가상 현실과 증강 현실을 혼합한 기술이다.

Words

device 기기, 장비, 장치
technology (과학) 기술
virtual reality 가상 현실
augmented reality 증강 현실
completely 완전히
virtual 가상의 (↔ real 진짜의, 실제의)
fight (적과) 싸우다
performance 공연 (v. perform)
all over the world 세계 도처에
combination 조합(물), 결합(물) (v. combine)
add A to B B에 A를 더하다
fit (~에) 맞다
right 즉시, 바로
advance 진전, 발전
문 1. **side effect** 부작용
　　entertainment 오락
　2. **moreover** 더욱이, 게다가
　　in other words 다시 말해서

08

Humor

★☆☆ / 135 words

Recently, I had dinner with my old friend Larry. He told me about his new job at a company that sells American products in Saudi Arabia. "My first project was making a soft drink ₃ advertisement, but I made a big mistake," he said.

"At a meeting with Arab clients, I gave them a presentation. Worried about language problems, I put up three pictures on the ₆ meeting board in a row. The first picture showed a guy who was wet from the heat of the desert. The middle picture showed the same guy quickly drinking a bottle of soda. And in the third ₉ picture, he was fully refreshed and had a big smile on his face."

"Sounds great," I told him. "What was the problem?" Larry said, "I didn't know Arabs read from right to left."

Grammar Link

6행 | 분사구문

When I saw the policeman, I ran away.
→ **Seeing** the policeman, I ran away.
Because I was tired, I went to bed earlier than usual.
→ **(Being)** Tired, I went to bed earlier than usual. ▶ Being 생략 가능

분사구문은 문장을
간단히 표현하기 위해
보통 접속사와 주어를
생략하고 동사를 분사
형태로 표현해요

1 Larry가 보여준 사진들을 보고 광고할 음료에 대해 아랍인들이 이해했을 내용으로 적절한 것은?

① 몸에 좋은 건강 음료이다.

② 갈증을 빠르게 해소해 주는 음료이다.

③ 사막에서 즐겨 마실 수 있는 음료이다.

④ 마시면 오히려 땀이 더 나는 음료이다.

⑤ 가격이 터무니없이 비싼 음료이다.

서술형

2 이 글의 밑줄 친 a big mistake가 의미하는 내용을 우리말로 쓰시오.

3 이 글에서 Larry가 실수한 원인으로 가장 적절한 것은?

① 잘못된 고객 대상 선정

② 부적절한 광고 시기 선택

③ 아랍 문화에 대한 이해 부족

④ 사막 지형에 대한 정보 부족

⑤ 이슬람교에 대한 그릇된 편견

Ⓖ

4 다음 두 문장이 같은 의미가 되도록 빈칸에 알맞은 말을 쓰시오.

Because he lives alone, Ted doesn't need a big house.

= _____ alone, Ted doesn't need a big house.

Words

product 상품

project 프로젝트, 기획(물)

soft drink 청량음료 *cf.* drink 음료; 술

advertisement 광고
(*v.* advertise)

make a mistake 실수하다

Arab 아랍의; 아랍인

client 고객

give a presentation 발표하다
cf. presentation 프레젠테이션, 발표

put up 게시하다, 설치하다

meeting board 회의용 칠판

in a row 잇달아, 연이어

have a smile on one's face 웃는 얼굴을 하고 있다, 미소를 띠고 있다

refreshed 기운이 나는, 상쾌한
(*v.* refresh)

09

Learning

★★☆ / 150 words

Learning new English words is never easy. Within 24 hours, you forget about 80 percent of the words you memorize. (ⓐ) So what is the best way to memorize new words? Review the words at intervals. After learning some new words, look at them again later the same day. (ⓑ) Then, review them a week later, and then ten days after that, and so on. (ⓒ) According to psychologists, you need to be exposed to new words more than seven times to transfer them into your long-term memory. (ⓓ) However, it is not enough simply to repeat the words or to review them in the same way. (ⓔ) For example, you can combine the words with pictures or use them when you write your diary. Try using various ways of reviewing the words, and the new words will settle permanently in your memory.

Grammar Link

7행 | **to부정사의 수동태:** to be p.p.

This machine needs **to be repaired**. 이 기계는 수리될 필요가 있다.

The table is filled with cups **to be washed**. 이 탁자는 씻어야 할 컵으로 가득하다.

1 이 글의 제목으로 가장 적절한 것은?

① How Our Brain Works for a Day
② How to Remember New Words
③ The Power of Long-term Memory
④ Why We Should Repeat New Words
⑤ The Relationship between Psychology and Memory

2 이 글의 흐름으로 보아, 다음 문장이 들어가기에 가장 적절한 곳은?

> It is much better to use the new words in different contexts.

① ⓐ　　② ⓑ　　③ ⓒ　　④ ⓓ　　⑤ ⓔ

3 이 글의 글쓴이가 주장하는 효과적인 단어 암기법으로 가장 적절한 것은?

① 하루에 일정한 개수의 단어를 학습한다.
② 외워질 때까지 단어를 소리 내어 읽는다.
③ 사전의 자세한 뜻풀이와 예문을 활용한다.
④ 새로 배운 단어를 이용해서 일기를 써 본다.
⑤ 어려운 단어를 아는 단어와 연관시켜 외운다.

4 Ⓖ 다음 우리말과 일치하도록 주어진 단어를 알맞은 형태로 바꾸어 쓰시오.

이 교실은 청소될 필요가 있다.

This classroom needs ＿＿＿＿＿＿＿＿＿. (clean)

Words

memorize 암기하다, 외우다
review 복습하다
at intervals 간격을 두고, 시차를 두고 cf. interval (장소, 시간의) 간격
and so on 기타 등등
psychologist 심리학자 cf. psychology 심리; 심리학
be exposed to ~을 접하게 되다; ~에 노출되다 cf. expose 경험하게 [접하게] 하다; 노출시키다
transfer 옮기다, 이동하다
long-term memory 장기 기억 (↔ short-term memory 단기 기억)
combine A with B A와 B를 결합시키다
try -ing 시험 삼아 ~해보다
settle 자리 잡다, 정착하다
permanently 영원히, 완전히
[문] 2. context 문맥, 상황

Review Test

정답과 해설 p.16

1 짝지어진 단어의 관계가 나머지와 <u>다른</u> 하나는?

① perform – performance 　　② advertise – advertisement

③ combine – combination 　　④ psychology – psychologist

[2-4] 다음 각 문장의 빈칸에 알맞은 말을 보기 에서 골라 쓰시오.

┌ 보기 ─────────────────────────────┐
　　device　　　　refreshed　　　　memorize
└─────────────────────────────────┘

2 Jen felt _____ after a good night's sleep.

3 Don't write your password down. Try to _____ it.

4 The _____ stopped working because the batteries were dead.

5 영영풀이가 <u>잘못된</u> 것은?

① client: someone who receives services

② permanently: for a short limited period of time

③ advance: an improvement or development in something

④ transfer: move someone or something from one place to another

6 빈칸에 들어갈 말이 바르게 짝지어진 것은?

┌─────────────────────────────────┐
・The students are putting _____ some posters on the wall.

・The foxes appeared _____ intervals of about three days.

・Could you add our names _____ the waiting list, please?
└─────────────────────────────────┘

① up – at – to　　② off – with – on　　③ on – in – on　　④ with – for – to

7 두 문장이 같은 의미가 되도록 빈칸에 알맞은 말을 쓰시오.

If you leave now, you can catch the train.

= _____ now, you can catch the train.

[8-9] 다음 우리말과 같은 뜻이 되도록 주어진 단어를 알맞은 형태로 쓰시오.

8 그 세탁기는 수리될 필요가 있다.

The washing machine needs _____ _____ _____. (repair)

9 나는 우선 내 자신을 소개했고, 반 친구들이 나에게 몇 가지 질문을 했다.

I introduced _____ first, and my classmates asked me some questions. (I)

UNIT

9 4

HOLLYWOOD

10

Body

★☆☆ / 139 words

Women speak about 20,000 words each day while men speak just 7,000. Women talk about their problems and feelings more than men. What causes these differences between sexes? According ₃ to Dr. Brizendine, the author of *The Female Brain*, every brain begins as a female brain, and for boys, it only becomes male eight weeks after pregnancy. At that time, the communicative areas of ₆ the boys' brains become smaller, and the areas for *aggression and sex get bigger. After this change, males and females take different paths in their development. This can be seen from a young age. In ₉ groups, for example, girls tend to act in harmony while boys _____. Later on in life, males often become silent when they are under stress. But females talk far more than usual ₁₂ in the same situations.

*aggression 공격(성)

Hey, how was your weekend?

Are you sure?

I can't believe that.

...

1 이 글의 주제로 가장 적절한 것은?

① the effective use of words
② how to improve your speaking skills
③ the earliest stage of brain development
④ why women communicate better than men
⑤ the communicative areas of the female brain

2 이 글의 빈칸에 들어갈 말로 가장 적절한 것은?

① act more quickly
② get along with each other
③ have no interest in other people
④ compete or argue with each other
⑤ want to have more exciting experiences

3 이 글의 내용과 일치하면 T, 일치하지 않으면 F를 쓰시오.

(1) _____ 7주가 된 태아의 뇌는 성별의 구분 없이 모두 여성의 뇌이다.

(2) _____ 남자 아이들의 뇌는 점차 공격성과 성에 대한 비중이 커진다.

(3) _____ 스트레스를 받는 상황이 되면 성인 남녀 모두 말수가 줄어든다.

Ⓖ

4 다음 문장의 밑줄 친 부분의 뜻을 고르시오.

ⓐ ~인 반면에	ⓑ ~ 동안에

(1) While we were watching TV, somebody rang the doorbell.

(2) I like the mountains while my brother prefers the beach.

Words

cause ~의 원인이 되다, 초래하다
difference 차이점 (↔ similarity 유사점)
sex 성별, 성
author 저자 (= writer)
female 여성(의) (↔ male 남성(의))
pregnancy 임신
communicative 의사소통의; 이야기하기 좋아하는
area 영역, 부분
path 길, 방향
development 발달, 성장 (v. develop)
tend to ~하기 쉽다, ~하는 경향이 있다
in harmony (~와) 조화롭게
under stress 스트레스를 받는
situation 상황
문 2. **have no interest in** ~에 전혀 관심이 없다
    compete 경쟁하다
    argue 말다툼하다, 언쟁하다

11

Universe

★★★ / 180 words

Far up in space, there is an invisible monster. ⓐ<u>It</u> can suck up and swallow everything that comes close—even giant stars! The scary monster is a black hole. Where does ⓑ<u>its</u> power come from? 3 The answer lies in how a black hole is formed.

Many scientists believe that a black hole forms when a star gets very old. The old star runs out of fuel and cannot hold up ⓒ<u>its</u> 6 heavy weight. A surprising thing happens at this stage. The star gets smaller and becomes even smaller than a grain of rice. When a giant thing becomes very small, its gravitational pull becomes 9 extremely strong.

The gravitational pull of a black hole is so strong that ⓓ<u>it</u> can suck inside anything close to it just like a vacuum cleaner. Even 12 light gets pulled inside a black hole. That is why a black hole looks invisible. If you fell into a black hole, there would be no way to get out again because ⓔ<u>its</u> gravity is so powerful. It is lucky for us 15 that black holes are very far away!

Grammar Link

14행 | 가정법 과거: If + 주어 + 과거형 동사 ~, 주어 + 과거형 조동사 + 동사원형 ...
(만약 ~한다면, …할 텐데) ▶ 현재 사실과 반대되는 상황을 가정함.
If I had enough money, **I could help** you.
Sally **would answer** the phone **if** she **were** in her office now.
cf. **If** we **miss** the last bus, we**'ll have to walk** home. ▶ 단순 조건절(~이면)

가정법 과거 문장의
if절에 be동사가 오는
경우에는 인칭과 수와
관계없이 were를
써요.

1 다음은 블랙홀에 대한 비유와 그 이유를 정리한 것이다. 이 글의 내용과 일치하지 <u>않</u>는 것은?

〈비유〉		〈이유〉
① 괴물이다	·····	모든 것을 삼켜버리므로
② 진공 청소기다	·····	주위의 모든 것을 빨아들이므로
③ 투명인간이다	·····	보이지 않으므로
④ 에너지이다	·····	별들에게 연료를 공급하므로
⑤ 깊은 수렁이다	·····	한번 빠지면 다시는 벗어날 수 없으므로

(서술형)

2 다음은 블랙홀의 생성 과정을 설명한 것이다. 각 빈칸에 알맞은 말을 본문에서 찾아 쓰시오.

> A star grows up and becomes (A) _____.

⬇

> It uses up all its (B) _____ and cannot support itself.

⬇

> It becomes very small, but its gravitational pull becomes extremely (C) _____ .

3 이 글의 밑줄 친 ⓐ~ⓔ 중 지칭하는 것이 <u>다른</u> 하나는?

① ⓐ   ② ⓑ   ③ ⓒ   ④ ⓓ   ⑤ ⓔ

Ⓖ

4 다음 우리말과 일치하도록 괄호 안에서 알맞은 것을 고르시오.

(1) 당신이 원한다면, 와서 우리와 함께 지낼 수 있다.
   You can come and stay with us if you (want / wanted).

(2) Bill이 지금 살아 있다면, 그는 45세 일 것이다.
   If Bill (was / were) alive now, he would be 45 years old.

Did You Know?

별과 블랙홀의 일생

별(star)은 태양처럼 내부에 에너지를 갖고 스스로 빛과 열을 내는 천체로, 인간과 같이 '탄생–성장–죽음'의 단계를 거친다. 그 중 블랙홀은 별의 후반 단계에 만들어진다. 별은 우주의 구성 원소 중 75% 이상을 차지하는 수소와 23%를 차지하는 헬륨 가스가 먼지 구름으로 응축을 하면서 생성된다. 응축이 계속될수록 핵융합(nuclear fusion) 반응이 가속화되고, 드디어 빛을 내는 별로서의 생명이 시작된다. 그러나 핵융합의 주원료인 수소가 점차 떨어지면 무거운 헬륨만 남게 되어, 무게를 못 견딘 별은 급격히 작아져 나중에는 블랙홀이 되거나 폭발하여 생을 마감하게 된다.

Words

invisible 보이지 않는 (↔ visible)
suck (특정한 방향으로) 빨아들이다
swallow 삼키다
giant 거대한 (= huge)
scary 무서운
lie in ~에 있다
form 형성시키다; 형성되다
run out of ~을 다 써버리다
fuel 연료
hold up 떠받치다, 지탱하다
stage 단계
a grain of 한 알의~, 한 알갱이의~
gravitational pull 중력의 당기는 힘 cf. gravitational 중력의
extremely 매우, 극히
vacuum cleaner 진공 청소기
gravity 중력
문 **2. support** 떠받치다; 지원하다

12

Art

★★☆ / 185 words

In 1495, Leonardo da Vinci was working on a picture for a church in Milan, Italy. The picture depicted the last meal Jesus shared with his twelve *apostles on the night before his death. 3

He painted a large table. He painted the twelve apostles. "Now, I only have to complete Jesus' face." The great artist sat in front of the picture and thought, "How can I depict Jesus' love and 6 goodness? How can I express his sadness and pain?" Leonardo was lost in thought, but he could not come up with any idea.

He stared at his unfinished painting for many days. He had true 9 love and respect for Jesus. A kind or handsome face was not good enough. The face of Jesus should be perfect.

Months passed. Years went by. But he was just struggling 12 without any progress. At last, he gave up. "I cannot possibly describe the goodness and love in Jesus' face."

Today, we can see Jesus' face in *The Last Supper*. Who painted 15 the face of Jesus? No one knows, but it is probably not as beautiful as Leonardo had hoped.

*apostle 사도(예수의 12제자)

1 **What is the best title for the passage?**

① How to Depict Jesus' Face
② Leonardo's Success and Failures
③ A Great Picture in an Italian Church
④ A Painter Who Loved His Own Picture
⑤ The Great Picture Leonardo Could Not Finish

2 **Fill in the blank with a word from the passage.**

Q Why did Leonardo give up finishing his painting?
A He thought he could not describe the _____ face of Jesus.

3 **According to the last paragraph, what does the writer think of the picture** *The Last Supper*?

① It showed Leonardo was a genius.
② It was the most excellent picture in Italy.
③ It helped us to know what Jesus looked like.
④ It might have been imperfect in Leonardo's eyes.
⑤ It could not be understood by people at the time.

Words

depict	(그림으로) 그리다, 묘사하다 / show someone or something in a painting
meal	식사, 끼니 / an occasion when you eat, especially breakfast, lunch, or dinner
complete	완료하다, 끝마치다 / finish making or doing something
express	표현하다 / show what you think or feel about something
be lost in thought	골똘히 생각하다 / think deeply about something
come up with	(해답을) 내놓다 / think of a plan, idea or answer and suggest it
stare	빤히 쳐다보다 / look fixedly often with wide-open eyes
respect	존경 / a feeling of deep admiration for someone or something
perfect	완벽한 (↔ imperfect) / as good, correct, or accurate as it is possible to be
struggle	애쓰다, 고심하다 / experience difficulty and make a very great effort in order to do something
progress	(목표 달성을 위한) 진척 / the process of gradually improving or getting nearer to achieving something
describe	묘사하다 / say what someone or something looks like

Review Test

정답과 해설 p.21

1 짝지어진 단어의 관계가 나머지와 <u>다른</u> 하나는?

① complete – finish   ② giant – huge

③ author – writer   ④ similarity – difference

[2-3] 다음 영영 풀이에 해당하는 단어를 고르시오.

2

> the process in which someone grows and becomes more advanced

① respect   ② stage   ③ pregnancy   ④ development

3

> impossible to see

① scary   ② invisible   ③ perfect   ④ communicative

4 다음 빈칸에 알맞은 단어는?

> Her paintings _____ the lives of ordinary people in the 1930s.

① struggle   ② depict   ③ cause   ④ swallow

5 우리말 풀이가 잘못된 것은?

① under stress: 스트레스가 적은

② run out of fuel: 연료를 다 써버리다

③ come up with a better idea: 더 좋은 아이디어를 내놓다

④ tend to forget things easily: 일을 쉽게 잊어버리는 경향이 있다

6 다음 중 밑줄 친 <u>while</u>의 의미가 <u>다른</u> 하나는?

① I read the magazine <u>while</u> I was on the plane.

② Tom is very confident <u>while</u> Kate is shy and quiet.

③ <u>While</u> I wanted to go to the party, my sister wanted to stay in.

④ <u>While</u> Jason is good at science, his brother is good at music.

7 다음 우리말과 같은 뜻이 되도록 주어진 단어를 알맞은 형태로 쓰시오.

내가 차를 가지고 있다면, 나는 너를 태워줄 텐데.

If I _____ a car, I _____ _____ you a ride. (have, give)

● 주어진 뜻에 맞게 단어를 완성한 후, 각 번호에 해당하는 알파벳으로 문장을 만드시오.

Words

1 n l t c e i 고객

☐ ☐ ☐ ☐ ☐ ☐
　　　3　　7

2 t p e e s c r 존경

☐ ☐ ☐ ☐ ☐ ☐ ☐
　　　　6　　　1

3 s e h r d f e r e 기운이 나는, 상쾌한

☐ ☐ ☐ ☐ ☐ ☐ ☐ ☐ ☐
　11　　　　　2

4 y o h g n e l c o t (과학) 기술

☐ ☐ ☐ ☐ ☐ ☐ ☐ ☐ ☐ ☐
8　5　　　　　13

5 o l w s l a w 삼키다

☐ ☐ ☐ ☐ ☐ ☐ ☐
19　　　　　22

6 z m o i e r e m 암기하다

☐ ☐ ☐ ☐ ☐ ☐ ☐ ☐
10　　　21

7 n t i u o s t a i 상황

☐ ☐ ☐ ☐ ☐ ☐ ☐ ☐ ☐
　　12　　　15

8 b s c e i e d r 묘사하다

☐ ☐ ☐ ☐ ☐ ☐ ☐ ☐
17　　　4

9 n i e l i v s b i 보이지 않는

☐ ☐ ☐ ☐ ☐ ☐ ☐ ☐ ☐
20　　18　　14

10 l u i a r v t 가상의

☐ ☐ ☐ ☐ ☐ ☐ ☐
16　9

Sentence

☐ ☐.
1 2 3 4 5 6 7 8 9 10 11 12 13 14 15 16 17 18 19 20 21 22

Reasonable Question

"Why is an A or B better than a C or D?
Aren't all letters equal in the eyes of God?

해석 　[합리적인 질문] 왜 A나 B가 C나 D보다 더 좋은거죠? 신이 보기에는 모든 글자가 똑같은 거 아니에요?

13

Psychology

★★☆ / 129 words

When people have nothing to do, they get bored easily. However, psychologists say boredom often leads to creative thinking. When people are free from outside stimulation, they ³ usually start to explore what's deep inside their brains. They want to play with their own thoughts and experiment. This is how artists and inventors come up with creative ideas. ⁶

Bill Gates, the founder of Microsoft, takes himself to a secret resort for seven days twice a year. By separating himself from the world, he experiences complete boredom and comes up with ⁹ creative business ideas.

Today, we rarely get bored because we are always exposed to our smartphones and computers. Why don't you take a break for a ¹² while and enjoy "boredom"? Sooner or later, you will realize

_____!

Grammar Link

11행 | 부정 부사 rarely, hardly, seldom: 거의 ~않는, 거의 ~아닌
Ann **rarely** <u>drinks</u> coffee in the evening. ▶ 일반동사 앞에 옴
Tim <u>is</u> **seldom** late for a meeting. ▶ be동사 뒤에 옴

부정 부사는 부정의 의미를 포함하고 있으므로, not이나 never와 함께 쓰지 않아요.

1 이 글에서 글쓴이가 주장하는 바로 가장 적절한 것은?

① Boredom is a waste of time.

② There is a time for everything.

③ Boredom makes you creative.

④ Boredom is a big part of success.

⑤ Creativity is the key to a happier life.

2 이 글의 내용과 일치하면 T, 일치하지 <u>않으면</u> F를 쓰시오.

(1) _____ 외부 자극이 없을 때 사람들은 자신의 머릿속 생각들로 궁리해본다.

(2) _____ Bill Gates는 휴양지에서 사람들과 자유롭게 아이디어 회의를 한다.

3 이 글의 빈칸에 들어갈 말로 가장 적절한 것은?

① how creative you are

② how often you get bored

③ how important your work is

④ how difficult creative thinking is

⑤ how much you use your smartphone

Ⓖ

4 다음 우리말과 일치하도록 괄호 안에서 알맞은 것을 고르시오.

나는 그녀와 데이트할 시간이 거의 없다.

I (don't hardly have / hardly have) time to go on dates with her.

Words

get bored 따분함을 느끼다
psychologist 심리학자
boredom 지루함, 따분함
creative 창의적인, 창조적인
free from ~이 없는, ~을 면한
outside stimulation 외부 자극
cf. stimulation 자극
explore (문제 등을) 탐구하다; 탐험하다
play with (재미 삼아) 궁리해보다
thought 생각, 사고 (*v.* think)
experiment 실험 (정신); 시도
founder 창립자, 설립자
(*v.* found 설립하다)
secret 비밀의, 남이 모르는
resort 휴양지, 리조트
separate 따로 떼어놓다
experience 경험하다, 겪다
complete 완전한, 완벽한
be exposed to ~에 노출되다
sooner or later 조만간, 곧

14

Sports

★★☆ / 141 words

In the football game, a player from the other team walks up to you and says, "My grandmother's faster than you!" You try to ignore him, but he won't stop. You can't concentrate on the game, so you keep making mistakes.

This type of talking is called "trash talk." When you trash-talk someone, you treat that person like garbage. Trash talkers often simply insult opposing players' skills. Serious trash talk involves insults to players' families, races or religions. ⓐ Athletes use this talk to gain a mental advantage. ⓑ It upsets opposing players so that they play worse. ⓒ Trash talk is common among players who want to become friends. ⓓ The basketball player Michael Jordan and the mixed martial arts fighter Conor McGregor are the well-known trash talkers. ⓔ They often dominated their opponents with their trash talks.

Because trash-talking is against sportsmanship, many sports associations ban it. Even so, the problem isn't going away easily.

3 6 9 12 15

Grammar Link

9행 | **so that + 주어 + (can/may/will) + 동사 ...:** ~가 …하도록

that절의 조동사는 생략할 수 있어요.

Please turn off the light **so that I can sleep**. ▶ ~할 수 있도록
제가 잠을 잘 수 있도록 불을 꺼 주세요.

Lily talked to the shy boy **so that he wouldn't feel** lonely. ▶ ~하지 않도록
Lily는 수줍어하는 소년이 외로움을 느끼지 않도록 그에게 말을 걸었다.

1 **trash talk에 관한 설명 중, 이 글의 내용과 일치하지 <u>않는</u> 것은?**

① 상대 선수를 '쓰레기'처럼 취급하는 무례한 말이다.

② 선수의 경기력뿐만 아니라 사생활에 대한 내용도 포함한다.

③ 선수들이 심리적으로 이점을 얻기 위해 사용하곤 한다.

④ 스포츠 정신에 어긋나므로 유명한 선수들은 거의 쓰지 않는다.

⑤ 여러 스포츠 협회가 금지하고 있으나 사라지지 않고 있다.

2 **이 글의 ⓐ~ⓔ 중, 글의 전체 흐름과 관계 없는 문장은?**

① ⓐ　　　② ⓑ　　　③ ⓒ　　　④ ⓓ　　　⑤ ⓔ

(서술형)

3 **이 글의 내용과 일치하도록 각 빈칸에 알맞은 말을 본문에서 찾아 쓰시오.**

> Players use trash talk to _____ the opposing team and make them play _____ .

(G)

4 **다음 문장의 빈칸에 공통으로 들어갈 알맞은 말을 쓰시오.**

- Open the window _____ _____ we have fresh air.
- My sister hurried up _____ _____ she could get there on time.

Words

ignore 무시하다
concentrate on ~에 집중하다
trash talk (상대를) 기죽이는 말; (상대에게) 모욕적인 말을 하다
treat 대하다, 취급하다
garbage 쓰레기 (= trash)
insult 모욕하다; 모욕(적인 말, 행동)
opposing 서로 겨루는, 상대팀의
involve 포함하다
religion 종교
athlete 운동선수 (= player)
mental 정신의(↔physical 육체의)
advantage 유리한 점
upset 당황하게 하다
mixed martial arts 종합 격투기
cf. martial arts 무술
dominate 지배하다, 제압하다
opponent (시합의) 상대, 적수
against sportsmanship 스포츠 정신에 어긋나는
association 협회
ban 금지하다
go away 사라지다

15

Food

★★★ / 174 words

Whoever travels to Bangkok probably has seen people selling insects as snacks on the streets. Nowadays insects have become popular food, not only in tropical areas, but also in many countries around the world. In fact, insects are considered to be a smart food choice. Why?

(A) Raising insects is also better for the environment because they produce much less waste. More importantly, most insects are tasty and rich in nutrients. So what's holding you back? Go ahead and try some insects!

(B) As the world's population continues to increase, the demand for meat is rising sharply, but the supply isn't catching up. This is why people are considering insects as an alternative for meat.

(C) Insects have many advantages over meat. Since there are ten million insect species on Earth, their supply is limitless. Besides, raising insects for food costs much less than raising farm animals. For example, cows eat eight grams of feed to gain one gram in weight while insects need less than two grams of feed to gain the same amount of weight.

Grammar Link

1행 | 복합 관계대명사 whoever: ~하는 사람은 누구나
Whoever comes will be welcome. 오는 사람 누구나 환영받을 것이다.
Give the book to whoever wants it. 원하는 사람은 누구에게든 그 책을 주어라.

관계대명사 who 뒤에 -ever가 붙어 '~하는 사람은 누구나(anyone who)'라는 의미를 나타내요.

정답과 해설 p.24

1 이 글의 (A), (B), (C)를 글의 흐름에 맞게 순서대로 배열한 것은?

① (A) – (C) – (B)　　　　② (B) – (A) – (C)

③ (B) – (C) – (A)　　　　④ (C) – (A) – (B)

⑤ (C) – (B) – (A)

2 이 글의 제목으로 가장 적절한 것은?

① An Eco-friendly Lifestyle

② Insects: Our Future Foods

③ How to Raise Insects for Food

④ Insects: Good Food for Snacks

⑤ A Smart Food Choice for Health

3 이 글에서 글쓴이가 음식으로서 곤충이 갖는 장점으로 언급하지 <u>않은</u> 것은?

① 공급에 제한이 없다.　　② 키우는 데 비용이 적게 든다.

③ 배설물이 적다.　　　　④ 좁은 공간에서도 기를 수 있다.

⑤ 영양가가 풍부하다.

4 Ⓖ 다음 두 문장이 같은 의미가 되도록 빈칸에 알맞은 말을 쓰시오.

Give these clothes to anyone who needs them.

= Give these clothes to _____ needs them.

Words

tropical 열대지방의
raise 키우다, 기르다; 들어 올리다
environment 환경
produce 만들어내다, 생산하다
waste 배설물; 쓰레기
nutrient 영양소, 영양분
hold back ~을 저지하다, 방해하다
population 인구
increase 증가하다 (↔ decrease)
demand 수요 (↔ supply 공급)
rise (수량이) 오르다
catch up 따라잡다
alternative 대안, 달리 취할 방법
advantage over ~보다 유리한 점
species (생물의) 종
limitless 무한한, 한없는
cost (비용이) ~들다
less than ~보다 적은
feed 먹이, 사료
amount 양
문 2. eco-friendly 환경 친화적인

Review Test

정답과 해설 p.26

1 짝지어진 단어의 관계가 나머지와 <u>다른</u> 하나는?

① demand – supply   ② trash – garbage

③ mental – physical   ④ increase – decrease

[2-3] 다음 영영 풀이에 해당하는 단어를 고르시오.

2
> have control over a place or person

① explore   ② dominate   ③ produce   ④ ignore

3
> make someone decide not to do or say something

① go away   ② catch up   ③ play with   ④ hold back

4 다음 빈칸에 알맞은 단어는?

> Audiobooks are an interesting _____ to reading.

① alternative   ② amount   ③ opponent   ④ environment

5 우리말 풀이가 <u>잘못된</u> 것은?

① sooner or later: 조만간, 곧

② be exposed to the danger: 위험에 노출되다

③ against sportsmanship: 스포츠 정신을 발휘하는

④ advantage over the old system: 예전 시스템보다 유리한 점

[6-8] 다음 문장의 괄호 안에서 알맞은 것을 고르시오.

6 There (was hardly / hardly was) water in the vase.

7 My mom (drinks rarely / rarely drinks) coffee in the evening.

8 (Who / Whoever) wants the picture may have it.

9 다음 우리말과 일치하도록 주어진 말을 바르게 배열하시오.

네가 햇볕에 화상 입지 않도록 자외선 차단제를 바르도록 해.

_____

(you don't / some sunscreen / get a sunburn / put on / so that)

UNIT

6

16

Job

★☆☆ / 133 words

Nowadays, we are flooded with information. Every second, Google processes more than 40,000 searches. About 400 hours of video are uploaded to YouTube every minute. 3

As the volume of information increases rapidly, it has become (A) easy / difficult to process the information effectively. This is where a digital curator comes into the picture. A "curator" originally 6 meant a person who takes care of items to (B) design / display in a museum. Today this concept extends to the digital world. "Digital curator" refers to someone who chooses the right content 9 from the vast ocean of information on the Internet and tailors it to their clients' needs.

In the future, digital curators are expected to play an even more 12 important role because of the great increase in information. As a result, there will be much (C) demand / supply for digital curators.

Grammar Link

6행 | **This is (the situation〔case〕) where**: 이것이 ~한 상황〔경우〕이다
This is **where** a digital curator comes into the picture.
이것이 디지털 큐레이터가 등장하게 된 상황이다.

This is **where** my husband and I disagree. ▶ 선행사 the case 생략
이것이 남편과 내가 서로 의견이 맞지 않는 경우이다.

cf. This is (the place) **where** my uncle lives. 이곳이 나의 삼촌이 사는 곳이다.

관계부사 where는
선행사로 구체적인 장소
외에 상황, 경우, 입장
등이 올 때도 쓸 수
있어요.

056 | LEVEL 6

1 이 글의 주제로 가장 적절한 것은?

① education needed for future jobs
② digital curator as a promising job
③ the effective use of digital information
④ the role of the curator in the museum
⑤ the necessity of media in the digital age

2 이 글의 (A), (B), (C) 각 네모 안에서 문맥에 맞는 표현으로 짝지어진 것은?

	(A)		(B)		(C)
①	easy	.....	design	.....	demand
②	easy	.....	display	.....	supply
③	difficult	.....	design	.....	demand
④	difficult	.....	display	.....	supply
⑤	difficult	.....	display	.....	demand

(서술형)

3 각 빈칸에 알맞은 말을 본문에서 찾아 digital curator에 대한 정의를 완성하시오.

A digital curator _____ the content from the Internet and _____ it for their clients.

Ⓖ

4 다음 문장의 빈칸에 공통으로 들어갈 알맞은 말을 쓰시오.

• This is _____ the two paths join.
• This is _____ this new rule doesn't apply.

17

Culture

★☆☆ / 127 words

Every country has its own unique conversation style. You can compare the different styles to _____.

Japanese conversations are like bowling. Each person waits for ³ their turn, just like bowlers. Even if there are long pauses during conversation, others never break in. On the other hand, American conversations are like basketball. When someone hesitates, ⁶ another person interrupts. It's like when basketball players steal the ball. Italian conversations are like rugby. Just like rugby players, Italians use a lot of hand gestures and interrupt others ⁹ frequently. Interestingly, Italians tend to take interruptions as a sign of interest in the conversation rather than a lack of thoughtfulness. ¹²

The next time you talk with foreign friends, remember that they have <u>their ways of "playing ball"</u> and try to match them.

Grammar Link

1/3행 | **every(each)** + 단수형 명사: 모든[각] ~
<u>**Every** country **has**</u> its problem.
<u>**Each** speaker **has**</u> just five minutes.
cf. <u>**All** children **need**</u> love from their parents. ▶ all+복수형 명사

> every와 each 다음에는 단수형 명사와 단수형 동사를 쓰지만, all 다음에는 복수형 명사와 복수형 동사를 써요.

1 이 글의 빈칸에 들어갈 말로 가장 적절한 것은?

① jobs
② hobbies
③ sports
④ habits
⑤ teamwork

2 다음을 읽고, 각각 일본, 미국, 이탈리아 중 어느 나라의 대화 방식인지 쓰시오.

(1) _____ : Many people are speaking at the same time. Topics jump from this to that. They are free to say something even when someone else is speaking.

(2) _____ : When someone pauses for a moment while talking, other people see the moment as an opportunity to jump in.

(3) _____ : While one person is speaking, the others usually keep quiet and wait for their turn. They reply when they are asked for their opinions.

3 이 글의 밑줄 친 their ways of "playing ball"이 의미하는 것으로 가장 적절한 것은?

① their sports rules
② their hand gestures
③ their team sports skills
④ their behavior patterns
⑤ their conversation styles

G

4 다음 문장의 괄호 안에서 알맞은 것을 고르시오.

(1) Each color (has / have) its own beauty.

(2) (All / Every) rock looks the same to us.

Words

unique 독특한
compare A to B A를 B에 비유하다
turn 차례
bowler 볼링하는 사람
pause (말·행동의) 멈춤; (말·일을 하다가) 잠시 멈추다
break in 끼어들다, 방해하다
hesitate 머뭇거리다, 주저하다
interrupt (말·행동을) 방해하다 (n. interruption (말을) 가로막음)
steal 빼앗다, 가로채다
gesture 몸짓, 제스처
frequently 자주, 흔히
tend to ~하는 경향이 있다
take A as B A를 B라고 여기다
interest 관심
rather than ~보다는
a lack of ~의 부족
thoughtfulness 배려심
the next time 다음에 ~하면
match (필요에) 맞추다, 부응하다
문 2. be free to 자유롭게 ~하다
jump in 불쑥 끼어들다
reply 대답하다

Myth

★★☆ / 229 words

Every night, we can see the Great Bear and the Little Bear in the north sky. How did the bears end up among the stars? There is a sad story behind these stars. 3

According to a Greek myth, there was a beautiful woman called Callisto whose job was to help the hunting goddess. Callisto was so beautiful that Zeus, the king of the gods, fell in love with ⓐ her 6 even though he had a wife. From them, Arcas was born.

As Arcas grew, the _____ of Zeus' wife also grew. One day, she happened to see Callisto in the forest. ⓑ She thought this was 9 the perfect moment to get back at Callisto for stealing her husband. So she turned Callisto into an ugly bear. Poor Callisto! ⓒ She became a huge bear. 12

Many years passed. Arcas grew up to be a strong hunter. One day while hunting in the forest, he ran into a huge bear. How happy ⓓ she was to see her son! But Arcas didn't recognize his mother 15 and got ready to shoot ⓔ her. At that moment, Zeus happened to see them. To save the woman he loved, Zeus turned Arcas into a bear, too. He placed both of them up in the night sky. If you ever 18 see the Great Bear and the Little Bear in the night sky, remember this sad story and wish them happiness.

1 Which one best fits in the blank?

① hope   ② beauty   ③ love

④ pride   ⑤ anger

2 According to the passage, which is NOT true about Callisto?

① She helped the hunting goddess.

② She was the woman that Zeus loved.

③ She turned into an ugly bear.

④ She didn't recognize her own son in the forest.

⑤ She became a star in the night sky.

3 Which of the underlined words refers to a different person?

① ⓐ   ② ⓑ   ③ ⓒ   ④ ⓓ   ⑤ ⓔ

4 Complete the sentence using the words from the passage.

> Zeus changed Arcas into a _____ to _____ his love Callisto.
> Then he put Callisto and his son in the night sky.

Words

end up	결국 (어떤 처지에) 처하게 되다 / reach or come to a place, condition, or situation that was not planned or expected
happen to	우연히 ~하다 / be or do something without intention
get back at	~에게 복수하다 / do something to hurt or upset someone after they have hurt or upset you
turn A into B	A를 B로 바꾸다 / make something change into another form, type, or sort
huge	엄청 큰, 거대한 / extremely large
run into	~와 마주치다 / meet somebody by chance
recognize	알아보다 / know someone or something because you have seen or heard
shoot	(총이나 활 등을) 쏘다 / kill or wound a person or animal with a bullet or arrow
place	놓다, 배치하다 / put something in a particular position

Review Test

[1-2] 다음 영영 풀이에 해당하는 단어를 고르시오.

1

> pause before doing or saying something, especially through uncertainty

① process   ② compare   ③ recognize   ④ hesitate

2

> take something that belongs to someone else without permission

① interrupt   ② steal   ③ tailor   ④ shoot

3 빈칸에 공통으로 들어가기에 알맞은 것은?

> • I can't hear it well. Can you turn the _____ up, please?
> • The _____ of traffic has risen by 50% in the past three years.

① volume   ② search   ③ interest   ④ turn

4 빈칸에 들어갈 말이 바르게 짝지어진 것은?

> • The plants died from a lack _____ water.
> • I happened _____ meet my teacher on the street.
> • Sam looked for an opportunity to get _____ at his enemy.

① to – on – up   ② of – to – back   ③ for – in – back   ④ of – for – up

5 우리말 풀이가 <u>잘못된</u> 것은?

① come into the picture: 사진으로 만들다

② take it as a joke: 그것을 농담으로 여기다

③ play an important role: 중요한 역할을 하다

④ the next time you visit here: 네가 다음에 여기를 방문하면

[6-8] 다음 문장의 괄호 안에서 어법에 맞는 것을 고르시오.

6 Each (building has / buildings have) a unique design.

7 This is the case (what / where) new jobs become important.

8 Every (child looks / children look) satisfied with the result.

062 | LEVEL 6

● 주어진 알파벳으로 단어를 완성하여 빈칸을 채우시오.

1 t r a a e s e p

The gardener will _____ a branch from the tree.

2 r o g i n e

It's not great to _____ the dangers of smartphones.

3 i s r e a

The young farmers _____ corn and cows.

4 h e t e t a l

The _____ was strong as a horse.

5 n m d e d a

The supply cannot meet the _____.

6 q n i u e u

Every culture is different in its own _____ way.

7 z n g e i r e o c

You have changed so much that I can hardly _____ you.

8 t n i t s e r e

My parents encouraged me to have an _____ in music.

9 s e r t r o

Riccione is a popular holiday _____ town in Italy.

10 a p r t i o c l

The plants grow well only in _____ regions.

Answers **1** separate **2** ignore **3** raise **4** athlete **5** demand **6** unique **7** recognize **8** interest **9** resort **10** tropical

Three Apples that Changed the World

Good & Evil

Gravity

New Technology

해석 **[세상을 바꾼 세 가지 사과]** 선과 악 / 중력 / 신기술

HOLLYWOOD

19

Health

★ ★ ☆ / 130 words

There are two types of food in our daily diet. One is acidic food such as meat, grain, sugar and dairy products. The other is alkaline food, which is mainly fruits and vegetables. 3

Eating too many acidic foods causes many health problems, just as acidic rain damages plants. If acidic substances build up in your blood, oxygen and nutrition cannot travel freely among your cells. 6 If your cells are not provided with oxygen and nutrition, they die or get sick. In fact, many human diseases result from your body being too acidic. 9

According to nutritionists, the ideal diet should be 80% alkaline foods and 20% acidic foods. This diet will keep you a little alkaline, which is the healthiest state. So why don't you try eating more 12 fruits and vegetables?

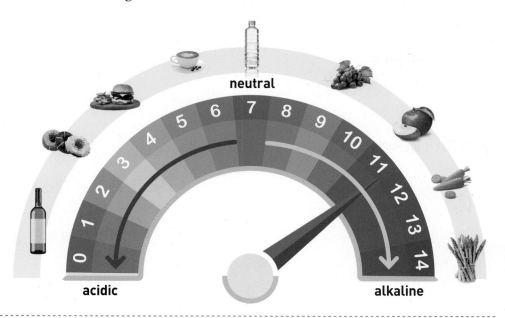

neutral

acidic

alkaline

Grammar Link

3/12행 | 관계대명사 which의 계속적 용법: that은 계속적 용법으로 쓸 수 없음.

which는 흐름에 따라 앞에 나온 단어, 구, 문장 전체를 받을 수 있어요.

Naomi loves fast food, **which** makes her fat.
(= and it(fast food) makes her fat)

Rick got up at six o'clock this morning, **which** was a little earlier than usual.
(= and it(getting up ~ morning) was a little earlier than usual)

1 식품과 몸에 관한 설명 중, 이 글의 내용과 일치하지 <u>않는</u> 것은?

① 음식은 산성 음식과 알칼리성 식품으로 나눌 수 있다.

② 우유와 설탕은 산성이고, 채소와 과일은 알칼리성이다.

③ 몸이 산성화되면 세포에 산소 공급이 잘 안 된다.

④ 알칼리성 음식과 산성 음식을 균등하게 섭취하는 게 좋다.

⑤ 몸은 약알칼리성 상태를 유지할 때 가장 건강하다.

(서술형)

2 다음은 우리가 먹는 음식이 몸에 어떤 영향을 주는지 설명한 것이다. 각 빈칸에 알맞은 말을 본문에서 찾아 쓰시오.

> You eat meat, sugar and milk too much.

⬇

> Your blood is full of (A) _____ substances.

⬇

> Oxygen and nutrition cannot freely move among your (B) _____.

⬇

> You will get many (C) _____.

(서술형)

3 이 글에서 글쓴이가 권장하는 이상적인 식단과 권장 이유를 우리말로 쓰시오.

ⓖ

4 다음 두 문장이 같은 뜻이 되도록 빈칸에 알맞은 말을 쓰시오.

We'll go to Merlion Park and it is in Singapore.

= We'll go to Merlion Park, _____ is in Singapore.

Did You Know?

PH 농도(수소이온 농도)란?

PH 농도는 산성과 알칼리성을 구분하는 기준으로, 0~14단계로 나눠, 7은 '중성', 0에 가까울수록 '강산성', 14에 가까울수록 '강알칼리성'으로 분류한다. 혈액의 PH 농도가 약알칼리성(PH 7.35~7.45)일 때, 우리 몸은 신진대사, 면역계 활동, 호르몬 분비 등이 가장 활발하게 이루어진다. 반면에, 혈액이 PH 6.8 이하로 산성화되면, 세포들이 활동을 하지 못하고 죽게 되며, 약을 써도 소용이 없는 상태에 이른다. 산성과 알칼리성을 나누는 기준은 음식이 체내에 들어갔을 때 소화 작용을 하면서 어떤 물질을 만드느냐에 달려 있다. 나트륨, 칼륨, 칼슘, 마그네슘과 같은 염기성 원소를 많이 함유하고 있으면 알칼리성 식품이고, 유황, 인, 염소와 같은 산성 원소를 갖고 있으면 산성 식품이다.

Words

diet 식단
one ~ the other ... (둘 중에) 하나는 ~ 다른 하나는 …
acidic 산성의 (*n*. acid)
grain 곡물; (곡식의) 낟알
dairy product 유제품, 낙농 제품
alkaline 알칼리성의 (*n*. alkali)
cause ~의 원인이 되다, 초래하다
damage 손상시키다, 피해를 입히다
substance 물질
build up 축적되다, 쌓이다
oxygen 산소
nutrition 영양(소) *cf*. nutritionist 영양학자
cell 세포
be provided with ~을 공급받다 *cf*. provide 제공하다, 공급하다
disease 질병, 병
state 상태

20

Humor

★☆☆ / 163 words

A couple in their 90s is getting forgetful, so their doctor advises them to write things down to help them remember. That night, when the old man is about to go to the kitchen for a drink, his ₃ wife asks him to get her a bowl of ice cream. She gently reminds him, "Shouldn't you write it down?" He says, "No, I can remember it." But before he turns to go, his wife says, "Well, since ₆ you're going anyway, I'd like some strawberries on top. You'd better write that down." He replies, "I've got it in my mind!" She adds, "I'd also like chocolate syrup. Now I'm certain you'll forget ₉ that." At this word, he loses his temper and says, "I do remember that: ice cream with strawberries and chocolate syrup." He then hurries into the kitchen. Twenty minutes later, he returns with a ₁₂ plate of bacon and eggs. His wife stares at the plate for a moment and asks, "Where's my toast?"

Grammar Link

1행 | **in one's + '10단위 숫자 + -s'**: (나이가) ~대인
I am **in my early 20s.** 나는 20대 초반이다.
My aunt got married **in her late 30s.**
나의 이모는 30대 후반에 결혼했다.

> '10대'는 'in one's teens'라고 쓰고, 나이의 초·중·후반은 숫자 앞에 각각 early, mid-, late을 넣어 표현해요.

1 이 글에서 아내가 남편에 대해서 걱정한 것은?

① 밤눈이 어두운 것

② 간식을 많이 먹는 것

② 화를 너무 자주 내는 것

④ 글자를 알아볼 수 없게 쓰는 것

⑤ 뭔가를 금세 잊어버리는 것

2 이 글에서 아내가 남편에게 가져다 달라고 부탁한 음식은?

①   ②   ③

3 이 글에서 노부부에 대해 짐작할 수 있는 것은?

① They are happy with each other.

② They don't need a doctor's help.

③ They hate to have late-night snacks.

④ Both of them have very poor memories.

⑤ Their favorite meals are almost the same.

4 Ⓖ 다음 우리말과 일치하도록 주어진 말을 배열하시오.

50대 후반의 남자가 어제 우리를 만나러 왔다.

A man _____ came to meet us yesterday.
(in / 50s / late / his)

Words

forgetful 잘 잊어버리는, 건망증이 있는

advise 충고하다 (*n*. advice)

write down ~을 적다

be about to 막 ~하려던 참이다

a bowl of 한 그릇의 *cf*. bowl 그릇, 사발

gently 다정하게

remind (기억하도록) 다시 한번 말해주다; 상기시키다

would like ~을 원하다

had better ~하는 편이 낫다

get ~ in one's mind ~을 기억하다

add (말을) 덧붙이다; 추가하다

certain 확신하는 (=sure)

syrup 시럽(달콤한 액체)

lose one's temper 화내다

hurry into ~에 급히 들어가다

stare at ~을 빤히 쳐다보다

for a moment 잠시 동안

21

IT

★★☆ / 172 words

In 1999, a website conducted an online poll to choose the best school for computer science. But some students at Carnegie Mellon and MIT played a trick. They used a computer program to vote automatically over and over again. As a result, those two schools got more votes than any other school. Later, in order to stop this kind of cheating, some people came up with a test program called CAPTCHA.

CAPTCHA is a kind of word recognition test that is designed to tell computers and humans apart. The words shown on the test screen have strange shapes. Humans can recognize them, but computers can't. Visitors to a website are required to type in the words to prove that they are really human. This way, CAPTCHA can prevent computer programs from playing tricks.

As CAPTCHA is widely used, its forms continue to evolve. There is now an audio CAPTCHA that reads texts out loud for the blind. A more advanced one is a 3D CAPTCHA that displays characters or numbers in 3D.

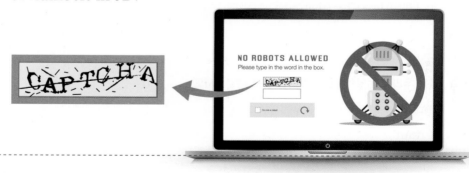

Grammar Link

7/9행 | 명사 + 과거분사구: ~되어진, ~해진(완료 및 수동의 의미)

My sister found <u>a box</u> **filled with chocolate bars**. 초콜릿 바로 가득 채워진 상자

I need <u>some books</u> **written in easy English**. 쉬운 영어로 쓰여진 책 몇 권

cf. <u>The woman</u> **wearing a red skirt** is a famous singer. ▶ 명사 + 현재분사구: ~하는, 하고 있는 (능동, 진행)
빨간 스커트를 입고 있는 여자

정답과 해설 p.34

1 이 글에서 언급한 CAPTCHA가 만들어진 이유로 가장 적절한 것은?

① 온라인 투표 참여도를 높이기 위해

② 컴퓨터 공학 프로그램의 발전을 위해

③ 온라인 투표에서 부정행위를 막기 위해

④ 학생들이 원하는 대학에 지원하도록 하기 위해

⑤ 컴퓨터 공학 부문 최우수 대학을 선정하기 위해

2 CAPTCHA에 관한 설명 중, 이 글의 내용과 일치하지 <u>않는</u> 것은?

① 이용하는 사람이 컴퓨터인지 사람인지 구별한다.

② 컴퓨터가 인식할 수 있는 특이한 형태로 되어 있다.

③ 웹 사이트 방문자들이 사람임을 증명해 준다.

④ 컴퓨터 프로그램의 속임수를 예방할 수 있다.

⑤ 시각장애인을 위해 텍스트를 소리 내어 읽어주기도 한다.

3 다음 중 CAPTCHA를 이용한 사람은?

① Amy: I took part in an online poll on a website.

② Robin: I made the computer read the news aloud.

③ Serena: I typed in strange-shaped words to join a website.

④ Din: I searched online content to get more information.

⑤ Mark: I watched a movie in 3D on the computer.

Ⓖ

4 다음 문장의 괄호 안에서 알맞은 것을 고르시오.

(1) We hit a car (coming / come) from the other direction.

(2) This is the church (building / built) five years ago.

Words

conduct (특정한 활동을) 하다, 수행하다

online poll 온라인 여론조사

play a trick 속이다, 농간을 부리다

vote 투표하다; 표

automatically 자동적으로

over and over again 여러 번 반복해서

cheating 부정행위, 속임수 쓰기

come up with ~을 생각[고안]해 내다

recognition 인식 (v. recognize 인식하다, 알아보다)

be designed to ~하기 위해 만들어지다, 설계되다

tell A and B apart A와 B를 구별하다

be required to ~해야 한다 cf. require 요구하다

type in 입력하다

prove 증명하다 (n. proof 증거)

prevent A from -ing A가 ~하는 것을 막다

evolve 진화하다

read ~ out ~을 소리 내어 읽다

the blind 시각장애인들 cf. blind 눈이 먼, 맹인인

advanced 진보한

display 보여주다

character 문자

Review Test

정답과 해설 p.36

1 짝지어진 단어의 관계가 나머지와 <u>다른</u> 하나는?

① prove – proof
② advise – advice
③ acid – acidic
④ recognize – recognition

2 빈칸에 들어갈 알맞은 단어는?

> People in those countries suffer from hunger and poor _____.

① vote
② character
③ substance
④ nutrition

3 영영풀이가 <u>잘못된</u> 것은?

① advanced: based on the most recent methods or ideas
② display: put something in a place where no one can find it
③ certain: having no doubt or knowing exactly that something is true
④ damage: harm something physically so that it is broken, spoiled or injured

[4–6] 다음 각 문장의 빈칸에 알맞은 말을 보기 에서 골라 쓰시오.

> ┌ 보기 ┐
> from   apart   about

4 Can you tell Japanese people and Chinese people _____?

5 The man was _____ to open the gate of the museum.

6 My back pain prevented me _____ taking part in sports and running.

[7–8] 다음 밑줄 친 부분을 바르게 고쳐 쓰시오.

7 Nobody answered the question, <u>that</u> made me upset.

8 Beethoven became totally deaf when he was <u>at his lately 40s</u>.

9 다음 우리말과 일치하도록 주어진 말을 바르게 배열하시오.

한국어로 번역된 그녀의 소설은 10대들 사이에 인기가 있다.

_____

(translated / her novel / popular / in Korean / among teenagers / is)

UNIT

8

22

Animal

★☆☆ / 124 words

People say that magpies are smart animals. Is it true? An experiment was conducted to test the _____ of magpies. A man climbed up to a magpie's nest and took its baby when the magpie was watching him. The next day, the man went by the nest. The magpie cried violently when it saw him. The magpie even followed him and continued to cry. It seemed to be a kind of "yelling." After a few minutes, another man wearing the same clothes passed by the nest to fool the magpie. Surprisingly, the magpie showed no reaction. This experiment shows us that the magpie could remember the face of the person who took its baby. Clearly, this amazing animal knows much more than we guess.

Grammar Link

6행 | **seem + to부정사**: ~인 것 같다
Everyone **seems to like** Mark. 모두가 Mark를 좋아하는 것 같다.
= **It seems that** everyone **likes** Mark.
Nobody **seemed to notice** anything wrong. 아무도 무언가 잘못된 것을 알아차리지 못한 것 같았다.
= **It seemed that** nobody **noticed** anything wrong.

정답과 해설 p.37

1 이 글의 빈칸에 들어갈 말로 가장 적절한 것은?

① sound   ② vision

③ memories   ④ speed

⑤ power

2 이 글의 밑줄 친 **a kind of "yelling"**을 통해 알 수 있는 까치의 감정은?

① 적대감   ② 만족감

③ 반가움   ④ 놀라움

⑤ 평화로움

3 까치에 관한 설명 중, 이 글의 내용과 일치하는 것은?

① 어떤 사람을 보아도 울부짖었다.

② 새끼를 보호하기 위해 사람을 피했다.

③ 한번 보고는 사람의 얼굴을 구별하지 못했다.

④ 둥지에서 새끼가 없어진 것을 알아채지 못했다.

⑤ 새끼를 데려간 이와 같은 차림의 다른 사람에게는 반응하지 않았다.

Ⓖ

4 다음 두 문장이 같은 뜻이 되도록 빈칸에 알맞은 말을 쓰시오.

It seemed that my brother had a headache.

= My brother ＿＿＿＿＿＿＿＿＿＿＿＿＿＿ a headache.

Did You Know?

까치의 장례 의식

세계적인 동물학자 마크 베코프(Marc Bekoff)는 자신의 책 「Minding Animals」에서 가족이나 친구의 죽음을 애도하는 동물들 중 하나로 까치를 소개했다. 고속도로 도로변에서 차에 치여 죽은 까치를 둘러싸고 몇 마리의 까치들이 다가가 입을 맞추고, 풀잎을 물어다 곁에 놓은 후, 기도하듯이 서 있다 떠나는 광경을 목격한 그는 그 모습이 장례 의식을 치르는 것과 흡사하다고 설명했다. 또한 캐나다 새스커툰(Saskatoon)에서 촬영된 한 동영상에서도 도로 위에 누워 있는 까치 주변에 다른 까치들이 하늘을 향해 머리를 치켜 들고 애통한 울음소리를 내는 것을 볼 수 있다. 이런 모습들은 까치가 '죽음'을 인지하고 그에 맞는 나름의 행동을 한다는 것을 간접적으로 보여 준다.

Words

magpie 까치
experiment 실험
conduct (특정한 활동을) 하다
climb up 오르다
go by ~을 지나가다 (=pass by)
cry (새가) 울부짖다, 울다
violently 격렬하게, 맹렬히
continue (쉬지 않고) 계속하다
yell 소리치다, 고함치다
fool 속이다; 바보
reaction 반응 (v. react)
clearly 분명히, 명확히
문 **1. vision** 시력

23

Education

★★☆ / 134 words

How can we make our children study harder? One simple idea is to give them money! Studies show that paying for grades works. In America, a group of students were paid to do well on the SAT test. As a result, their scores were 30% higher than normal! Many parents think that giving money for great test scores is like giving their kids a prize. But some parents disagree. They are afraid that their children won't do anything unless they get money. <u>This</u> could be true. According to the studies, people who get rewards for work usually stop working if the rewards stop. Many psychologists believe that people need to be rewarded from inside. They believe that the true prize is the sense of achievement and self-satisfaction that comes from a job well done.

Grammar Link

7행 │ **접속사 unless**: 만약 ~가 아니라면(= if ~ not)

I will not go **<u>unless</u> you go with me**. 네가 나와 가지 않는다면, 나는 가지 않겠다.

= I will not go **if** you **don't** go with me.

We'll miss the bus **<u>unless</u> we walk more quickly**. 좀 더 빨리 걷지 않으면, 우리는 버스를 놓칠 거야.

= We'll miss the bus **if** we **don't** walk more quickly.

1 이 글의 제목으로 가장 적절한 것은?

① When Do Children Stop Studying?

② How Can Children Do Well on Tests?

③ How Can Children Improve Their Grades?

④ Does Money Make Children Study Harder?

⑤ What Do Psychologists Suggest to Improve School Grades?

(서술형)

2 밑줄 친 This가 가리키는 것을 우리말로 쓰시오.

3 이 글에서 심리학자들이 주장하는 가장 바람직한 학습 동기는?

① being praised by parents

② being recognized by friends

③ getting a prize from teachers

④ feeling happy with what you have done

⑤ receiving money for what you have done

Ⓖ

4 다음 문장의 괄호 안에서 알맞은 것을 고르시오.

(1) We'll go hiking (if / unless) it rains.

(2) I won't tell you (if / unless) you don't promise to keep it a secret.

Words

grade 성적
work 효과가 있다; 일하다; 일;
효과, 결과
do well on ~을 잘 하다, (시험을)
잘 보다
as a result 결과적으로
score 점수
normal 보통의, 평상시의
(↔ abnormal)
prize 상
disagree 의견이 다르다 (↔ agree)
reward 보상; 보상하다
psychologist 심리학자
the sense of ~의 느낌
achievement 성취 (v. achieve)
self-satisfaction 자기만족
cf. satisfaction 만족
문 3. praise 칭찬하다

24

Brain

★★★ / 151 words

According to psychologists, music is more than just a pleasant activity. It can greatly affect the ability of your brain. *MRI scans show that your brain becomes active when you do something. 3 Activities such as reading, drawing and solving math problems light up a part of one side of your brain. Then what happens to your brain when you listen to music? Amazingly, music makes 6 many parts of your brain light up all at once. But this is nothing. When you play a musical instrument, your entire brain flashes like fireworks. It is as if the entire brain were engaging in a full-body 9 workout. Exercising builds muscles in your body and makes you healthier. _____, listening to music or playing musical instruments makes your brain stronger and improves your ability 12 to think. If you keep doing music-related activities on a daily basis, its positive effects will show in your grades, too.

*MRI scan 자기 공명 영상 정밀 검사

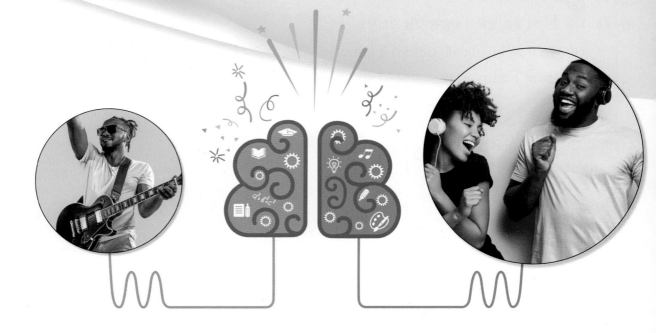

1 **What is the best title for the passage?**

① Your Brain Needs Exercising

② Music Makes Brain More Relaxed

③ What Does Music Do to Your Body?

④ Music Improves Your Brain Ability

⑤ The More Activities, the Higher the Grades

2 **Write T if the statement is true, or F if it is false.**

(1) _____ A part of your brain becomes active if you solve math problems.

(2) _____ While we listen to music, our entire brain lights up all at once.

(3) _____ Building muscles helps our brain to become stronger.

3 **Which one best fits in the blank?**

① Nevertheless   ② Likewise   ③ That is

④ Besides   ⑤ As a result

4 **What does the underlined music-related activities refer to? Write them in English using the words from the passage.**

_____ , _____

Words

pleasant	즐거운, 기분 좋은 / nice, enjoyable or attractive
affect	~에 영향을 미치다 / have an effect on someone or something
active	활발한, 왕성한 / busy with a particular activity
light up	(빛으로) ~을 환하게 만들다; 환하게 되다 / make something bright or become bright
musical instrument	악기 / an object such as a piano, guitar, or drum used to make music
entire	전체의, 온 (= whole) / all or every part of something
flash	번쩍거리다 / shine brightly and suddenly
engage in	~에 참여하다 / take part in a particular activity
workout	(건강을 위해 하는) 운동 / a period of physical exercise
on a daily basis	매일 / every day
positive	긍정적인 (↔ negative 부정적인) / believing that good things will happen or that a situation will get better

Review Test

1 다음 문장에서 밑줄 친 단어와 바꿔 쓸 수 있는 것은?

> We spent the <u>entire</u> evening talking with each other.

① active ② whole ③ positive ④ normal

[2-3] 다음 빈칸에 들어갈 알맞은 단어를 고르시오.

2

> The scientist carried out a long-term _____ to test the theory.

① reaction ② prize ③ experiment ④ achievement

3

> The students were ready to _____ discussions.

① do well on ② light up ③ climb up ④ engage in

4 영영풀이가 잘못된 것은?

① fool: make someone believe something that is not true

② continue: not stop happening, existing or doing something

③ workout: a measure of the quality of a student's performance

④ reward: something that you get because you have done something good

5 밑줄 친 **work**의 의미가 나머지와 다른 하나는?

① Do you like to <u>work</u> in your father's company?

② The pills the doctor gave me don't <u>work</u> at all.

③ I know some people who <u>work</u> at the National Museum.

④ Sam gave up farming and started to <u>work</u> as an engineer.

6 두 문장이 같은 의미가 되도록 빈칸에 알맞은 말을 쓰시오.

It seemed that everyone was awake.

= Everyone _____ _____ _____ _____.

7 다음 우리말과 일치하도록 주어진 말을 바르게 배열하시오.

날씨가 좋아지지 않는다면, 우리는 경기를 취소할 것이다.

_____

(gets better / we'll / the weather / cancel the game / unless)

● 주어진 힌트를 참고하여 퍼즐을 완성하시오.

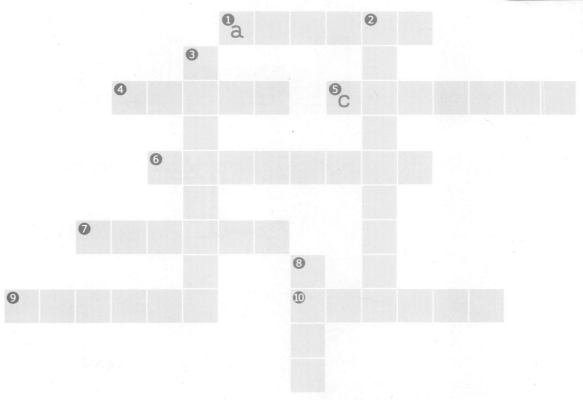

Across

❶ inactive ↔ _____

❹ 평균 점수: the average _____

❺ 시장조사를 하다: _____ a market research

❻ differ in opinion

❼ Sorry, I've forgotten your name. Can you _____ me?

❾ 신체, 재산, 명예 등에 입은 손해

❿ Blood transports _____ around the body. (혈액은 온몸으로 산소를 실어 나른다.)

Down

❷ in a forceful way that causes people to be hurt

❸ full of hope and confidence

negative ↔ _____

❽ 어떤 문제에 대해 투표를 하다:

have a _____ on an issue

Precious Things Are Closest to Us

해석 [소중한 것은 우리에게 가장 가까이에 있다]

25

Pet

★☆☆ / 132 words

Welcome to Pet Hotel Luna! We offer excellent <u>boarding and daycare services</u> for your dogs when you need to be away from home. We have modern facilities for boarding, grooming, doggie daycare and more. Our trained and caring staff members always enjoy working with your furry family member. Let your dogs have a good time instead of leaving them home alone. The end results are safer, more comfortable experiences at reasonable prices!

Boarding(including daycare):

- 1 DOG: $45 per night
- 2 DOGS: $80 per night
- Longer Stays: Get 1 FREE night for every 10 nights

Grooming(including bath, dry, brush, nails and ears):

- Small (up to 25*lbs): $30–$34
- Medium (26–50 lbs): $35–$39
- Large (over 50 lbs): starts at $40

Free Services:

- Daily walking
- Homemade snacks
- Videos and photos

* **lb** 〈무게의 단위〉 파운드(라틴어 *libra*에서 온 말로, 1lb는 약 454g임.)

Grammar Link

5행 | 동명사를 목적어로 취하는 동사

My father **enjoys cooking** on Saturdays.
나의 아버지는 토요일마다 요리하는 것을 즐긴다.

Would you **mind explaining** that again?
그거 다시 한 번 설명해 주시겠어요?

enjoy, finish, mind, give up 등은 뒤에 목적어로 동사가 올 때는 동명사(-ing)만 쓸 수 있어요.

1 이 글의 목적으로 가장 적절한 것은?

① 애완견 호텔을 홍보하려고

② 애완견 관리 방법을 설명하려고

③ 애완견 호텔 직원을 모집하려고

④ 동물병원 진료 시간을 안내하려고

⑤ 일반 호텔의 애완견 서비스를 알려주려고

2 이 글의 밑줄 친 boarding and daycare services에 관한 내용과 일치하지 않는 것은?

① 두 마리가 함께 묵으면 좀 더 저렴하다.

② 10박을 할 경우 1박을 무료로 이용할 수 있다.

③ 미용 서비스는 개의 체중에 상관없이 가격이 동일하다.

④ 날마다 산책 서비스를 받을 수 있다.

⑤ 수제 간식, 사진 및 동영상이 무료로 제공된다.

(서술형)

3 다음은 Pet Hotel Luna 매니저와의 통화 내용이다. 이 글의 내용을 바탕으로 질문에 알맞은 답을 쓰시오.

> **A** Hello. This is Pet Hotel Luna. How may I help you?
>
> **B** I'd like to make a reservation for my two pet dogs. How much is it for 14 nights?
>
> **A** It's _____ .

(G)

4 다음 우리말과 일치하도록 어색한 부분을 찾아 고쳐 쓰시오.

Sue와 Bob은 이번 봄에 할 결혼식 준비를 끝냈다.

Sue and Bob finished to prepare for their wedding this spring.

Did You Know?

반려동물을 위한 다양한 서비스

반려동물을 가족의 일원으로 받아들이는 인식이 보편화되면서, 그에 대한 다양한 서비스들이 많이 생겨나고 있다. 대표적인 것이 숙박, 산책, 훈련 등의 맞춤형 서비스로, 반려동물을 키우는 사람들은 사료, 간식, 옷 등과 같은 물품보다 이와 같은 서비스에 점점 더 많은 돈을 지출하고 있다. 대표적인 것으로 반려동물을 일정 기간 동안 원하는 장소에서 돌봐주는 펫시터(pet sitter), 강아지 산책시키는 일을 전문으로 하는 도그워커(dog walker), 명절 및 휴가철마다 반려동물의 숙식을 해결해 주는 펫호텔(pet hotel) 서비스 등이 그 예이다.

Words

offer 제공하다
boarding (식사가 포함된) 기숙, 하숙 cf. board 하숙하다; 탑승하다
daycare 낮 동안 돌봐주는 것, 데이케어
modern 현대적인, 최신의
facilities (pl.) 편의 시설[기관]
grooming (동물의) 털 손질
doggie 개의 (=doggy)
caring 배려하는, 보살피는
furry 털로 덮인
end result 최종 결과
comfortable 편안한, 쾌적한
reasonable 합리적인, 가격이 적당한
nail 손톱; 발톱
medium 중간의
start at ~에서 시작되다
[문] 3. **make a reservation** 예약하다

26

Psychology

★★☆ / 158 words

Smell affects our moods and memories more than other senses. The reason is that smell is directly connected to the brain's emotional control center. Some stores and companies know this and try to influence customer behavior with smell. 3

A chain of ice cream shops adopt a waffle cone smell to attract customers. Women's clothing stores often smell like vanilla. Vanilla makes women feel more relaxed, so they stay in the stores longer and spend more money. 6

Nowadays, smell is being used in even more unusual ways. In Australia, electricity companies put the smell of sweat on customers' overdue bills. Feelings of anxiety and fear are the common causes of cold sweat. The smell may remind them of a frightening time. This encourages them to pay their bills right away. The next time you're shopping or looking at your mail, be careful of what you smell! You might end up _____ without even realizing it. 9 12 15

Grammar Link

9행 | 현재진행형 수동태 「be동사 + being p.p.」: ~되고 있다
The same author **is writing** the new book. 동일한 저자가 새 책을 쓰고 있다.
→ The new book **is being written** by the same author.
Jenny **is bringing** some food into the kitchen. Jenny는 부엌으로 약간의 음식을 가져오고 있다.
→ Some food **is being brought** into the kitchen by Jenny.

1 이 글의 주제로 가장 적절한 것은?

① reasons to trust your nose
② how to create the best smell
③ the effects of smell on the brain
④ using smell for business purposes
⑤ how smell can improve your mood

2 이 글의 빈칸에 들어갈 말로 가장 적절한 것은?

① loving the smell
② doing something bad
③ getting mad at yourself
④ being scared and worried
⑤ being controlled by the smell

3 이 글의 내용과 일치하면 T, 일치하지 않으면 F를 쓰시오.

(1) _____ 냄새는 뇌의 감정 통제 센터에 직접 연결되어 기분에 영향을 준다.

(2) _____ 매장에서 나는 바닐라 향은 고객들이 돈을 더 쓰게 만든다.

(3) _____ 땀 냄새는 공포감을 불러일으켜 돈을 내야 한다는 사실을 잊게 한다.

4 Ⓖ 우리말과 일치하도록 주어진 단어를 알맞은 형태로 바꾸어 쓰시오.

그 문제는 한 무리의 사람들에 의해 논의되고 있다.

The problem _____ by a group of people. (discuss)

Words

affect ~에 영향을 미치다
(= influence)
sense 감각 cf. five senses 오감
be connected to ~와 연결되다
cf. connect 연결하다
emotional 감정의
control center 관리 센터, 통제
센터
adopt 채택하다, 고르다
cone (아이스크림의) 콘
attract (주의·흥미를) 끌다, 유인
하다
relaxed 느긋한, 편안한
electricity 전기
overdue (지불의) 기한이 지난
cf. due ~하기로 되어 있는, 마감일이
되어 ~해야 하는
bill 청구서
anxiety 긴장, 초조 (a. anxious)
cause 원인
cold sweat 식은땀
remind A of B A에게 B를 생각
나게 하다
frightening 두려운, 무서운
encourage 권하다, 부추기다; 격
려하다
right away 즉시, 곧바로
end up -ing (예상과 달리) 결국
~하게 되다
realize 깨닫다, 알아차리다

27

History

★★☆ / 173 words

In August 1914, World War I had just begun. The German army was moving toward France. By the beginning of September, the Germans were within 60 km of Paris. The French army tried to hold back the German army at the Marne River. (ⓐ) But they had a problem. (ⓑ) Then one of the generals came up with an idea: if they could use all of the taxis in Paris to carry the soldiers, they might be able to save the city. (ⓒ) The army asked for help, and the patriotic taxi drivers accepted. (ⓓ) At the scheduled time, 600 taxis formed a line. (ⓔ) General Gallieni, the military commander of Paris, came out to greet the taxi drivers. He gave them a salute and then sent them off on their mission. The soldiers were quickly taken to the battleground, where they were able to stop the German attack. Without the brave taxi drivers, Paris would have fallen to the Germans.

Grammar Link

13행 | **Without ~, 주어 + 과거형 조동사 + have p.p. ...:** (만약) ~이 없었다면, ...했을 텐데

<u>Without</u> her advice, I **would have failed.** ▶ If it had not been for her advice
그녀의 조언이 없었다면, 나는 실패했을 텐데.

<u>Without</u> a leg injury, Sam **could have played.** ▶ if it had not been for a leg injury
다리 부상이 없었다면, Sam은 경기를 뛸 수 있었을 텐데.

1 이 글의 흐름으로 보아, 다음 문장이 들어가기에 가장 적절한 곳은?

> There were 6,000 soldiers in Paris, but there was no means to transport them to the battleground.

① ⓐ   ② ⓑ   ③ ⓒ   ④ ⓓ   ⑤ ⓔ

2 독일과 프랑스의 전투에 관한 설명 중, 이 글의 내용과 일치하지 <u>않는</u> 것은?

① 1914년 9월 초에 독일군이 파리의 60km 부근까지 접근했다.
② 프랑스군은 마른강에서 독일군을 저지하기 위해 노력했다.
③ 한 장군이 파리를 지키기 위한 아이디어를 생각해냈다.
④ 택시 기사들은 군사령관을 보호하기 위해 파리로 모였다.
⑤ 택시 기사들의 도움으로 프랑스군은 파리를 지켜낼 수 있었다.

(서술형)

3 이 글의 밑줄 친 their mission이 가리키는 내용을 우리말로 쓰시오.

Ⓖ

4 다음 두 문장이 같은 뜻이 되도록 빈칸에 알맞을 말을 쓰시오.

If it had not been for his help, we couldn't have carried out our project.

= _____ _____ _____, we couldn't have carried out our project.

Did You Know?

**마른 전투
(The Battle of the Marne)**

제1차 세계대전이 일어난 직후인 1914년 9월에 프랑스 파리의 북동쪽 외곽에 위치한 마른(Marne)강을 사이에 두고 독일군과 프랑스·영국 연합군이 벌인 전투이다. 프랑스군은 파리의 택시들을 동원해서 6,000여 명의 군 병력을 전장에 투입함으로써, 수도를 잃을뻔한 큰 위기에서 벗어났다. 기대하지 않았던 지원병은 프랑스·영국 연합군의 승리를 도왔고, 단기간에 전쟁을 끝내려 했던 독일의 계획을 무산시켰다. 연합군은 전투에서 연달아 패하며, 파리를 지키기 위한 최후의 방어선인 마른강까지 쫓기는 상태였기 때문에, 이 전투는 세계사에서 '마른의 기적(the miracle of the Marne)'으로 불리고 있다.

Words

army 군대
within ~ 이내에
hold back 저지하다, 억제하다
general 장군
ask for help 도움을 청하다
patriotic 애국심이 강한
accept 받아들이다, 수락하다
scheduled 예정된
form a line (군대 등이) 열을 짓다
military commander 군사령관
cf. command (군대에서) 지휘하다
greet 맞다, 환영하다
give A a salute A에게 경례하다
send off on one's mission 임무 수행을 하도록 파견하다
cf. mission 임무
battleground 싸움터, 전장
attack 공격, 습격
brave 용감한 (*n.* bravery)
fall to ~에게 무너지다, 함락되다
문 **1. means** 수단

Review Test

정답과 해설 p.47

1 나머지 셋을 모두 포함할 수 있는 단어는?

① relaxed   ② anxious   ③ emotional   ④ frightened

[2-3] 다음 영영 풀이에 해당하는 단어를 고르시오.

2

> showing love for your country and being proud of it

① overdue   ② reasonable   ③ modern   ④ patriotic

3

> understand a situation, sometimes suddenly

① encourage   ② realize   ③ offer   ④ attract

4 빈칸에 들어갈 알맞은 단어는?

> This airport has excellent flight control _____.

① reservations   ② bills   ③ facilities   ④ missions

5 밑줄 친 부분을 우리말로 잘못 옮긴 것은?

① I'll end up doing all the work myself. (하는 것을 끝내다)
② You can ask for help when you need it. (도움을 요청하다)
③ I woke up from the bad dream in a cold sweat. (식은땀)
④ All of us are satisfied with the end result. (최종 결과)

[6-8] 다음 문장의 괄호 안에서 알맞은 것을 고르시오.

6 Do you mind (to turn / turning) on the TV?

7 The director's new movie (is making / is being made) now.

8 (Without / Without for) your support, I couldn't have succeeded.

9 다음 우리말과 일치하도록 주어진 말을 바르게 배열하시오.

소포가 항공 우편으로 배달되고 있다.

_____

(is / by airmail / delivered / the package / being)

UNIT

10

28

Psychology

★☆☆ / 127 words

If you made a list of people you don't like, how long would it be? Five, twelve or maybe twenty people? (ⓐ) There will always be some people whom you don't like. (ⓑ) In the same way, there ₃ will always be some people who don't like you. You might feel unhappy when you find that someone dislikes you. (ⓒ) Maybe that person is jealous of you, or he or she feels threatened by you. ₆ It's impossible to make everyone like you, so why waste your time trying?

When you get the feeling that you're on somebody's "hate list," ₉ don't worry about it or get stressed. (ⓓ) Move on. Spend your energy on the people who like you because they're the ones who are important. (ⓔ)

Grammar Link

9행 | **동격의 접속사 that**

I have **the feeling that** the child trusts me.

나는 그 아이가 나를 신뢰한다는 느낌이 든다.

We were shocked by **the fact that** Nick lied to us.

Nick이 우리에게 거짓말을 했다는 사실에 우리는 충격을 받았다.

cf. These are <u>the glasses</u> **that** I want to buy. ▶ 관계대명사 that

that이 이끄는 절은 앞에 나온 명사를 구체적으로 설명해요.

1 다음 중, 대인 관계에 대한 글쓴이의 충고를 가장 잘 나타낸 것은?

① 이유 없이 다른 사람을 미워하지 마라.

② 질투심으로 남을 깎아내리려는 태도를 버려라.

③ 당신을 싫어하는 사람들 때문에 스트레스받지 마라.

④ 마음에 들지 않는 사람들과도 좋은 관계를 유지하라.

⑤ 사람을 대할 때 나쁜 점보다 좋은 점을 보도록 노력하라.

2 이 글의 흐름으로 보아, 다음 문장이 들어가기에 가장 적절한 곳은?

> However, that doesn't mean it's your fault.

① ⓐ   ② ⓑ   ③ ⓒ   ④ ⓓ   ⑤ ⓔ

Ⓖ

3 다음 중 밑줄 친 부분의 쓰임이 나머지와 다른 것은?

① We heard the news that Sean got the job.

② Sunny is the girl that I like best in my school.

③ My family now accepts the fact that I don't eat meat.

Words

make a list of ~의 목록을 작성하다

in the same way 같은 방식으로

dislike 싫어하다 (= hate)

be jealous of ~을 질투하다

threatened 위협당한
(v. threaten 협박[위협]하다)

waste one's time -ing ~하는 데 시간을 낭비하다

move on (불쾌한 일은 잊어버리고) 앞으로 나아가다

문 2. **fault** 잘못, 책임

29

Universe

★★☆ / 186 Words

Right this minute, the Earth is spinning like a top. It is also moving in a very big circle around the sun. The Earth is traveling at a speed of 104,960 kilometers an hour. Then why can't we feel ₃ the Earth move?

Think about when you ride in a car. You hear the car running. Through the car window, you see houses and trees move past you. ₆ Air comes into the window and blows on your face. When the car speeds up, you have a feeling of being pushed into your seat.

A car gives you many signs to tell you _____, but ₉ the Earth doesn't. The Earth does not make noise because it has nothing to hit against when the Earth moves in space. The air that surrounds our Earth moves along with it, so the Earth's ₁₂ movement doesn't blow wind in our faces. It also moves at the same speed, so we never feel any slowing down or speeding up.

Thank goodness we can't feel the Earth move! Otherwise, we ₁₅ would feel dizzy and sick all the time from the Earth's motion.

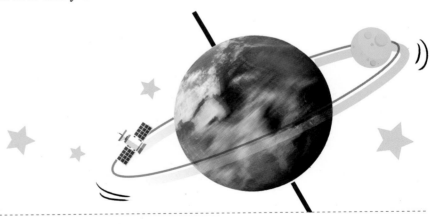

 Grammar Link

3/5/6/15행 | 지각동사(feel/hear/see) + 목적어 + 동사원형〔현재분사〕

My brother **felt** something **touch** his feet.
내 남동생은 그의 발에 뭔가가 닿는 것을 느꼈다.

I **heard** the rain **falling** on the roof. ▶ 현재분사: '~하고 있는'의 진행을 나타냄.
나는 지붕 위로 빗방울이 떨어지고 있는 소리를 들었다.

정답과 해설 p.49

1 이 글의 제목으로 가장 적절한 것은?

① How Fast Does the Earth Move?

② When Will the Earth Stop Rotating?

③ How Do We Know the Earth Spins?

④ Why Can't We Feel the Earth Moving?

⑤ How Does the Earth's Movement Affect Our Lives?

2 이 글의 빈칸에 들어갈 말로 가장 적절한 것은?

① it is moving
② it slows down
③ the Earth is huge
④ you're free to go anywhere
⑤ you're going at the same speed

3 이 글에서 지구의 움직임을 의식할 수 없는 이유로 적절하지 <u>않은</u> 것은? (2개)

① 팽이처럼 계속 회전하고 있어서

② 일정한 속도를 유지하며 움직여서

③ 시속 10만 킬로미터 이상으로 빠르게 움직여서

④ 움직일 때 주위의 대기도 함께 움직여서

⑤ 부딪히는 것이 없어 움직일 때 소음이 나지 않아서

Ⓖ

4 다음 우리말과 일치하도록 주어진 단어를 알맞은 형태로 바꾸어 쓰시오.

몇몇 부모들은 그들의 아이들이 무대에서 노래하고 있는 것을 보았다.

Some parents saw their children _____ a song on the stage. (sing)

Last year, we put up a *hummingbird feeder in the backyard. It quickly became popular with the wild hummingbirds in our area. As many as four birds would use the feeder at the same time. ₃

(A) The reason soon became clear. A male hummingbird had moved in, and he refused to let other hummingbirds use it. After drinking from the feeder, he would sit in a nearby tree ₆ and attack any bird that approached the feeder.

(B) By choosing to become the "owner" of the feeder, the male hummingbird had lost his freedom. He was no longer free to ₉ come and go as he pleased. His guard duty occupied all his time. The very thing he had worked so hard to possess became his prison. ₁₂

(C) We filled the feeder with sugared water twice a day. Then, suddenly, the hummingbirds stopped coming. The feeder needed filling only once a week.

*hummingbird 벌새

1 Which is the best order of the paragraphs (A)–(C)?

① (A) – (C) – (B)
② (B) – (A) – (C)
③ (B) – (C) – (A)
④ (C) – (A) – (B)
⑤ (C) – (B) – (A)

2 Fill in the blanks using the words from the passage.

> The male hummingbird lost his _____ because he refused to share a feeder, and the feeder became his _____.

3 Suddenly, the hummingbirds stopped coming because _____.

① they felt tired and thirsty
② they found a better feeder
③ they didn't like to go to prison
④ the feeder needed filling once a week
⑤ one male hummingbird attacked them

Words

put up	세우다, 짓다 / build a structure
feeder	모이통 (cf. feed 먹이를 주다; 먹이) / a container filled with food for birds
refuse	거부하다, 거절하다 (↔ accept) / say that you will not do or accept something
approach	접근하다 / come near to something or someone
owner	소유자 (v. own 소유하다) / a person who owns something
freedom	자유 / the state of being allowed to do what you want to do
no longer	더 이상 ~않는 (= not ~ any longer) / in the past but not now
please	원하다, 좋아하다 (cf. as A pleases A가 원하는 대로) / want, like, or choose
guard	감시 / the act of protecting or defending
duty	의무 / something that you have to do because it is part of your job
occupy	(시간·장소를) 차지하다 / fill, exist in, or use a place or period of time
the very thing	바로 그것 / exactly what is needed
possess	소유하다, 점유하다 / have or own something
prison	감옥 (= jail) / a building where criminals are kept as punishment

 정답과 해설 p.50

Review Test

정답과 해설 p.52

1 짝지어진 단어의 관계가 나머지와 <u>다른</u> 하나는?

① like – hate ② accept – refuse
③ possess – own ④ speed up – slow down

[2-3] 다음 영영 풀이에 해당하는 단어를 고르시오.

2

> feeling unhappy because someone has something that you wish you had

① threatened ② dizzy ③ thankful ④ jealous

3

> the activity of moving from one place to another

① motion ② guard ③ fault ④ minute

4 빈칸에 공통으로 들어갈 알맞은 단어는?

> • I don't like John. He is hard to _____.
> • It's up to you. Do as you _____.

① approach ② waste ③ spin ④ please

5 밑줄 친 부분을 우리말로 잘못 옮긴 것은?

① That's the very thing I need. (바로 그것)
② The law is no longer effective. (더 길지 않은)
③ Thank goodness they are all healthy. (정말 다행이다)
④ Make a list of how you want to spend your money. (~의 목록을 작성하다)

[6-7] 다음 문장의 괄호 안에서 알맞은 것을 고르시오.

6 We saw a truck (to approach / approaching) from the other side.

7 Mike was surprised by the fact (which / that) his name was not on the list.

[8-9] 다음 우리말과 일치하도록 주어진 말을 바르게 배열하시오.

8 우리는 Sean이 제주도로 이사갈 거라는 소식을 들었다.

_____

(to Jeju Island / the news / Sean would move / we heard / that)

9 그 사람들은 땅이 약하게 흔들리고 있는 것을 느낄 수 있었다.

_____

(shaking slightly / the people / the ground / could feel)

● 주어진 알파벳으로 단어를 완성하여 빈칸을 채우시오.

1 l u t a f

It's my _____ that the accident happened.

2 r f e o f

If you stay for more than 2 nights, we _____ a 20% discount.

3 e b v a r

I want my children to have warm and _____ hearts.

4 m o e d r f e

The movie directors are afraid they'll lose their creative _____.

5 d r e o n m

The old building didn't have _____ facilities like clean restrooms.

6 p t e c a c

I'd love to _____ your invitation.

7 t x e i n y a

Signs of _____ and impatience were all over her face.

8 p c o c y u

The desk seems to _____ most of the room.

9 s u e f r e

I can't help you if you _____ to listen to my advice.

10 e v r u o d e

An _____ bill was found in Selly's wallet.

Answers **1** fault **2** offer **3** brave **4** freedom **5** modern **6** accept **7** anxiety **8** occupy **9** refuse **10** overdue

Evolution: What's Next?

해석 **[진화: 다음에는 무엇인가?]**
* OMR Card / Floppy Disk / CD / USB / Cloud: 클라우드(인터넷이 연결된 중앙 컴퓨터를 통해 데이터를 이용하는 것)

Long ago, farmers on the islands in the West Indies had a big problem. Rats were attacking their *sugarcane farms and causing serious damage. Luckily, the farmers heard about an excellent rat hunter. (ⓐ) It was an 18-inch-long animal called a mongoose that lived in the East Indies. The farmers imported several mongooses. (ⓑ) Soon, the mongooses increased in number and reduced the rat population almost to zero. At first, the farmers were quite satisfied with this result. They thought that all their problems had ended. (ⓒ) As the number of rats fell, the mongooses started to eat other animals, such as birds, snakes and turtles. (ⓓ) This caused <u>a bigger problem</u> since these animals ate insects that damage sugarcane. Without these animals, the insect population grew out of control and damaged the sugarcane more than before. (ⓔ) The farmers finally had no choice but to start hunting the mongooses.

*sugarcane 사탕수수

Grammar Link

4행 | **수사 - 단수 단위 명사 - 형용사:** 형용사처럼 뒤에 온 명사를 수식
This is a **two-meter-high** wall. ▶ a two-meters-high wall. (×)
cf. This wall is **two meters high**.

뒤에 명사가 오지 않고 단독으로
쓴 경우에는 하이픈(-)을 빼고
수사가 '2' 이상이면 단위 명사를
복수형으로 써요.

1 이 글의 흐름으로 보아, 다음 문장이 들어가기에 가장 적절한 곳은?

> However, their judgment proved wrong.

① ⓐ   ② ⓑ   ③ ⓒ   ④ ⓓ   ⑤ ⓔ

2 이 글에서 밑줄 친 **a bigger problem**의 근본적인 원인은?

① 해충의 피해   ② 쥐의 이상 번식
③ 농토의 황폐화   ④ 먹이사슬의 파괴
⑤ 사탕수수 경작의 까다로움

(서술형)

3 다음은 농장에서 일어난 사건을 차례대로 설명한 것이다. 각 빈칸에 알맞은 말을 본문에서 찾아 쓰시오.

> Some mongooses were imported to hunt (A) _____ on sugarcane farms in the West Indies.

⬇

> Soon the number of rats fell almost to zero.

⬇

> The mongooses started to eat other animals that fed on harmful (B) _____ .

⬇

> The number of insects increased rapidly and they (C) _____ the sugarcane more than before.

Ⓖ

4 다음 문장의 괄호 안에서 알맞은 것을 고르시오.

(1) An adult whale is about (16 meters long / 16-meter-long).

(2) A (12-years-old / 12-year-old) girl surprised many people at the audition.

Did You Know?

서인도 제도와 동인도 제도

서인도 제도는 남·북아메리카 대륙 사이에 있는 활 모양으로 길게 늘어진 1만 2천여 개의 섬 무리이다. 15세기 말 무렵 콜럼버스가 유럽에서 출발하여 서쪽으로 항해하던 중에 발견한 열도로, 그 지역을 인도의 서쪽 일부라고 잘못 알아 '서인도'라는 이름이 붙여졌다. 그곳이 인도가 아니라 신대륙임이 밝혀진 뒤에도 서인도 제도로 불렸고, 그로 인해 그곳의 원주민들도 '인디언'으로 불리게 되었다. 동인도 제도는 실제로 인도의 동쪽에 위치한 섬들을 가리키는데, 현재 동남아시아의 '말레이 제도(동남아시아, 아시아 대륙, 오스트레일리아 대륙 사이의 해역에 있는 섬의 무리)'를 말한다.

Words

mongoose 몽구스 (인도산 족제비과의 육식동물)
the West[East] Indies 서[동]인도 제도
cause ~의 원인이 되다, 초래하다
damage 손상, 피해; 피해를 입히다
import 수입하다 (↔ export)
increase in number 숫자가 늘다
reduce A to B A를 B로 줄이다
population 개체 수; 인구
be satisfied with ~에 만족하다
grow out of control 통제할 수 없게 되다 cf. out of control 통제 불능의
have no choice but to ~하지 않을 수 없다
[문] 1. **judgment** 판단
    prove ~으로 판명되다
  3. **feed on** ~을 먹고 살다
    (-fed -fed)

32

Trend

★ ★ ☆ / 168 Words

The word "funation" is a combination of "fun" and "donation." Funation is a way to encourage donation by making it a fun activity. This is becoming more popular, especially among ₃ children, as it focuses on the fun process of donation rather than the result. For example, a mobile game called "Pocket Rice" gives you grains of rice every time you answer an English quiz. Then you ₆ can donate the rice you've collected to hungry children in Africa.

Another example is "jailing," which allows kids to put their teacher in "jail" if they raise enough money for charity. Of course, ₉ the teacher isn't actually going to jail. He or she will just be "locked up" in the classroom or teachers' lounge for a period of time. During that time, the kids can have some free time in the ₁₂ gym or on the playground.

Funation is a great way to make the world a better place while having fun. Thanks to the idea of funation, voluntary donations ₁₅ are quickly increasing.

Fun Donation

Grammar Link

6행 | **every time + 주어 + 동사:** ~이 …할 때마다
Every time I wash my car, it rains the next day.
내가 세차할 때마다 다음 날 비가 내린다.

cf. **The next time** I go skiing, I'll wear warmer clothes. ▶ 다음에 ~이 …하면
다음에 내가 스키를 타러 가면 나는 더 따뜻한 옷을 입을 것이다.

every time은 뒤에 주어와 동사가 오면, '접속사' 역할을 해요.

1 이 글의 제목으로 가장 적절한 것은?

① The Fun of Mobile Games
② New Ways to Raise Funds
③ The Role of Fun in Education
④ Funation: Play a Game, Do Good
⑤ The Importance of Voluntary Donations

2 funation에 대한 이 글의 내용과 일치하면 T, 일치하지 <u>않으면</u> F를 쓰시오.

(1) _____ 기부 행위에 재미 요소를 더한 활동이다.

(2) _____ 과정보다는 결과에 초점을 맞추어 아이들에게 인기가 많다.

(3) _____ 자발적인 기부가 점점 더 늘어나는 데 공헌하고 있다.

(서술형)

3 다음은 Pocket Rice와 Jailing을 비교한 것이다. 각 빈칸에 알맞은 말을 본문에서 찾아 쓰시오.

이름	방법	재미 요소	목적
Pocket Rice	take an English (A) _____	receive grains of rice	give the rice to (B) _____ children
Jailing	lock up the teacher by raising (C) _____	get (D) _____ time	send the money to a charity

Ⓖ

4 다음 우리말과 일치하도록 주어진 말을 배열하시오.

Jake가 심하게 기침할 때마다 그의 엄마는 그에게 꿀차를 가져다 주었다.

_____, his mom brought him honey tea. (coughed / Jake / too hard / every time)

Did You Know?

기부의 일상화, 퍼네이션

예전에는 연말연시 이벤트로 여겨진 기부를 일상에서 자연스럽게 참여하도록 돕는 퍼네이션이 기부 문화를 새롭게 바꾸고 있다. 루게릭병 환자들의 치료비 모금을 위해 '아이스 버킷 챌린지'가 한때 전 세계적으로 유행처럼 번진 이후, SNS나 모바일을 통해 기부할 수 있는 플랫폼이 많이 생겨나고 있다. 특히 가상 나무를 키우면 실제 필요한 곳에 나무를 심어 주는 'Tree Planet', 많이 걸을수록 기부금이 쌓이는 'Big Walk', 생일을 맞이해 친구들에게 선물 대신 기부를 요청하는 'Be Kind' 등이 요즘 큰 인기를 끌고 있다.

Words

combination 결합(된 것)
(v. combine)
donation 기부 (v. donate)
activity (특별한 목적을 위한) 활동
focus (on) (~에) 초점 맞추다; 초점
process 과정
grain of rice 쌀알
cf. grain (곡식의) 낟알
jail 투옥하다; 감옥
cf. put A in jail: A를 감옥에 가두다
raise money 돈을 모금하다
charity 자선 (활동); 자선 단체
lock up ~을 가두다
teachers' lounge 교무실
gym 체육관 (= gymnasium)
have fun 재미있게 놀다
voluntary 자발적인
문 1. **fund** 기금, 자금

33
History

★★★ / 182 Words

People in Africa speak different languages even in the same country. So they always have difficulty understanding one another. You can see why this happened if you look at the history of Africa. 3

For thousands of years, Africans lived in peace. They had lots of land with precious resources which were shared among people. However, when Europeans came to Africa in the 19th century, 6 something unexpected happened. Europeans wanted to have more land in Africa, but they did not want to fight with each other. So they decided to divide Africa for themselves. Usually, rivers or 9 mountains serve as the borders of a country. But the Europeans drew straight lines to decide many of Africa's new borders without caring about its geographical characteristics. They even divided 12 Africa just by looking at a map!

These decisions were very _____ for Africa. People who did not share a common language or culture were forced to live 15 together. This made it very difficult for people to get along. So the next time you hear news about Africans fighting each other, remember how it all started.

▼ The Map of Africa

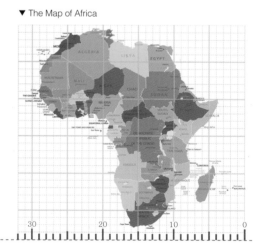

Grammar Link

16행 | 가목적어 it: 동사 + it + 형용사 + to부정사

I think **it** dangerous **to go** out alone at night.
나는 밤에 혼자 나가는 것이 위험하다고 생각한다.

This necktie makes **it** hard for me **to breathe**. ▶ to부정사의 의미상 주어는
이 넥타이는 내가 숨쉬는 것을 힘들게 만든다. 「for+목적격」으로 씀.

to부정사가 5형식
문장의 목적어일 때
가목적어 it을 써요.

1 이 글의 제목으로 가장 적절한 것은?

① The Rich Resources of Africa

② Origins of African Languages

③ Africa Was Divided by Europeans

④ Hidden Truth about African Borders

⑤ Many Conflicts between Europe and Africa

2 이 글의 내용과 일치하면 T, 일치하지 <u>않으면</u> F를 쓰시오.

(1) _____ 19세기 이전에 아프리카의 사람들은 서로 평화롭게 지냈다.

(2) _____ 유럽 국가들은 더 많은 땅을 차지하기 위하여 서로 싸웠다.

(3) _____ 현재의 아프리카의 국경들은 지리적 특성과 관계 없이 만들어졌다.

3 이 글의 빈칸에 들어갈 말로 가장 적절한 것은?

① lucky   ② useless

③ special   ④ tragic

⑤ impossible

Ⓖ

4 다음 우리말과 일치하도록 주어진 말을 배열하시오.

Ron은 진실을 말하는 것이 더 낫다고 생각했다.

Ron thought _____.

　　　　　　(better / to tell the truth / it)

Words

have difficulty -ing ~하는 데
어려움을 겪다
history 역사
land 땅, 토지
precious 귀중한, 값비싼
resource 자원
European 유럽인; 유럽의
unexpected 예상 밖의, 예기치
못한
divide 나누다 (*n.* division)
for oneself 스스로
serve as ~의 역할을 하다
border 국경
straight line 직선
care about ~에 신경 쓰다
geographical 지리적인
characteristic 특징, 특성
be forced to ~하도록 강요받다,
억지로 ~하다 *cf.* force ~를 강요하다
get along 잘 지내다
문 1. **conflict** (이해관계의) 충돌,
대립

Review Test

정답과 해설 p.58

[1-3] 다음 각 문장의 빈칸에 알맞은 말을 보기에서 골라 쓰시오.

보기

| cause | divide | reduce |

1 Would using thinner paper help to _____ costs?

2 Hot weather and stress can _____ heart problems.

3 The writer decided to _____ the book into six chapters.

4 영영 풀이에 해당하는 단어는?

a system of giving money, food, or help free to those who are in need

① activity   ② judgment   ③ charity   ④ characteristic

5 빈칸에 들어갈 알맞은 단어는?

If you want to cross the _____ , you will need a passport.

① gym   ② jail   ③ border   ④ population

6 우리말을 영어로 잘못 옮긴 것은?

① 사람들을 가두다: lock up the people
② 가난한 사람들을 위해 기금을 모으다: rise funds for the poor
③ 다른 사람들의 감정에 신경 쓰다: care about other people's feelings
④ 전 세계에서 식품을 수입하다: import foods from all over the world

[7-8] 다음 밑줄 친 부분을 바르게 고쳐 쓰시오.

7 A ten-years-old boy works as a guide here.

8 I feel refreshed I take a walk in this park every time.

9 다음 우리말과 일치하도록 주어진 말을 바르게 배열하시오.

나는 사람들 앞에서 연설하는 것이 흥미진진하다는 것을 알게 되었다.

_____

(to make a speech / found / in front of people / it / I / exciting)

34

Life

★★☆ / 165 Words

Most people want to become rich, but they don't know how. Well, you might learn from Thomas J. Stanley, the author of *The Millionaire Next Door* and *The Millionaire Mind*. He spent much of his life studying the habits and behavior of millionaires.

Stanley conducted a study of more than 1,000 millionaires in America. (ⓐ) Surprisingly, the results showed that most of the millionaires attended average universities. (ⓑ) And their academic achievements were not very high. (ⓒ) But most of the millionaires said that they loved their work. (ⓓ) Their success was a direct result of loving their business. (ⓔ) This gave them the energy and passion needed to succeed.

Life is too short to spend time doing something you don't enjoy. Take a look inside your heart and ask yourself what you want to do more than anything else in the world. And then try your best in the work you choose. Who knows? You might become a millionaire, too.

3/12행 | spend + 시간[돈] + -ing: ~하는 데 시간[돈]을 쓰다

I **spent** too much time **playing** games on my smartphone.
나는 스마트폰으로 게임하는 데 너무 많은 시간을 썼다.

cf. My sister **spent** all her money **on** a new dress. ▶ spend+시간[돈]+on+명사
나의 언니는 새 드레스에 그녀의 모든 돈을 다 썼다.

1 이 글의 흐름으로 보아, 다음 문장이 들어가기에 가장 적절한 곳은?

> This suggests that they were not unusually bright people.

① ⓐ   ② ⓑ   ③ ⓒ   ④ ⓓ   ⑤ ⓔ

2 일을 선택하는 자세에 대한 글쓴이의 충고를 가장 잘 나타낸 말은?

① Focus on important things.
② Think and act like a millionaire.
③ Choose the work you enjoy doing.
④ Study the habits and behaviors of millionaires.
⑤ Try to identify your strengths and weaknesses.

3 Thomas J. Stanley의 연구에 대한 이 글의 내용과 일치하면 T, 일치하지 <u>않으면</u> F를 쓰시오.

(1) _____ 미국의 1,000명 이상의 백만장자들을 대상으로 하였다.

(2) _____ 백만장자들은 우수한 대학을 진학했으나 성적이 높지는 않았다.

(3) _____ 일에 대한 애정이 백만장자들에게 성공을 위한 열정을 갖게 했다.

Ⓖ

4 다음 우리말과 일치하도록 주어진 말을 배열하시오.

Jim은 어젯밤 수학 숙제를 하는 데 2시간을 썼다.

Jim _____ last night.
        (two hours / his math homework / doing / spent)

Words

millionaire 백만장자
behavior 행동
conduct a study 연구하다
cf. conduct (특정한 활동을) 하다
attend ~에 다니다; 참석하다
average 평범한, 보통의; 평균의
academic achievement 학업
성취도 *cf.* achievement 성취(한 것)
passion 열정
take a look 보다
try one's best 최선을 다하다
(= do one's best)
who knows? 혹시 모르지, 어쩌면
문 1. **suggest** ~임을 보여 주다,
암시하다
bright 똑똑한; 밝은
2. **identify** 확인하다, 알아보다
strength 강점, 장점

35

Body

★★☆ / 191 Words

When we sleep, do our brains stop working? It depends. During some stages, the brain slows down. During other stages, our brains are just as busy as when we are awake. The busiest time for the brain is a stage called REM sleep. REM is short for Rapid Eye Movement. The sleeper's closed eyes move rapidly from side to side at this stage.

REM sleep is very necessary for processing emotional issues and keeping the brain healthy. Dreams that take place during REM sleep give the brain a chance to let go of hidden emotions, like sexual desires and jealousy. People are usually too ashamed to express these feelings when they are awake. Dreams allow them to let out these feelings. <u>This</u> gives them peace of mind. REM is also a stage when information is transferred into long-term memory. For this reason, if we cannot get enough REM sleep, our brains cannot hold information in our memories for a long time.

It usually takes an hour and a half to get to the REM stage after we fall asleep. And REM sleep occurs about five times during a normal eight-hour sleep.

Grammar Link

10행 | too ~ to부정사: 너무 ~해서 …할 수 없다

I'm **too** tired **to walk** home. 나는 너무 피곤해서 집에 걸어서 갈 수 없다.

=I'm **so** tired **that I cannot walk** home.

Nick was **too** full **to eat** more snacks. Nick은 너무 배불러서 간식을 더 먹을 수가 없었다.

=Nick was **so** full **that he couldn't eat** more snacks.

to부정사는 '할 수 없다'라는 부정의 의미로 해석해요.

1 이 글의 주제로 가장 적절한 것은?

① the effect of dreams on waking life
② the necessity and benefits of REM sleep
③ simple keys to reading hidden emotions
④ natural patterns and stages of REM sleep
⑤ the relationship between REM sleep and memory

2 REM 수면에 관한 설명 중, 이 글의 내용과 일치하지 <u>않는</u> 것은?

① 자고 있는 사람의 눈이 빠르게 움직이는 상태이다.
② 현실에서 처리되기 힘든 감정을 꿈을 통해 해소시켜 준다.
③ 정보를 장기 기억으로 전환시켜 주는 단계이다.
④ 잠든 후 바로 그 단계에 들어가게 된다.
⑤ 정상적인 8시간 수면 중에 약 다섯 번 발생한다.

(서술형)

3 이 글의 밑줄 친 <u>This</u>가 의미하는 내용을 우리말로 쓰시오.

Ⓖ

4 다음 두 문장이 같은 뜻이 되도록 빈칸에 알맞은 말을 쓰시오.

Wilson was so weak that he couldn't finish a marathon.

= Wilson was _____ _____ _____ _____ a marathon.

Did You Know?

REM 수면의 놀라운 효과

잠자는 동안 뇌는 깨어 활동할 때 들어온 모든 정보를 검토하여 중요 정보는 장기 기억 창고인 '신피질(neocortex)'로 보내고, 그렇지 않은 것은 폐기하여 정보를 관리한다. 특히, 뇌의 '해마(hippocampus)'가 이 역할을 담당하는데, 해마는 새로운 사실을 학습하고 기억하는 기능을 하는 중요한 기관이다. 장기 기억 창고인 신피질에서는 매일 REM 수면 동안 해마로부터 넘겨받은 정보를 기존 정보와 관련짓는 작업이 이루어진다. 새로운 정보를 기존 정보와 연결하여 재구성하는 과정에서 뇌는 기억력을 강화하고, 창의적이고 추상적인 사고력을 키울 수 있다.

Words

It depends. 상황에 따라 다르다
stage 단계
be short for ~의 줄임말이다
Rapid Eye Movement 급속 안구 운동
from side to side 좌우로
necessary 필수적인, 꼭 필요한 (n. necessity)
process 처리하다
emotional 감정적인 (n. emotion)
issue 문제, 이슈
take place 일어나다 (=happen, occur)
let go of (잡고 있던 것을) 놓다
sexual desire 성적 욕구
jealousy 질투, 시기
ashamed 부끄러운
let out (밖으로) 내다, 표출하다
transfer 옮기다, 이동하다
long-term memory 장기 기억
fall asleep 잠들다
normal 보통의
문 **1. waking life** (깨어 있는) 실제 상황, 현실
benefit 혜택, 이득

36

Plant

★★★ / 204 Words

On the surface, the forest might seem calm and quiet, but under the ground the plants are busy communicating with each other. The trees and flowers are constantly passing information back and forth. So how do they communicate? They're using a giant network of *fungi. These little guys will grow on the roots of plants and connect the members of the plant kingdom together.

And this kind of fungi network is everywhere.   (A)   , about 90% of the plants on land are connected to some kind of fungi. This network is so powerful that some scientists compare it to the Internet.

You probably wonder how plants use this fungi network. They use it to exchange information and nutrients.   (B)   , if they are attacked by insects, they will send out warning signals to other plants. Also, in the fall, when the *birch trees lose their leaves and can't produce sugar, the evergreen pine trees may provide them with nutrients through the fungi network. In the summer, when the birch trees have lots of leaves, they return the favor by sending sugar to the growing pine trees. Like this, plants help each other through the great fungi network even if they belong to other species.

*fungi 균류, 곰팡이류(fungus의 복수형)   *birch tree 자작나무

▲ The Fungi Network of Plants

1 **What is the best title for the passage?**

① Fungi Share Everything with Plants
② How Fungi Turn to Plants for Survival
③ How Forest Supports Plants and Fungi
④ How Plants Protect Themselves in the Forest
⑤ Fungi: Plants' Network of Information and Nutrients

2 **Which one best fits in the blanks (A) and (B)?**

	(A)		(B)		(A)		(B)
①	Moreover	····	On the other hand	②	However	····	As a result
③	In short	····	For example	④	In fact	····	For example
⑤	In fact	····	In other words				

3 **According to the passage, which is NOT true about the fungi network?**

① It can be found largely on the roots of plants.
② It connects the plants together.
③ Plants can help each other through it.
④ It attacks the insects to protect the plants.
⑤ It is used to provide nutrients for other plants.

Words

surface	표면, 지면 / the flat top part of something or the outside of it
constantly	끊임없이 / continuously over a period of time
back and forth	왔다 갔다, 앞뒤로 / moving forward and backward
giant	거대한 / much larger or more important than most others of its kind
connect	잇다, 연결하다 / join or be joined with something else
nutrient	영양소, 영양분 / any substance that plants or animals need in order to live and grow
warning	경고, 주의 / something that makes you understand there is a possible danger or problem
produce	생산하다, 만들어내다 / create something or bring into existence
evergreen	항상 푸른 잎을 가진 / covered in green leaves all year long
favor	호의, 은혜 / something that you do for someone in order to help them
belong to	~에 속하다 / be a member of an organization
species	(분류상의) 종 / a plant or animal group whose members all have similar general features
문 1. turn to	~에 의지하다 / go to someone for help when you are having difficulty dealing with a situation
survival	생존, 살아남음 / the fact of continuing to live or exist, especially in difficult conditions

Review Test

정답과 해설 p.64

[1-2] 다음 빈칸에 들어갈 알맞은 단어를 고르시오.

1

> Eric is neither too tall nor too short. He has a(n) _____ height.

① bright   ② academic   ③ average   ④ giant

2

> Your timely _____ saved our lives.

① warning   ② stage   ③ strength   ④ surface

3 다음 문장에서 밑줄 친 표현과 바꿔 쓸 수 있는 것은?

> The film festival is going to take place in October.

① connect   ② happen   ③ identify   ④ conduct

4 영영풀이가 잘못된 것은?

① behavior: a particular way of acting

② issue: a subject that people are thinking and talking about

③ nutrient: something that you do for someone in order to help them

④ benefit: an advantage, improvement, or help that you get from something

5 빈칸에 들어갈 말이 바르게 짝지어진 것은?

> • Alex is short _____ Alexander.
> • It's time to let go _____ the past.
> • These suitcases belong _____ Mr. Thompson.

① from – to – in   ② to – in – from
③ for – out – of   ④ for – of – to

[6-7] 다음 우리말과 일치하도록 주어진 말을 바르게 배열하시오.

6 우리는 바다에서 수영하는 데 주말을 다 보냈다.

_____

(spent / in the sea / the whole weekend / we / swimming)

7 나의 누나는 너무 바빠서 회의에 참석할 수 없다.

_____

(she / that / the meeting / my sister / can't attend / so busy / is)

Word Hunter

● 주어진 뜻에 맞게 단어를 완성한 후, 각 번호에 해당하는 알파벳으로 문장을 만드시오.

Words

1 s a m d a h e 부끄러운

☐☐☐☐☐☐☐
　　　　6　　　　16

2 s c r u e i p o 귀중한, 값비싼

☐☐☐☐☐☐☐☐
19　　10

3 t u a o y l v n r 자발적인

☐☐☐☐☐☐☐☐☐
　　　　　14　　　5

4 v g e a r e a 평범한, 보통의

☐☐☐☐☐☐☐
　　　　11　　　18

5 i r n w g n a 경고

☐☐☐☐☐☐☐
7　　　15

6 e d r u p c o 생산하다

☐☐☐☐☐☐☐
　　　3　　　　17

7 r p i t o m 수입하다

☐☐☐☐☐☐
　2　　4

8 t y i o s r h 역사

☐☐☐☐☐☐☐
1　9

9 y h r c t a i 자선 활동

☐☐☐☐☐☐☐
　　8　13

10 e s r c s p o 처리하다

☐☐☐☐☐☐☐
　　　　　　12

Sentence

☐☐☐☐☐☐☐☐☐☐☐☐☐☐☐☐☐☐☐.
1　2　3　4　5　6　7　8　9　10　11　12　13　14　15　16　17　18　19

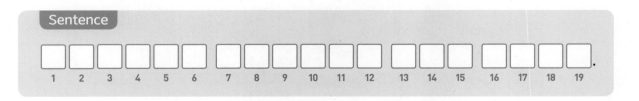

The Dieter's Order

"Don't slice the pizza! My diet says I'm only
allowed to eat ONE piece."

해석 **[다이어트 중인 사람의 주문]** 피자를 조각으로 자르지 마세요! 제 식습관은 딱 한 조각만 먹는 것을 허락한다고 해요.

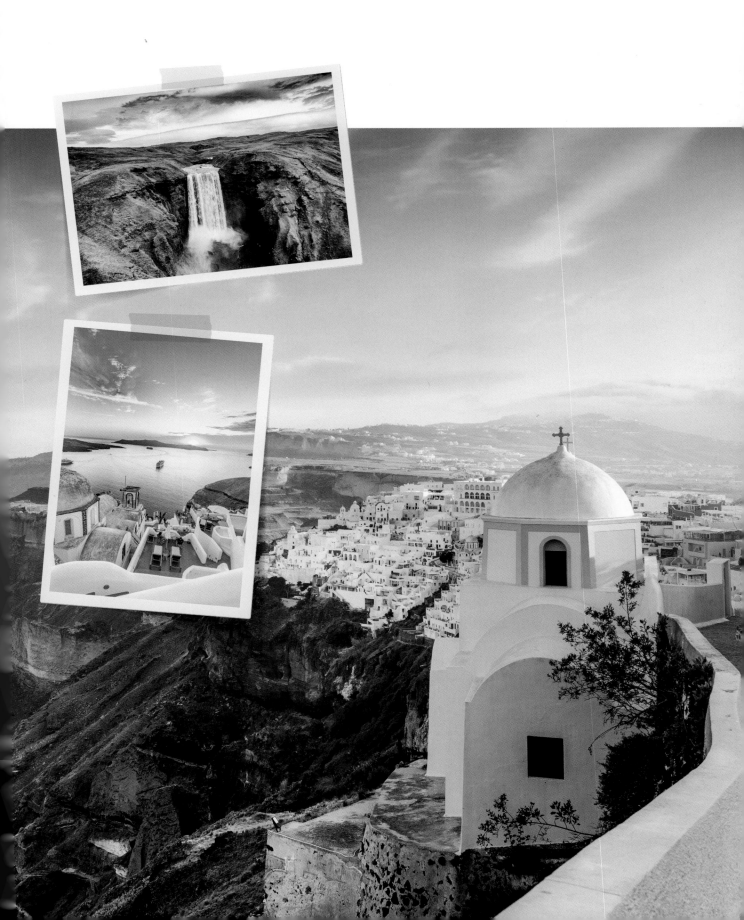

READER'S BANK

WORKBOOK

UNIT별 어휘 문제 및 주요 문장 해석하기

Level **6**

visang

ABOVE IMAGINATION

우리는 남다른 상상과 혁신으로
교육 문화의 새로운 전형을 만들어
모든 이의 행복한 경험과 성장에 기여한다

READER'S BANK

WORKBOOK

Level **6**

WORKBOOK

UNIT별 어휘 문제 및 주요 문장 해석하기

A 다음 영어 단어나 표현의 우리말 뜻을 쓰시오.

1 unique _____

2 clue _____

3 essential _____

4 in good shape _____

5 square _____

6 commit a crime _____

7 bomb _____

8 develop _____

9 go a long way _____

10 patiently _____

11 feed _____

12 punish _____

13 rob A from B _____

14 clutch _____

15 tribe _____

16 support _____

17 feature _____

18 hatch _____

19 master _____

20 automatic _____

B 다음 우리말에 해당하는 영어 단어나 표현을 쓰시오.

1 칭찬, 찬사 _____

2 ~때문에 칭찬받다 _____

3 일, 과업 _____

4 보통의, 평범한 _____

5 (기대에) 부응하다 _____

6 둘러싸다, 에워싸다 _____

7 법정 _____

8 근면, 성실 _____

9 ~때문에, ~에 기인하는 _____

10 (분류상의) 종 _____

11 로봇 공학 _____

12 수행하다 _____

13 판사 _____

14 현대의, 현대적인 _____

15 범죄자, 범인 _____

16 존재하다 _____

17 소리치다, 고함치다 _____

18 ~판, 형태 _____

19 소수의 _____

20 행동, 행실 _____

● 정답 p.65

○ 다음 각 문장의 밑줄 친 부분에 유의하여 해석하시오.

1 The tribe that lives there, called the Babemba, is famous for the lowest crime rate in the world.

_____

2 This is due to their unique way of punishing crimes.

_____

3 When someone commits a crime in their village, that person has to stand in the village square.

_____

4 Instead of yelling, everyone says all kinds of nice things about the criminal.

_____

5 It's just like a court in which hundreds of lawyers gather and talk without any judges.

_____

6 It helps the criminals change their behavior without getting hurt emotionally.

_____

7 Compliments can go a long way and truly change people.

_____

● 정답 p.65

◎ **다음 각 문장의 밑줄 친 부분에 유의하여 해석하시오.**

1 Ants <u>are</u> often <u>praised for</u> their diligence.

_____

2 <u>Not all ant species</u> live up to the praise.

_____

3 A handful of ant species have figured out a way to <u>have their weaker cousins do</u> these essential tasks.

_____

4 These so-called "slave-making ants" <u>rob</u> eggs <u>from</u> neighboring ants.

_____

5 The slave-making ants <u>attack</u> their nests, <u>kill</u> the adults <u>and carry</u> the unborn young to their own nest.

_____

6 <u>When the young hatch</u>, they accept their new masters and carry out their tasks.

_____

7 They feed the young of the slave-makers because slave-making ants <u>specialize in fighting</u> and <u>have lost the ability to perform</u> such basic tasks themselves.

_____

03 스스로 움직이는 인형, 오토마톤

○ 다음 각 문장의 밑줄 친 부분에 유의하여 해석하시오.

1 Since the machine <u>was not in good shape</u>, the curators at the museum had no idea <u>what it could do</u>.

_____

2 They patiently put the parts together and <u>gave it a test run</u>.

_____

3 The boy <u>opened his eyes</u>, <u>clutched a pen</u> in his hand and <u>began to draw</u>!

_____

4 It was <u>the earliest version</u> of modern robots.

_____

5 After writing a poem, the machine signed it like this: "<u>Written by the Automaton of Maillardet</u>."

_____

6 Henri Maillardet, a Swiss clockmaker <u>had developed</u> this automatic machine in London in 1805.

_____

7 Maillardet <u>might have made</u> this machine for fun, but it certainly helped <u>pave the way for</u> today's robotics technology.

_____

A 다음 영어 단어나 표현의 우리말 뜻을 쓰시오.

1 resemble _____

2 eating habit _____

3 superstition _____

4 trademark _____

5 close _____

6 acceptable _____

7 personality _____

8 used to _____

9 sneeze _____

10 social network _____

11 observe _____

12 be likely to _____

13 spread _____

14 in (one's) response to _____

15 demonstrate _____

16 recognize A as B _____

17 similar to _____

18 consider _____

19 slender _____

20 evil spirit _____

B 다음 우리말에 해당하는 영어 단어나 표현을 쓰시오.

1 반영하다 _____

2 A를 B로부터 보호하다 _____

3 설명, 해명 _____

4 징후, 조짐 _____

5 비만 _____

6 ~을 깊이 살펴보다 _____

7 인상 _____

8 현실적으로 _____

9 ~을 대표하는 _____

10 지속적인 _____

11 채택하다, 받아들이다 _____

12 비만의, 뚱뚱한 _____

13 전문가 _____

14 암시하다, 시사하다 _____

15 날마다 _____

16 기반, 기초 _____

17 ~을 축복하다 _____

18 개인의 _____

19 영혼 _____

20 기회 _____

○ 다음 각 문장의 밑줄 친 부분에 유의하여 해석하시오.

1 According to new research, obesity <u>can spread from person to person</u> in a social network.

_____

2 In fact, if one person <u>becomes overweight</u>, his close friends and family members <u>become overweight</u>, too.

_____

3 One explanation is that we change our idea of <u>what an acceptable body type is</u> by looking at people around us.

_____

4 When a close friend becomes overweight, fatness may <u>not look as bad as you think</u>.

_____

5 If you have a lot of fat friends with unhealthy eating habits, you <u>are likely to adopt</u> their life styles, too.

_____

6 In reality, <u>the more fat friends and family members</u> you have, <u>the more likely you are to become fat</u>.

_____

○ 다음 각 문장의 밑줄 친 부분에 유의하여 해석하시오.

1 When someone sneezes, people in America say, "Bless you," or "God bless you."

_____

2 The reason for this is that people believe sneezing brings bad luck.

_____

3 According to an old European superstition, your soul is supposed to leave your body when you sneeze.

_____

4 Then an evil spirit would use that opportunity to enter your body and make you sick.

_____

5 In German, people say, "Gesundheit ," which means "good health."

_____

6 The Germans recognize a sneeze as a possible sign of getting sick.

_____

7 The French and Spanish are similar to the Germans in their responses to sneezing.

_____

8 When someone sneezes, the French say, "Sante," and the Spanish say, "Salud."

_____

9 The languages may be different, but they all wish you good health when you sneeze.

_____

06 시그니처 스타일을 찾아라!

정답 p.66

○ 다음 각 문장의 밑줄 친 부분에 유의하여 해석하시오.

1 Some famous people keep the same styles <u>day after day</u>.

_____

2 Their shirts, pants and hairstyles <u>became part of their personal image</u>.

_____

3 Fashion experts <u>consider it their "signature style."</u>

_____

4 The style <u>reflects their personality and the image</u> they want others to see.

_____

5 <u>Having a signature style</u> is a great way to create a lasting impression of yourself.

_____

6 Think about <u>the common features of your daily clothes</u> and use them as the basis.

_____

7 If you still have no idea, observe the style of <u>the person you'd like to resemble</u>.

_____

8 Notice <u>what looks good on them</u> and come up with your own style.

_____

9 Your style will be your trademark and truly demonstrate your unique personality, <u>quite different from that of others around you</u>.

_____

A 다음 영어 단어나 표현의 우리말 뜻을 쓰시오.

1 completely _____

2 fight _____

3 psychology _____

4 combine A with B _____

5 refreshed _____

6 device _____

7 in other words _____

8 technology _____

9 Arab _____

10 settle _____

11 advertisement _____

12 be exposed to _____

13 virtual _____

14 augmented reality _____

15 combination _____

16 at intervals _____

17 put up _____

18 product _____

19 add A to B _____

20 memorize _____

B 다음 우리말에 해당하는 영어 단어나 표현을 쓰시오.

1 가상 현실 _____

2 진전, 발전 _____

3 (~에) 맞다 _____

4 부작용 _____

5 실수하다 _____

6 장기 기억 _____

7 심리학자 _____

8 복습하다 _____

9 세계 도처에 _____

10 오락 _____

11 즉시, 바로 _____

12 고객 _____

13 발표하다 _____

14 영원히, 완전히 _____

15 문맥, 상황 _____

16 잇달아, 연이어 _____

17 더욱이, 게다가 _____

18 옮기다, 이동하다 _____

19 기타 등등 _____

20 공연 _____

○ 다음 각 문장의 밑줄 친 부분에 유의하여 해석하시오.

1 Thanks to digital devices, we can have new and exciting experiences.

_____

2 Two technologies that create these experiences are virtual reality (VR) and augmented reality (AR).

_____

3 VR takes you to a completely virtual world.

_____

4 By putting on a headset, you can become the main character and fight monsters yourself.

_____

5 Moreover, you can enjoy performances at virtual concerts held all over the world.

_____

6 AR, on the other hand, is a combination of the real and virtual world.

_____

7 In fact, it adds virtual images to the real world.

_____

8 With the IKEA app, you can see how the furniture would fit in your house right on your smartphone.

_____

9 In the future, maybe you will experience them in all parts of your life.

_____

◯ 다음 각 문장의 밑줄 친 부분에 유의하여 해석하시오.

1 My old friend Larry told me about his new job at a company <u>that sells American products in Saudi Arabia</u>.

_____

2 My first project was <u>making a soft drink advertisement</u>, but I made a big mistake.

_____

3 <u>Worried about language problems</u>, I put up three pictures on the meeting board in a row.

_____

4 The first picture showed a guy <u>who was wet from the heat of the desert</u>.

_____

5 The middle picture showed the same guy <u>quickly drinking a bottle of soda</u>.

_____

6 In the third picture, he <u>was fully refreshed</u> and had a big smile on his face.

_____

7 I <u>didn't know</u> Arabs <u>read</u> from right to left.

_____

○ 다음 각 문장의 밑줄 친 부분에 유의하여 해석하시오.

1 Within 24 hours, you forget about 80 percent of <u>the words you memorize</u>.

_____

2 So what is the best way to <u>memorize new words</u>?

_____

3 After learning some new words, look at them again <u>later the same day</u>.

_____

4 Then, review them <u>a week later</u>, and <u>then ten days after that</u>, and so on.

_____

5 You <u>need to be exposed to</u> new words more than <u>seven times</u> to transfer them into your long-term memory.

_____

6 It is not enough simply <u>to repeat the words or to review them</u> in the same way.

_____

7 You can <u>combine</u> the words <u>with</u> pictures or use them when you write your diary.

_____

8 <u>Try using</u> various ways of reviewing the words, <u>and the new words will settle</u> permanently in your memory.

_____

A 다음 영어 단어나 표현의 우리말 뜻을 쓰시오.

1 male _____

2 perfect _____

3 come up with _____

4 suck _____

5 communicative _____

6 scary _____

7 form _____

8 pregnancy _____

9 under stress _____

10 invisible _____

11 in harmony _____

12 struggle _____

13 giant _____

14 extremely _____

15 author _____

16 swallow _____

17 path _____

18 compete _____

19 express _____

20 situation _____

B 다음 우리말에 해당하는 영어 단어나 표현을 쓰시오.

1 존경 _____

2 단계 _____

3 ~에 있다 _____

4 ~의 원인이 되다 _____

5 ~하는 경향이 있다 _____

6 (목표 달성을 위한) 진척 _____

7 중력 _____

8 ~을 다 써버리다 _____

9 여성(의) _____

10 완료하다, 끝마치다 _____

11 (그림으로) 그리다 _____

12 골똘히 생각하다 _____

13 불완전한 _____

14 떠받치다, 지탱하다 _____

15 ~에 전혀 관심이 없다 _____

16 발달, 성장 _____

17 빤히 쳐다보다 _____

18 묘사하다 _____

19 성별, 성 _____

20 연료 _____

10 달라도 너무 다른 남녀의 뇌

○ 다음 각 문장의 밑줄 친 부분에 유의하여 해석하시오.

1 <u>Women talk</u> about their problems and feelings <u>more than men</u>.

_____

2 Every brain <u>begins as a female brain</u>, and for boys, it only becomes male <u>eight weeks after pregnancy</u>.

_____

3 At that time, the communicative areas of the boys' brains <u>become smaller</u>, and the areas for aggression and sex <u>get bigger</u>.

_____

4 After this change, males and females <u>take different paths in their development</u>.

_____

5 In groups, girls tend to act in harmony <u>while</u> boys compete or argue with each other.

_____

6 <u>Later on in life</u>, males often become silent when they are <u>under stress</u>.

_____

7 But females <u>talk far more than usual</u> in the same situations.

_____

○ **다음 각 문장의 밑줄 친 부분에 유의하여 해석하시오.**

1 <u>Far up in space,</u> there is an invisible monster.

_____

2 It can suck up and swallow everything <u>that comes close</u>—even giant stars!

_____

3 Many scientists believe that <u>a black hole forms</u> when a star gets very old.

_____

4 The old star <u>runs out of</u> fuel and <u>cannot hold up</u> its heavy weight.

_____

5 The star gets smaller and becomes <u>even smaller</u> than <u>a grain of rice.</u>

_____

6 When a giant thing becomes very small, <u>its gravitational pull</u> becomes extremely strong.

_____

7 The gravitational pull of a black hole is <u>so strong that it can suck</u> inside anything close to it <u>just like a vacuum cleaner.</u>

_____

8 If you <u>fell</u> into a black hole, <u>there would be no way</u> to get out again because its gravity is so powerful.

_____

9 It is lucky for us <u>that black holes are very far away</u>!

_____

12 다빈치도 그리기 어려웠던 얼굴

다음 각 문장의 밑줄 친 부분에 유의하여 해석하시오.

1 In 1495, Leonardo da Vinci <u>was working on a picture</u> for a church in Milan, Italy.

_____

2 The picture depicted <u>the last meal Jesus shared</u> with his twelve apostles on the night before his death.

_____

3 He stared at <u>his unfinished painting</u> for many days.

_____

4 He had <u>true love and respect for Jesus.</u>

_____

5 A kind or handsome face was <u>not good enough.</u>

_____

6 He was just struggling <u>without any progress.</u>

_____

7 <u>I cannot possibly describe</u> the goodness and love in Jesus' face.

_____

8 Today, we <u>can see</u> Jesus' face in _The Last Supper_.

_____

9 No one knows, but it is probably <u>not as beautiful as</u> Leonardo had hoped.

_____

A 다음 영어 단어나 표현의 우리말 뜻을 쓰시오.

1 creative _____
2 involve _____
3 advantage _____
4 population _____
5 opponent _____
6 go away _____
7 separate _____
8 supply _____
9 resort _____
10 experiment _____
11 produce _____
12 insult _____
13 sooner or later _____
14 eco-friendly _____
15 boredom _____
16 rise _____
17 mental _____
18 secret _____
19 waste _____
20 upset _____

B 다음 우리말에 해당하는 영어 단어나 표현을 쓰시오.

1 종교 _____
2 (문제 등을) 탐구하다 _____
3 대안 _____
4 영양소 _____
5 열대지방의 _____
6 운동선수 _____
7 ~을 면한 _____
8 금지하다 _____
9 서로 겨루는 _____
10 대하다, 취급하다 _____
11 따라잡다 _____
12 (비용이) ~들다 _____
13 수요 _____
14 무시하다 _____
15 지배하다 _____
16 ~에 집중하다 _____
17 키우다, 기르다 _____
18 쓰레기 _____
19 무한한 _____
20 환경 _____

○ 다음 각 문장의 밑줄 친 부분에 유의하여 해석하시오.

1 Psychologists say boredom often <u>leads to</u> creative thinking.

_____

2 When people are free from outside stimulation, they usually start to <u>explore what's deep inside their brains.</u>

_____

3 They want to <u>play with</u> their own thoughts and experiment.

_____

4 Bill Gates, the founder of Microsoft, <u>takes himself to a secret resort</u> for seven days twice a year.

_____

5 <u>By separating himself from the world,</u> he experiences complete boredom and comes up with creative business ideas.

_____

6 Today, we <u>rarely get</u> bored because we <u>are</u> always <u>exposed to</u> our smartphones and computers.

_____

7 Sooner or later, you will realize <u>how creative you are</u>!

_____

14 경기 중 독설은 이제 그만!

○ 다음 각 문장의 밑줄 친 부분에 유의하여 해석하시오.

1 When you trash-talk someone, you <u>treat</u> that person <u>like</u> garbage.

_____

2 Trash talkers often <u>simply insult</u> opposing players' skills.

_____

3 Serious trash talk involves insults to <u>players' families, races or religions</u>.

_____

4 Athletes use this talk <u>to gain a mental advantage</u>.

_____

5 It upsets opposing players <u>so that they play worse</u>.

_____

6 <u>The basketball player Michael Jordan</u> and <u>the mixed martial arts fighter Conor McGregor</u> are the well-known trash talkers.

_____

7 They often <u>dominated their opponents</u> with their trash talks.

_____

8 Because trash-talking is <u>against sportsmanship</u>, many sports associations ban it.

_____

○ 다음 각 문장의 밑줄 친 부분에 유의하여 해석하시오.

1 Whoever travels to Bangkok probably has seen people selling insects as snacks on the streets.

_____

2 Nowadays insects have become popular food, not only in tropical areas, but also in many countries around the world.

_____

3 As the world's population continues to increase, the demand for meat is rising sharply, but the supply isn't catching up.

_____

4 This is why people are considering insects as an alternative for meat.

_____

5 Since there are ten million insect species on Earth, their supply is limitless.

_____

6 Besides, raising insects for food costs much less than raising farm animals.

_____

7 Cows eat eight grams of feed to gain one gram in weight while insects need less than two grams of feed to gain the same amount of weight.

_____

8 Raising insects is also better for the environment because they produce much less waste.

_____

9 More importantly, most insects are tasty and rich in nutrients.

_____

A 다음 영어 단어나 표현의 우리말 뜻을 쓰시오.

1 hesitate _____

2 volume _____

3 frequently _____

4 place _____

5 get back at _____

6 match _____

7 curator _____

8 pause _____

9 refer to _____

10 vast _____

11 content _____

12 jump in _____

13 be free to _____

14 recognize _____

15 happen to _____

16 effectively _____

17 gesture _____

18 turn A into B _____

19 originally _____

20 a lack of _____

B 다음 우리말에 해당하는 영어 단어나 표현을 쓰시오.

1 끼어들다, 방해하다 _____

2 거대한 _____

3 관심 _____

4 ~으로 넘쳐나다 _____

5 A를 B에 맞추다 _____

6 장래성 있는 _____

7 ~까지 미치다 _____

8 (총을) 쏘다 _____

9 등장하다, 중요해지다 _____

10 가로채다 _____

11 차례 _____

12 A를 B라고 여기다 _____

13 전시하다 _____

14 대답하다 _____

15 ~하는 경향이 있다 _____

16 (말·행동을) 방해하다 _____

17 중요한 역할을 하다 _____

18 (데이터를) 처리하다 _____

19 배려심 _____

20 A를 B에 비유하다 _____

16 디지털 큐레이터가 뭐지?

○ 다음 각 문장의 밑줄 친 부분에 유의하여 해석하시오.

1 As the volume of information increases rapidly, <u>it</u> has become difficult <u>to process the information effectively</u>.

_____

2 <u>This is where</u> a digital curator comes into the picture.

_____

3 A "curator" originally meant a person <u>who takes care of items</u> to display in a museum.

_____

4 Today this concept <u>extends to</u> the digital world.

_____

5 Digital curator" refers to someone <u>who chooses the right content</u> from the vast ocean of information on the Internet and <u>tailors</u> it to their clients' needs.

_____

6 In the future, digital curators are expected to <u>play an even more important role</u> because of the great increase in information.

_____

7 As a result, there will be <u>much demand</u> for digital curators.

_____

17 우리는 이렇게 대화해!

○ 다음 각 문장의 밑줄 친 부분에 유의하여 해석하시오.

1 Every country has its own unique conversation style.

_____

2 Each person waits for their turn, just like bowlers.

_____

3 Even if there are long pauses during conversation, others never break in.

_____

4 When someone hesitates, another person interrupts.

_____

5 It's like when basketball players steal the ball.

_____

6 Just like rugby players, Italians use a lot of hand gestures and interrupt others frequently.

_____

7 Interestingly, Italians tend to take interruptions as a sign of interest in the conversation rather than a lack of thoughtfulness.

_____

8 The next time you talk with foreign friends, remember that they have their ways of "playing ball" and try to match them.

_____

○ 다음 각 문장의 밑줄 친 부분에 유의하여 해석하시오.

1 According to a Greek myth, there was a beautiful woman called Callisto <u>whose job was to help the hunting goddess</u>.

_____

2 Callisto was so beautiful that Zeus, the king of the gods, fell in love with her <u>even though</u> he had a wife.

_____

3 She thought this was the perfect moment <u>to get back at Callisto for stealing her husband</u>.

_____

4 She <u>turned</u> Callisto <u>into</u> an ugly bear.

_____

5 Arcas <u>grew up</u> to be a strong hunter.

_____

6 One day <u>while hunting</u> in the forest, he <u>ran into</u> a huge bear.

_____

7 Arcas <u>didn't recognize</u> his mother and <u>got ready to shoot her</u>.

_____

8 <u>To save the woman he loved</u>, Zeus turned Arcas into a bear, too.

_____

9 If you <u>ever see</u> the Great Bear and the Little Bear in the night sky, <u>remember</u> this sad story and <u>wish them happiness</u>.

_____

A 다음 영어 단어나 표현의 우리말 뜻을 쓰시오.

1 cause _____

2 character _____

3 type in _____

4 prevent A from -ing _____

5 disease _____

6 cheating _____

7 alkaline _____

8 be required to _____

9 evolve _____

10 substance _____

11 certain _____

12 dairy product _____

13 nutrition _____

14 automatically _____

15 stare at _____

16 vote _____

17 add _____

18 play a trick _____

19 recognition _____

20 tell A and B apart _____

B 다음 우리말에 해당하는 영어 단어나 표현을 쓰시오.

1 인식 _____

2 온라인 여론조사 _____

3 상태 _____

4 곡물 _____

5 증명하다 _____

6 충고하다 _____

7 막 ~하려던 참이다 _____

8 산소 _____

9 다정하게 _____

10 한 그릇의 _____

11 ~하는 편이 낫다 _____

12 눈이 먼, 맹인인 _____

13 세포 _____

14 ~을 공급받다 _____

15 손상시키다 _____

16 화내다 _____

17 식단 _____

18 진보한 _____

19 축적되다, 쌓이다 _____

20 산성의 _____

정답 p.68

○ 다음 각 문장의 밑줄 친 부분에 유의하여 해석하시오.

1 One is acidic food <u>such as</u> meat, grain, sugar and dairy products.

_____

2 <u>The other</u> is alkaline food, <u>which is mainly fruits and vegetables.</u>

_____

3 <u>Eating too many acidic foods</u> causes many health problems, <u>just as</u> acidic rain damages plants.

_____

4 If acidic substances build up in your blood, oxygen and nutrition <u>cannot travel freely</u> among your cells.

_____

5 If your cells <u>are not provided with</u> oxygen and nutrition, they die or get sick.

_____

6 In fact, many human diseases <u>result from your body being too acidic.</u>

_____

7 According to nutritionists, the ideal diet should be <u>80% alkaline foods and 20% acidic foods.</u>

_____

8 This diet will keep you a little alkaline, <u>which is the healthiest state.</u>

_____

○ 다음 각 문장의 밑줄 친 부분에 유의하여 해석하시오.

1 A couple in their 90s is getting forgetful, so their doctor <u>advises them to write things down</u> to help them remember.

_____

2 When the old man <u>is about to go to</u> the kitchen for a drink, his wife asks him <u>to get her a bowl of ice cream.</u>

_____

3 Since you're going anyway, <u>I'd like</u> some strawberries on top.

_____

4 <u>You'd better</u> write that down.

_____

5 <u>I do remember</u> that: ice cream with strawberries and chocolate syrup.

_____

6 Twenty minutes later, he returns <u>with a plate of bacon and eggs.</u>

_____

7 His wife <u>stares at</u> the plate for a moment and <u>asks,</u> "Where's my toast?"

_____

○ **다음 각 문장의 밑줄 친 부분에 유의하여 해석하시오.**

1 In 1999, a website <u>conducted an online poll</u> to choose the best school for computer science.

_____

2 In order to stop this kind of cheating, some people came up with <u>a test program called CAPTCHA.</u>

_____

3 CAPTCHA is a kind of word recognition test that is designed to <u>tell</u> computers and humans <u>apart</u>.

_____

4 <u>The words shown on the test screen</u> have strange shapes.

_____

5 Visitors to a website are required to type in the words <u>to prove that they are really human.</u>

_____

6 This way, CAPTCHA can <u>prevent</u> computer programs <u>from playing tricks.</u>

_____

7 There is now an audio CAPTCHA <u>that reads texts out loud for the blind.</u>

_____

8 <u>A more advanced one</u> is a 3D CAPTCHA <u>that displays characters or numbers in 3D.</u>

_____

A 다음 영어 단어나 표현의 우리말 뜻을 쓰시오.

1 positive _____

2 achieve _____

3 fool _____

4 reaction _____

5 work _____

6 entire _____

7 workout _____

8 yell _____

9 on a daily basis _____

10 light up _____

11 affect _____

12 engage in _____

13 magpie _____

14 normal _____

15 the sense of _____

16 clearly _____

17 psychologist _____

18 pleasant _____

19 grade _____

20 as a result _____

B 다음 우리말에 해당하는 영어 단어나 표현을 쓰시오.

1 시력 _____

2 (시험을) 잘 보다 _____

3 격렬하게 _____

4 활발한, 왕성한 _____

5 점수 _____

6 부정적인 _____

7 보상하다 _____

8 오르다 _____

9 자기만족 _____

10 번쩍거리다 _____

11 (새가) 울부짖다, 울다 _____

12 칭찬하다 _____

13 성취 _____

14 악기 _____

15 의견이 다르다 _____

16 ~을 지나가다 _____

17 상 _____

18 (특정한 활동을) 하다 _____

19 실험 _____

20 (쉬지 않고) 계속하다 _____

22 까치에게는 친절만 베푸세요!

○ 다음 각 문장의 밑줄 친 부분에 유의하여 해석하시오.

1 An experiment <u>was conducted to test</u> the memories of magpies.

_____

2 <u>A man climbed up</u> to a magpie's nest and <u>took its baby</u> when the magpie was watching him.

_____

3 The magpie even followed him and <u>continued to cry.</u>

_____

4 <u>It seemed to be</u> a kind of "yelling."

_____

5 After a few minutes, another man <u>wearing the same clothes</u> passed by the nest to fool the magpie.

_____

6 Surprisingly, the magpie <u>showed no reaction.</u>

_____

7 This experiment shows us that the magpie could remember <u>the face of the person who took its baby.</u>

_____

23 돈으로 보상하면 성적이 오를까?

○ 다음 각 문장의 밑줄 친 부분에 유의하여 해석하시오.

1 How can we make our children study harder?

_____

2 Studies show that paying for grades works.

_____

3 In America, a group of students were paid to do well on the SAT test.

_____

4 Many parents think that giving money for great test scores is like giving their kids a prize.

_____

5 Some parents are afraid that their children won't do anything unless they get money.

_____

6 According to the studies, people who get rewards for work usually stop working if the rewards stop.

_____

7 Many psychologists believe that people need to be rewarded from inside.

_____

8 They believe that the true prize is the sense of achievement and self-satisfaction that comes from a job well done.

_____

● 정답 p.69

○ 다음 각 문장의 밑줄 친 부분에 유의하여 해석하시오.

1 According to psychologists, music is more than just a pleasant activity.

_____

2 MRI scans show that your brain becomes active when you do something.

_____

3 Activities such as reading, drawing and solving math problems light up a part of one side of your brain.

_____

4 Amazingly, music makes many parts of your brain light up all at once.

_____

5 When you play a musical instrument, your entire brain flashes like fireworks.

_____

6 It is as if the entire brain were engaging in a full-body workout.

_____

7 Listening to music or playing musical instruments makes your brain stronger and improves your ability to think.

_____

8 If you keep doing music-related activities on a daily basis, its positive effects will show in your grades, too.

_____

Word Practice

● 정답 p.69

A 다음 영어 단어나 표현의 우리말 뜻을 쓰시오.

1 bill _____

2 brave _____

3 mission _____

4 comfortable _____

5 ask for help _____

6 offer _____

7 medium _____

8 anxiety _____

9 fall to _____

10 realize _____

11 make a reservation _____

12 modern _____

13 right away _____

14 encourage _____

15 hold back _____

16 greet _____

17 cold sweat _____

18 frightening _____

19 patriotic _____

20 be connected to _____

B 다음 우리말에 해당하는 영어 단어나 표현을 쓰시오.

1 장군, 장교 _____

2 털로 덮인 _____

3 기숙, 하숙 _____

4 열을 짓다 _____

5 느긋한, 편안한 _____

6 공격, 습격 _____

7 (주의를) 끌다 _____

8 가격이 적당한 _____

9 군대 _____

10 최종 결과 _____

11 배려하는, 보살피는 _____

12 편의 시설 _____

13 결국 ~하게 되다 _____

14 (동물의) 털 손질 _____

15 (지불의) 기한이 지난 _____

16 채택하다, 고르다 _____

17 전기 _____

18 A에게 경례하다 _____

19 수락하다 _____

20 싸움터, 전장 _____

25 강아지 호텔로 오세요!

○ 다음 각 문장의 밑줄 친 부분에 유의하여 해석하시오.

1 We offer excellent boarding and daycare services for your dogs when you need to be away from home.

_____

2 We have modern facilities for boarding, grooming, doggie daycare and more.

_____

3 Our trained and caring staff members always enjoy working with your furry family member.

_____

4 Let your dogs have a good time instead of leaving them home alone.

_____

5 The end results are safer, more comfortable experiences at reasonable prices!

_____

6 2 DOGS: $80 per night

_____

7 Longer Stays: Get 1 FREE night for every 10 nights

_____

○ 다음 각 문장의 밑줄 친 부분에 유의하여 해석하시오.

1 Smell affects our moods and memories <u>more than other senses</u>.

_____

2 The reason is that smell <u>is directly connected to</u> the brain's emotional control center.

_____

3 Some stores and companies know this and <u>try to influence customer behavior</u> with smell.

_____

4 Vanilla <u>makes women feel more relaxed</u>, so they stay in the stores longer and spend more money.

_____

5 Nowadays, smell <u>is being used</u> in even more unusual ways.

_____

6 In Australia, electricity companies put the smell of sweat on <u>customers' overdue bills</u>.

_____

7 <u>Feelings of anxiety and fear</u> are the common causes of cold sweat.

_____

8 This <u>encourages them to pay</u> their bills right away.

_____

9 <u>The next time you're shopping or looking</u> at your mail, be careful of what you smell!

_____

10 You might <u>end up being controlled by</u> the smell without even realizing it.

_____

27 프랑스를 구한 택시 기사들

○ **다음 각 문장의 밑줄 친 부분에 유의하여 해석하시오.**

1 The French army <u>tried to hold back the German army</u> at the Marne River.

_____

2 There were 6,000 soldiers in Paris, but <u>there was no means to transport</u> them to the battleground.

_____

3 <u>If they could use</u> all of the taxis in Paris to carry the soldiers, they <u>might be able to save</u> the city.

_____

4 The army <u>asked for help</u>, and the patriotic taxi drivers accepted.

_____

5 <u>General Gallieni, the military commander of Paris</u>, came out to greet the taxi drivers.

_____

6 He <u>gave them a salute</u> and then <u>sent them off</u> on their mission.

_____

7 The soldiers were quickly taken to the battleground, <u>where they were able to stop</u> the German attack.

_____

8 <u>Without the brave taxi drivers</u>, Paris would have fallen to the Germans.

_____

A 다음 영어 단어나 표현의 우리말 뜻을 쓰시오.

1 please _____

2 travel _____

3 threatened _____

4 blow _____

5 refuse _____

6 no longer _____

7 motion _____

8 speed up _____

9 surround _____

10 owner _____

11 move on _____

12 thank goodness _____

13 along with _____

14 fault _____

15 be pushed into _____

16 possess _____

17 in the same way _____

18 minute _____

19 approach _____

20 the very thing _____

B 다음 우리말에 해당하는 영어 단어나 표현을 쓰시오.

1 항상 _____

2 어지러운 _____

3 싫어하다 _____

4 감시 _____

5 팽이 _____

6 그렇지 않다면 _____

7 속도를 늦추다 _____

8 메스꺼운; 아픈 _____

9 차지하다 _____

10 ~하는 데 시간을 낭비하다 _____

11 ~을 지나서 _____

12 (축을 중심으로 빙빙) 돌다 _____

13 세우다, 짓다 _____

14 ~을 질투하다 _____

15 ~의 목록을 작성하다 _____

16 감옥 _____

17 ~의 속도로 _____

18 모이통 _____

19 의무 _____

20 자유 _____

28 모두가 나를 좋아할 순 없잖아?!

o 다음 각 문장의 밑줄 친 부분에 유의하여 해석하시오.

1 If you made a list of people you don't like, how long would it be?

_____

2 There will always be some people whom you don't like.

_____

3 In the same way, there will always be some people who don't like you.

_____

4 You might feel unhappy when you find that someone dislikes you.

_____

5 However, that doesn't mean it's your fault.

_____

6 It's impossible to make everyone like you, so why waste your time trying?

_____

7 When you get the feeling that you're on somebody's "hate list," don't worry about it or get stressed.

_____

8 Spend your energy on the people who like you because they're the ones who are important.

_____

○ 다음 각 문장의 밑줄 친 부분에 유의하여 해석하시오.

1 Through the car window, you <u>see houses and trees move</u> past you.

_____

2 When the car speeds up, you have <u>a feeling of being pushed into your seat</u>.

_____

3 A car gives you many signs to <u>tell you it is moving</u>, but the Earth doesn't.

_____

4 The Earth does not make noise because it has <u>nothing to hit against</u> when the Earth moves in space.

_____

5 <u>The air that surrounds our Earth</u> moves along with it, so the Earth's movement <u>doesn't blow wind</u> in our faces.

_____

6 It also moves at the same speed, so we never <u>feel any slowing down or speeding up</u>.

_____

7 <u>Thank goodness</u> we can't feel the Earth move!

_____

8 <u>Otherwise</u>, we <u>would feel dizzy and sick</u> all the time from the Earth's motion.

_____

정답 p.70

○ 다음 각 문장의 밑줄 친 부분에 유의하여 해석하시오.

1 Last year, we <u>put up a hummingbird feeder</u> in the backyard.

_____

2 <u>As many as four birds</u> would use the feeder at the same time.

_____

3 The feeder <u>needed filling</u> only once a week.

_____

4 A male hummingbird had moved in, and he refused to <u>let other hummingbirds use</u> it.

_____

5 After drinking from the feeder, he would sit in a nearby tree and attack any bird <u>that approached the feeder.</u>

_____

6 <u>By choosing to become the "owner"</u> of the feeder, the male hummingbird had lost his freedom.

_____

7 He was no longer free to come and go <u>as he pleased.</u>

_____

8 <u>The very thing</u> he had worked so hard to possess became his prison.

_____

A 다음 영어 단어나 표현의 우리말 뜻을 쓰시오.

1 border _____
2 history _____
3 be forced to _____
4 judgment _____
5 import _____
6 divide _____
7 for oneself _____
8 lock up _____
9 voluntary _____
10 characteristic _____
11 have fun _____
12 land _____
13 have difficulty -ing _____
14 damage _____
15 geographical _____
16 charity _____
17 activity _____
18 population _____
19 focus on _____
20 out of control _____

B 다음 우리말에 해당하는 영어 단어나 표현을 쓰시오.

1 체육관 _____
2 ~의 역할을 하다 _____
3 (이해관계의) 충돌 _____
4 귀중한, 값비싼 _____
5 A를 B로 줄이다 _____
6 투옥하다 _____
7 ~을 먹고 살다 _____
8 ~의 원인이 되다 _____
9 과정 _____
10 직선 _____
11 ~으로 판명되다 _____
12 돈을 모금하다 _____
13 유럽인; 유럽의 _____
14 ~에 만족하다 _____
15 예기치 못한 _____
16 ~에 신경 쓰다 _____
17 기부 _____
18 자원 _____
19 숫자가 늘다 _____
20 ~하지 않을 수 없다 _____

○ 다음 각 문장의 밑줄 친 부분에 유의하여 해석하시오.

1 Rats were attacking their sugarcane farms and causing serious damage.

_____

2 It was an 18-inch-long animal called a mongoose that lived in the East Indies.

_____

3 Soon, the mongooses increased in number and reduced the rat population almost to zero.

_____

4 As the number of rats fell, the mongooses started to eat other animals, such as birds, snakes and turtles.

_____

5 This caused a bigger problem since these animals ate insects that damage sugarcane.

_____

6 Without these animals, the insect population grew out of control and damaged the sugarcane more than before.

_____

7 The farmers finally had no choice but to start hunting the mongooses.

_____

32 선행은 재미있게 즐기면서!

○ 다음 각 문장의 밑줄 친 부분에 유의하여 해석하시오.

1 Funation is a way to encourage donation <u>by making it a fun activity</u>.

_____

2 This is becoming more popular, especially among children, as it <u>focuses on the fun process</u> of donation <u>rather than the result</u>.

_____

3 A mobile game called "Pocket Rice" gives you grains of rice <u>every time you answer an English quiz</u>.

_____

4 Then you can donate <u>the rice you've collected</u> to hungry children in Africa.

_____

5 Another example is "jailing," <u>which allows kids to put their teacher in "jail"</u> if they raise enough money for charity.

_____

6 He or she <u>will just be "locked up"</u> in the classroom or teachers' lounge for a period of time.

_____

7 Funation is a great way to make the world a better place <u>while having fun</u>.

_____

8 <u>Thanks to the idea of funation</u>, voluntary donations are quickly increasing.

_____

○ 다음 각 문장의 밑줄 친 부분에 유의하여 해석하시오.

1 You can see why this happened <u>if you look at the history of Africa</u>.

_____

2 They had lots of land with precious resources <u>which were shared among people</u>.

_____

3 When Europeans came to Africa in the 19th century, <u>something unexpected</u> happened.

_____

4 Europeans <u>wanted to have more land</u> in Africa, but they did not want to fight with each other.

_____

5 The Europeans drew straight lines to decide many of Africa's new borders <u>without caring about its geographical characteristics</u>.

_____

6 People who did not share a common language or culture <u>were forced to live together</u>.

_____

7 This made <u>it very difficult</u> for people <u>to get along</u>.

_____

8 The next time you hear <u>news about Africans fighting each other</u>, remember how it all started.

_____

A 다음 영어 단어나 표현의 우리말 뜻을 쓰시오.

1 ashamed _____

2 process _____

3 emotional _____

4 millionaire _____

5 necessary _____

6 identify _____

7 long-term memory _____

8 bright _____

9 favor _____

10 let out _____

11 benefit _____

12 average _____

13 belong to _____

14 giant _____

15 transfer _____

16 evergreen _____

17 attend _____

18 be short for _____

19 turn to _____

20 nutrient _____

B 다음 우리말에 해당하는 영어 단어나 표현을 쓰시오.

1 행동 _____

2 생산하다 _____

3 질투, 시기 _____

4 좌우로 _____

5 잠들다 _____

6 열정 _____

7 생존 _____

8 연구하다 _____

9 강점, 장점 _____

10 경고, 주의 _____

11 왔다 갔다 _____

12 연결하다 _____

13 보통의 _____

14 (쥐고 있던 것을) 놓다 _____

15 표면, 지면 _____

16 암시하다 _____

17 끊임없이 _____

18 최선을 다하다 _____

19 (분류상의) 종 _____

20 일어나다 _____

34 백만장자들의 공통점은?

○ 다음 각 문장의 밑줄 친 부분에 유의하여 해석하시오.

1 Thomas J. Stanley spent much of his life studying the habits and behavior of millionaires.

_____

2 Stanley conducted a study of more than 1,000 millionaires in America.

_____

3 Surprisingly, the results showed that most of the millionaires attended average universities.

_____

4 Their academic achievements were not very high.

_____

5 Their success was a direct result of loving their business.

_____

6 This gave them the energy and passion needed to succeed.

_____

7 Life is too short to spend time doing something you don't enjoy.

_____

8 Take a look inside your heart and ask yourself what you want to do more than anything else in the world.

_____

35 최고의 잠, REM 수면!

○ 다음 각 문장의 밑줄 친 부분에 유의하여 해석하시오.

1 The busiest time for the brain is <u>a stage called REM sleep</u>.

_____

2 REM sleep is very necessary for <u>processing emotional issues</u> and <u>keeping the brain healthy</u>.

_____

3 Dreams <u>that take place during REM sleep</u> give the brain a chance <u>to let go of</u> hidden emotions, like sexual desires and jealousy.

_____

4 People are usually <u>too ashamed to express</u> these feelings when they are awake.

_____

5 REM is also a stage <u>when information is transferred into long-term memory</u>.

_____

6 If we <u>cannot get</u> enough REM sleep, <u>our brains cannot hold</u> information in our memories for a long time.

_____

7 It usually <u>takes an hour and a half to get to the REM stage</u> after we fall asleep.

_____

8 REM sleep <u>occurs about five times</u> during a normal eight-hour sleep.

_____

○ 다음 각 문장의 밑줄 친 부분에 유의하여 해석하시오.

1 On the surface, the forest <u>might seem calm and quiet</u>, but under the ground the plants <u>are busy communicating</u> with each other.

_____

2 These little guys <u>will grow on</u> the roots of plants and <u>connect</u> the members of the plant kingdom <u>together</u>.

_____

3 This network is <u>so powerful that</u> some scientists <u>compare</u> it <u>to</u> the Internet.

_____

4 You probably wonder <u>how plants use this fungi network</u>.

_____

5 If they are attacked by insects, they <u>will send out warning signals</u> to other plants.

_____

6 In the fall, when the birch trees lose their leaves and can't produce sugar, the evergreen pine trees may <u>provide</u> them <u>with</u> nutrients through the fungi network.

_____

7 In the summer, when the birch trees have lots of leaves, they return the favor <u>by sending sugar to the growing pine trees</u>.

_____

8 Like this, plants help each other through the great fungi network <u>even if they belong to other species</u>.

_____

영역별	▶	**TAPA**	영어 고민을 한 방에 타파! 영역별·수준별 학습 시리즈, **TAPA!** Reading　Grammar　Listening　Word	중학 1~3학년
독해	▶	**READER'S BANK**	초등부터 고등까지, 영어 독해서의 표준! 10단계 맞춤 영어 전문 독해서, **리더스뱅크** Level 1~10	(예비) 중학~고등 2학년
독해	▶	중등 **수능독해**	수능 영어를 중학교 때부터! 단계별로 단련하는 수능 학습서, **중등 수능독해** Level 1~3	중학 1~3학년
문법·구문	▶	**마법같은 블록구문**	컬러와 블록으로 독해력을 완성하는 마법의 구문 학습서, **마법같은 블록구문** 기본편　필수편　실전편	중학 3학년~고등 2학년
문법	▶	**Grammar in**	3단계 반복 학습으로 완성하는 중학 문법 연습서, **그래머 인** Level 1A/B~3A/B	중학 1~3학년
듣기	▶	중학영어 **듣기모의고사** 22회	영어듣기능력평가 완벽 대비 듣기 실전서, **중학영어 듣기모의고사** 중1~3	중학 1~3학년
어휘	▶	**VOCA PICK**	기출에 나오는 핵심 영단어만 Pick! 중학 내신 및 수능 대비, **완자 VOCA PICK** 기본　실력　고난도	(예비)중학~(예비)고등

리·더·스·뱅·크 흥미롭고 유익한 지문으로 독해의 자신감을 키워줍니다.

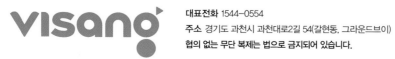

대표전화 1544-0554
주소 경기도 과천시 과천대로2길 54(갈현동, 그라운드브이)
협의 없는 무단 복제는 법으로 금지되어 있습니다.

푸껫(태국)

태국 남쪽에 위치한 휴양지로 사시사철 쾌청하고 아름다운 해안이 매력적인 여행지이다. 스노클링, 스쿠버다이빙 등 다양한 해양 스포츠, 다채로운 먹거리와 색다른 밤 문화를 즐길 수 있는 푸껫은 전 세계 여행객들이 태국에서 가장 선호하는 여행지이기도 하다.

비상 누리집에서 더 많은 정보를 확인해 보세요.
http://book.visang.com/

READER'S BANK

Level **6**

정답과 해설

pionada  visang

피어나다를 하면서 아이가 공부의
필요를 인식하고 플랜도 바꿔가며
실천하는 모습을 보게 되어 만족합니다.
제가 직장 맘이라 정보가 부족했는데,
코치님을 통해 아이에 맞춘 피드백과
정보를 듣고 있어서 큰 도움이 됩니다.

– 조○관 회원 학부모님

공부 습관에도
진단과 처방이
필수입니다

초4부터 중등까지는 공부 습관이 피어날 최적의 시기입니다.

공부 마음을 망치는 공부를 하고 있나요?
성공 습관을 무시한 공부를 하고 있나요?
더 이상 이제 그만!

지금은 피어나다와 함께 사춘기 공부 그릇을 키워야 할 때입니다.

강점코칭 무료체험

바로 지금,
마음 성장 기반 학습 코칭 서비스, **피어나다®**로
공부 생명력을 피어나게 해보세요.

상담
문의 **1833-3124**

www.pionada.com

공부 생명력이
pionada

일주일 단 1시간으로 심리 상담부터 학습 코칭까지 한번에!

상위권 공부 전략 체화 시스템	**공부력 향상 심리 솔루션**	**온택트 모둠 코칭**	**공인된 진단 검사**
공부 마인드 정착 및	마음 · 공부 · 성공 습관 형성을 통한	주 1회 모둠 코칭 수업 및	서울대 교수진 감수 학습 콘텐츠와
자기주도적 공부 습관 완성	마음 근력 강화 프로그램	상담과 특강 제공	한국심리학회 인증 진단 검사

READER'S BANK

Level **6**

정답과 해설

Unit **01**

01 칭찬하면서 재판을 한다? pp. 12~13

문제 정답 **1** ② **2** ④ **3** (A) criminal (B) nice[good] (C) festival **4** a room in which

문제 해설
1 세계에서 범죄율이 가장 낮은 바벰바족이 범죄자를 처벌하는 독특한 방법을 소개한 글이다. 진정으로 마음을 돌이키고 새 사람이 되게 하는 데 있어 '칭찬의 힘'이 얼마나 대단한지를 강조하고 있으므로 글의 요지로 ②가 가장 적절하다.

2 범죄자를 죄책감에서 회복시키고 자발적인 행동의 변화를 만들어 내는 '칭찬 폭탄(compliment bomb)'이 '마음을 상하게 한다(hurtful)'는 흐름은 문맥상 어색하다. hurtful은 powerful이 되어야 흐름상 적절하다.

3 바벰바족은 죄를 다루기 위해 범죄자(criminal)를 마을 광장에 세우고 모든 사람들이 와서 그 범죄자가 행한 좋은 (nice[good]) 일에 대해 말하며 그 사람을 칭찬한다. 그 후 마을 잔치(festival)를 벌임으로써 범죄자가 새로운 삶을 살 수 있도록 이끌어 준다.
  • 그 (A) 범죄자는 마을 광장에 선다.
  • 사람들이 그 사람 주위에 서서 그[그녀]에 대한 (B) 좋은 것들을 말한다.
  • 며칠 간의 칭찬 후에 그 사람을 위한 (C) 축제가 마을에서 열린다.

4 관계부사 where는 「전치사 + 관계대명사」인 in which로 바꾸어 쓸 수 있으며, 앞에 나온 선행사를 수식해 준다.

본문 해석 남아프리카 잠비아에 평화로운 마을이 있다. 바벰바족이라고 불리는 그곳에 사는 그 부족은 세계에서 가장 낮은 범죄율로 유명하다. 이것이 어떻게 가능한가? 이것은 범죄를 처벌하는 그들의 독특한 방법 때문이다. 그들의 마을에서 누군가가 범죄를 저지를 때, 그 사람은 마을 광장에 서 있어야 한다. 그러면 모든 사람들이 와서 큰 원으로 범죄자를 에워싼다. 소리를 지르는 대신에 모든 사람들은 그 범죄자에 대한 온갖 종류의 좋은 것들을 말한다. 그들은 그 범죄자가 했던 좋은 것을 모두 말한다. 그것은 마치 판사 없이 수백 명의 변호사가 모여 말하는 법정과 같다. 며칠 간 칭찬을 한 후, 마을에서는 그 범죄자를 위해 축제를 벌인다. 이 '칭찬 폭탄'은 매우 <u>마음을 상하게 한다(→ 강력하다)</u>. 그것은 그 범죄자가 감정적으로 다치지 않고 자신의 행동을 바꾸는 데 도움이 된다. 칭찬은 큰 도움이 될 수 있고, 진정으로 사람들을 변화시킬 수 있다.

지문 풀이

There is a peaceful village / in Zambia, South Africa. / The tribe / ❶ that lives there, / called the
평화로운 마을이 있다 /   남아프리카의 잠비아에 /   그 부족은 /   거기에 살고 있는 /   바벰바족이라고 불리는 /

Babemba, / is famous for the lowest crime rate / in the world. / How is this possible? / This is due to /
가장 낮은 범죄율로 유명하다 /   세계에서 /   이것이 어떻게 가능한가? /   이것은 때문이다 /

their unique way of ❷ punishing crimes. / When someone commits a crime in their village, / that person
범죄를 처벌하는 그들의 독특한 방법 /   누군가가 그들의 마을에서 범죄를 저지를 때 /   그 사람은 마을

has to stand in the village square. / Then everyone comes / and surrounds the criminal / in a big
광장에 서 있어야 한다 /   그때 모든 사람이 온다 /   그리고 그 범죄자를 에워싼다 /   큰 원으로

circle. / Instead of yelling, / everyone says all kinds of nice things / about the criminal. / They say all the good
소리를 지르는 대신에 /   모든 사람들은 온갖 종류의 좋은 것들을 말한다 /   그 범죄자에 관한 /   그들은 모든 좋은 것들을 말한다 /

things / ❸ the criminal did. / It's just like a court / in which hundreds of lawyers gather and talk /
그 범죄자가 했던 /   그것은 마치 법정과 같다 /   수백 명의 변호사가 모여서 이야기하는 /

without any judges. / After days of compliments, / the village holds a festival / for the criminal. /
어떤 판사도 없이 / 며칠 간의 칭찬 후에 / 그 마을은 축제를 벌인다 / 그 범죄자를 위해 /

This "compliment bomb" is very powerful. / It ❹ helps / the criminals change their behavior /
이 '칭찬 폭탄'은 매우 강력하다 / 그것은 도움을 준다 / 범죄자들이 그들의 행동을 바꾸는 데 /

without getting hurt emotionally. / Compliments can go a long way / and truly change people. /
감정적으로 상처를 받는 것 없이 / 칭찬은 큰 도움이 될 수 있다 / 그리고 진정으로 사람들을 변화시킬 수 있다 /

❶ 주격 관계대명사 that이 이끄는 절과 과거분사 called가 이끄는 구가 주어 The tribe를 수식해 준다.
　　 ex. The book that is on the desk is mine. 책상 위에 있는 그 책은 내 것이다.
　　　 The book is about a young boy named Greg and his friends.
　　　 그 책은 Greg라고 불리는 한 어린 소년과 그의 친구들에 관한 것이다.

❷ 전치사 of의 목적어로 동명사구가 왔다.

❸ the criminal 앞에 목적격 관계대명사 that이 생략되어 있다.
　　 ex. Is there anything (that) we can do? 우리가 할 수 있는 일이 있나요?

❹ 「help + 목적어 + 동사원형」: ~가 …하도록 돕다
　　 ex. Sam often helps his mom cook a meal. Sam은 종종 그의 엄마가 식사를 요리하는 것을 돕는다.

02　노예를 부리는 개미

pp. 14~15

문제 정답　 1 ④　　2 ③, ④　　3 ①　　4 get

문제 해설　 **1** 특유의 부지런함으로 칭찬받는 보통의 개미와 다르게, 노예 개미에게 기본적인 과업을 시키는 ④ '노예 사역 개미의 특징들'에 대한 글이다.
　　　① 노예 개미의 습관들　　　　　　　② 개미가 새끼들을 먹이는 방법
　　　③ 노예 개미의 필수적인 과업들　　　⑤ 우리가 개미를 보호해야 하는 이유

　 2 보통의 개미들이 하는 필수적인 기본 과업은 gather food, keep their nest clean, work hard to support their family, feed the young이고, ③, ④는 노예 사역 개미가 하는 일이다.

　 3 태어나자마자 노예 사역 개미가 할 기본 과업들을 대신 하는 노예 개미를 안쓰럽게 생각할 수 있지만, 사실상 그것은 자신이 무엇인지 모른다는 흐름이므로, ① '노예이다'가 빈칸에 가장 적절하다.
　　　② 부지런하다　　　　　　　　　　③ 그것들의 알을 잃어버리다
　　　④ 그것들의 가족을 부양하다　　　　⑤ 많은 적들을 갖다

　 4 사역동사 had가 쓰였으므로 목적격보어로 동사원형 get이 와야 한다.

본문 해석　 개미는 종종 그것의 부지런함 때문에 칭찬받는다. 그것은 먹이를 모으고, 자신의 보금자리를 깨끗이 유지하며, 그것의 가족을 부양하기 위해 열심히 일한다. 그러나 모든 종의 개미들이 그 칭찬에 부응하는 것은 아니다. 소수의 개미 종들은 자신들의 좀 더 약한 사촌들에게 이러한 핵심적인 일들을 하게 할 방법을 생각해 냈다.
　　　이러한 소위 '노예 사역 개미'는 이웃 개미들로부터 알을 약탈한다. 노예 사역 개미는 그것들의[이웃 개미들의] 보금자리를 공격하고, 다 자란 개미들을 죽이며, 아직 태어나지 않은 새끼들을 자신의 보금자리로 나른다. 그 새끼들이 부화했을 때, 그것들은 자신들의 새 주인을 받아들이고 본인들의 과업을 수행한다. 예를 들어, 그것들은

노예 사역 개미가 전투를 전문으로 하느라 스스로 <u>그러한 기본적인 과업들</u>을 수행할 능력을 잃었기 때문에, 노예 사역 개미의 새끼들에게 먹이를 준다. 당신은 노예 개미에 대해 안쓰럽게 느낄 수도 있다. 하지만 놀랍게도 그것들은 자신들이 <u>노예라는 것</u>을 모른다.

지문 풀이

Ants are often praised / for their diligence. / They ❶ gather food, / keep their nest clean / and work hard
개미들은 종종 칭찬받는다 / 그것들의 부지런함 때문에 / 그것들은 먹이를 모은다 / 자신들의 보금자리를 깨끗이 유지한다 / 그리고 그것들의 가족을

to support their family. / However, / ❷ not all ant species / live up to the praise. / A handful of ant
부양하기 위해 열심히 일한다 / 그러나 / 모든 개미 종들이 ~하는 것은 아니다 / 그 칭찬에 부응하는 것은 / 소수의 개미 종들은 /

species / have figured out a way / to have their weaker cousins do these essential tasks. /
방법을 생각해 냈다 / 자신들의 좀 더 약한 사촌들에게 이러한 핵심적인 일들을 하게 할 /

These so-called "slave-making ants" / steal eggs from neighboring ants. / The slave-making ants ❸ attack
이러한 소위 '노예 사역 개미'는 / 이웃 개미들로부터 알을 약탈한다 / 노예 사역 개미은 그것들의 보금자리를 공격한다

their nests, / kill the adults / and carry the unborn young to their own nest. / When the young
다 자란 개미들을 죽인다 / 그리고 아직 태어나지 않은 새끼들을 자신들의 보금자리로 나른다 / 그 새끼들이 부화했을 때 /

hatch, / they accept their new masters / and carry out their tasks. / For instance, / they feed the young of
그것들은 자신들의 새 주인을 받아들인다 / 그리고 본인들의 과업을 수행한다 / 예를 들어 / 그것들은 노예 사역 개미의 새끼들에게

the slave-makers / because slave-making ants specialize in fighting / and have lost the ability /
먹이를 준다 / 노예 사역 개미가 전투를 전문으로 하기 때문이다 / 그리고 능력을 잃었기 때문이다 /

to perform such basic tasks themselves. / You may feel sorry / for the slave ants. / But surprisingly, / they
스스로 그러한 기본적인 과업들을 수행할 / 당신은 안쓰럽게 느낄 수도 있다 / 노예 개미에 대해 / 하지만 놀랍게도 / 그것들은

don't know / they are slaves.
모른다 / 그것들이 노예라는 것을

❶, ❸ 세 개의 동사구(gather, keep, work / attack, kill, carry)가 접속사 and로 연결되어 있다.

❷ 전체를 의미하는 all, every 등의 형용사나 always, completely 등의 부사가 부정어와 함께 쓰이면 '모두[언제나/완전히] ~한 것은 아니다'의 부분 부정을 나타낸다.
   ex. **Not all** of my friends are kind. 내 친구들 모두가 친절한 것은 아니다.

---

03 스스로 움직이는 인형, 오토마톤
pp. 16~17

문제 정답 **1** ④   **2** (1) T (2) T (3) F   **3** ②   **4** might have met

문제 해설 **1** ⓐ, ⓑ, ⓒ, ⓔ는 모두 박물관으로 전달된 자동 로봇을 지칭하는 반면에, ⓓ는 그 로봇을 만든 실제 인물 Henri Maillardet를 가리킨다.

2 (1) 큐레이터에게 좋지 못한 상태로 전달된 초기 로봇은 각 부품들이 조립되고 시운전 되었을 때 갑자기 움직였다. (6~8행 참조)

(2) 초기 로봇은 그림을 그리고 시를 쓸 수 있었다. (9행 참조)

(3) 초기 로봇은 시를 쓰고 나서 로봇의 제작자인 'Henri Maillardet의 자동 로봇에 의해 쓰임'이라고 서명했다. (12~13행 참조)

3 스위스의 시계 제작자가 만든 것은 초기 버전의 로봇(robot)이며, 그것은 로봇 공학이 발전하는(develop) 계기를 만들어 주었다.

1805년에 스위스의 시계 제작자에 의해 만들어진 초기 버전의 <u>로봇</u>은 오늘날의 로봇 공학 기술이 <u>발전하는</u> 데 도움이 되었다.

① 시 – 발명하다 ③ 인형 – 끝마치다 ④ 시계 – 개선하다 ⑤ 기계 – 사용하다

4 과거의 일에 대한 약한 추측을 나타낼 때는 동사를 might have p.p. 형태로 쓰므로, <u>might have met</u>이 되어야 한다.

본문 해석 당신은 로봇이 최근의 발명품이라고 생각할지도 모르지만, 그것은 19세기(1800년대)에도 존재했다. 여기에 그것과 관련된 흥미로운 것이 있다.

1928년에 불가사의한 기계가 Franklin(프랭클린) 협회 과학박물관에 도착했다. 그 기계는 어린 소년처럼 생긴 <u>인형</u>이었다. 그 기계는 상태가 좋지 못했기 때문에, 박물관의 큐레이터들은 그것이 무엇을 할 수 있는지 알지 못했다. 그래서 그들은 끈기 있게 부품들을 조립해서 그것을 시운전 해보았다. 갑자기 그 기계는 움직이기 시작했다! 그 소년은 눈을 뜨고, 자신의 손에 있는 펜을 움켜쥐고, 그리기 시작했다! 그는 그림을 그리고 심지어 시도 썼다. 이것은 보통의 기계가 아니었다. 그것은 현대적인 로봇의 최초 버전이었다. 그런데 누가 그것을 설계했는가? 그 로봇은 큐레이터들에게 하나의 실마리를 주었다. 한 편의 시를 쓰고 난 후, 그 기계는 그것에 'Maillardet(메일러뎃)의 자동 로봇에 의해 쓰임'이라고 이와 같이 서명했다. 스위스의 시계 제작자인 Henri Maillardet(헨리 메일러뎃)은 1805년에 런던에서 이 자동 기계를 개발했다. 그 당시에 시계 제작자들은 종종 자신들의 기술을 뽐내기 위해 그런 기계들을 발명했다. Maillardet은 재미로 <u>이 기계</u>를 만들었을지 모르지만, 그것은 분명히 오늘날의 로봇 공학 기술을 위한 길을 여는 데 일조했다.

지문 풀이

You may think / robots are a recent invention, / but they existed / in the 19th century, too. / Here's
당신은 생각할지도 모른다 / 로봇이 최근의 발명품이라고 / 하지만 그것들은 존재했다 / 19세기에도 / 여기에

something interesting / about them. /
흥미로운 것이 있다 / 그것들에 관한 /

In 1928, / a mysterious machine arrived / at the Franklin Institute Science Museum. / The machine was a
1928년에 / 불가사의한 기계가 도착했다 / Franklin 협회 과학박물관에 / 그 기계는 인형이었다 /

doll / ❶ **that** looked like a young boy. / Since the machine was not in good shape, / the curators at the
어린 소년처럼 생긴 / 그 기계는 상태가 좋지 못했기 때문에 / 박물관에 있는 큐레이터들은 /

museum / had no idea / ❷ **what it could do.** / So they patiently put the parts together / and gave it a test
알지 못했다 / 그것이 무엇을 할 수 있는지를 / 그래서 그들은 끈기 있게 부품들을 조립했다 / 그리고 그것을 시운전 해보았다 /

run. / Suddenly, / the machine started to move! / The boy opened his eyes, / clutched a pen in his
갑자기 / 그 기계는 움직이기 시작했다! / 그 소년은 눈을 뜨고 / 자신의 손에 있는 펜을 움켜쥐었다 /

hand / and began to draw! / He drew pictures / and even wrote poetry. / This was no ordinary machine. /
그리고 그리기 시작했다! / 그는 그림을 그렸다 / 그리고 심지어 시도 썼다 / 이것은 보통의 기계가 아니었다 /

It was ❸ **the earliest version** / of modern robots. / But who built it? / The robot gave / the curators a clue. /
그것은 최초 버전이었다 / 현대적인 로봇의 / 그런데 누가 그것을 설계했는가? / 그 로봇은 주었다 / 큐레이터들에게 하나의 실마리를 /

After writing a poem, / the machine signed it / like this: / "Written by the Automaton of Maillardet."
한 편의 시를 쓰고 난 후 / 그 기계는 그것에 서명했다 / 이와 같이 / 'Maillardet의 자동 로봇에 의해 쓰임' /

Henri Maillardet, / a Swiss clockmaker, / had developed this automatic machine / in London / in 1805. / At the
Henri Maillardet은 / 스위스의 한 시계 제작자인 / 이 자동 기계를 개발했다 / 런던에서 / 1805년에 / 그 당시에 /

time, / clockmakers often invented such machines / to show off their skills. / Maillardet might have made
시계 제작자들은 종종 그런 기계들을 발명했다 / 그들의 기술을 뽐내기 위해 / Maillardet은 이 기계를 만들었을지 모른다 /

this machine / for fun, / but it certainly ❹ **helped pave** the way / for today's robotics technology.
재미로 / 하지만 그것은 분명히 길을 여는 데 일조했다 / 오늘날의 로봇 공학 기술을 위한

❶ that은 주격 관계대명사로, 앞에 나온 선행사 a doll을 수식해 준다. 선행사가 사물이므로 that은 which로 바꿔 쓸 수 있다.

❷ have no idea의 목적어 역할을 하는 간접의문문으로, 「의문사 + 주어 + 동사」의 어순으로 쓴다.

❸ 최상급 표현은 「the + 최상급 형용사 + 명사 + 전치사구」로 쓰며, early의 최상급 earliest가 와서 '현대적인 로봇의 가장 초기 버전'의 의미를 나타낸다.

❹ help의 목적어로 동사가 올 때는 동사원형이나 to부정사를 쓰며, '~하는 것을 돕다'의 의미를 나타낸다.
ex. This app will **help (to) find** the way more easily. 이 앱은 길을 좀 더 쉽게 찾을 수 있도록 도와줄 것이다.

REVIEW TEST

p. 18

문제 정답   **1** ②   **2** ③   **3** ④   **4** ②   **5** ①   **6** in which   **7** might have lost   **8** bring   **9** have a bellboy carry my bags up to my room

문제 해설   **1** 나머지 단어는 모두 '사람의 직업이나 신분'을 나타내지만, ②는 '행동'을 의미한다.
   ① 변호사   ③ (노예의) 주인   ④ 큐레이터

2 compliment: 칭찬, 찬사
   나는 사람들이 내가 우리 아빠처럼 보인다고 말할 때 그것을 칭찬으로 여긴다.
   ① 근면, 성실   ② 부족   ④ 단서, 실마리

3 surround: 둘러싸다, 에워싸다
   뭔가를 사방으로 두르다
   ① 부화하다   ② 움켜잡다   ③ 부양하다

4 a handful of: 소수의

5 go a long way: 영향을 끼치다, 큰 도움이 되다 / pave the way for: ~을 위해 길을 열다
   • 당신의 계획은 우리가 문제를 돕는 데 큰 영향을 끼쳤다.
   • Mark의 노력은 디자이너로서의 성공을 위한 길을 열었다.

6 관계부사 where를 대신하는 in which가 와야 한다.
   Is there any room? + We can view the ocean in the room.
   → Is there any room where[in which] we can view the ocean?
      우리가 바다를 볼 수 있는 방이 있나요?

7 과거의 일에 대한 약한 추측을 나타낼 때는 'might have p.p.'를 쓴다.
   나는 그 소녀가 집에 오는 길을 잃어버리지는 않았을지 걱정했다.

8 have가 '시키다'의 의미를 가질 때는 목적격보어로 동사원형을 쓴다.
   Jenny는 웨이터가 그녀에게 음료를 가져오게 했다.

9 have + 목적어 + 동사원형: ~에게 …하게 하다 / 목적어는 a bellboy이고, 목적격보어는 carry my bags이다.

04 비만도 전염된다?   pp. 20~21

문제 정답   **1** ②   **2** ②   **3** (1) T (2) T   **4** The harder, the better

문제 해설

1 주어진 문장의 'this'는 주변 사람들이 과체중일 때 당신도 과체중이 되는 현상을 가리키므로, 흐름상 ⓑ에 들어가는 것이 적절하다.
왜 이런 일이 일어나는가?

2 주변 사람들의 몸매를 보고 받아들일 수 있는 체형의 기준이 바뀔 수 있다고 했으므로, 주변에 과체중인 사람이 많을수록 본인이 ② '뚱뚱하게 될' 가능성도 더 많음을 추론할 수 있다.
① 더 나빠지다   ③ 그들과 말다툼을 하게 되다
④ 당신의 건강을 개선하다   ⑤ 당신의 식습관을 바꾸다

3 (1) 주변의 사람들을 보면서 받아들일 수 있는 체형에 대한 생각을 바꾸게 된다. (5~6행 참조)
(2) 건강에 해로운 식습관을 가진 친구들이 많으면, 그들의 생활 방식을 채택하기 쉽다. (8~10행 참조)

4 '~하면 할수록, 더 …하다'라는 의미를 나타내기 위해 접속사 As가 이끄는 절은 「The 비교급 ~, the 비교급 ....」 구문으로 바꿔 쓸 수 있다.
내가 더 열심히 공부함에 따라, 나의 성적은 더 좋아질 것이다.
= 내가 더 열심히 공부할수록, 나의 성적은 더 좋아질 것이다.

본문 해석   당신의 친구들이 당신을 살찌게 만들고 있는가? 아니면 당신을 날씬하게 유지시켜 주고 있는가? 새로운 조사에 따르면, 비만은 사회적 관계망에서 한 사람으로부터 다른 사람에게 퍼질 수 있다. 사실, 한 사람이 과체중이 되면, 그의 가까운 친구들이나 가족 구성원들도 과체중이 된다. 왜 이런 일이 일어나는가? 한 가지 설명은 우리가 우리 주변의 사람들을 보면서 받아들일 수 있는 체형에 대한 생각을 바꾼다는 것이다. 가까운 친구가 과체중이 되면, 비만이 당신이 생각하는 것만큼 나빠 보이지 않을 수도 있다. 또한, 만약 당신에게 건강에 해로운 식습관을 가진 뚱뚱한 친구들이 많다면, 당신도 그들의 생활 방식을 채택할 가능성이 있다. 연구가 보여 주듯, 실제로 뚱뚱한 친구들과 가족 구성원들이 많을수록 당신이 뚱뚱하게 될 가능성도 높아진다.

지문 풀이

Are your friends making you fat? / Or ❶ **keeping** you slender? / According to new research, / obesity can
당신의 친구들이 당신을 살찌게 만들고 있는가? / 또는 당신을 날씬하게 유지시키고 있는가? / 새로운 조사에 따르면 / 비만이 퍼져나갈 수

spread / from person to person / in a social network. / In fact, / if one person becomes overweight, /
있다 / 사람에서 사람으로 / 사회적 관계망 속에서 / 사실 / 만일 한 사람이 과체중이 되면 /

his close friends and family members / become overweight, too. / Why does this happen? / One
그의 가까운 친구들과 가족 구성원들은 / 또한 과체중이 된다 / 왜 이런 일이 일어나는가? / 한 가지

explanation is / that we change our idea / of ❷ **what an acceptable body type is** / by looking at people
설명은 / 우리가 우리의 생각을 바꾼다는 것이다 / 받아들일 수 있는 체형이 무엇인지에 대해 / 우리 주변의 사람들을 보면서

around us. / When a close friend becomes overweight, / fatness may not look / as bad as you think. /
우리 주변의 / 가까운 친구가 과체중이 되면 / 비만이 보이지 않을 수도 있다 / 당신이 생각하는 것만큼 나쁘게 /

Also, / if you have a lot of fat friends / with unhealthy eating habits, / you are likely to adopt / their life
또한 / 만약 당신이 뚱뚱한 친구들이 많다면 / 건강에 해로운 식습관을 가진 / 당신은 채택할 가능성이 있다 / 또한 그들의

styles, too. / In reality, / ❸ **the more fat friends and family members** / you have, / **the more likely** /
생활 방식을 / 실제로 / 뚱뚱한 친구들과 가족 구성원들이 많을수록 / 당신이 갖고 있는 / 가능성도 높아진다 /

you are to become fat, / the study suggests.
당신이 뚱뚱하게 될 / 그 연구는 보여준다

❶ 앞 문장과의 중복을 피하기 위해 keeping 앞에 동사와 주어 are they가 생략되었다.

❷ 전치사 of의 목적어 역할을 하는 간접의문문으로, 「의문사 + 주어 + 동사」의 어순으로 쓴다.

❸ the + 비교급 ~, the + 비교급 ...: ~하면 할수록 더욱 더 …하다
   (= as you have **more fat friends and family members**, you are **more likely** to become fat)

---

05 재채기를 하면 축복이!   pp. 22~23

문제 정답 **1** ⑤   **2** (A) bad luck (B) good health (C) sick   **3** to be

문제 해설 **1** 고대의 유럽 사람들은 재채기를 할 때 몸에서 영혼이 빠져나간다고 믿었고, 악령이 그것을 기회 삼아 몸을 아프게 할 수
있다고 생각했다는 내용이 앞에 나와 있으므로, 빈칸에는 "Bless you."라고 말한 목적을 나타내는 ⑤ '악령으로부터
당신을 보호하다'가 적절하다.
① 악령을 부르다   ② 당신의 행복을 기원하다
③ 당신의 기분이 나아지도록 돕다   ④ 당신의 영혼을 깊이 살펴보다

2 (A) 미국 사람들은 누군가가 재채기를 할 때 "Bless You." 또는 "God bless you."라고 말하는데, 그 이유는 그것이
불운(bad luck)을 가져다준다고 믿기 때문이다. (1~3행 참고)
(B) 독일의 "Gesundheit.", 프랑스의 "Sante.", 스페인의 "Salud."는 모두 good health를 의미하는 말이다. (9행,
12~13행 참고)
(C) 유럽 사람들은 재채기하는 것이 아플 수 있음을 알려주는 신호라고 여겼다. (10~11행 참고)

3 be supposed to부정사: ~할 것으로 여겨진다, ~하기로 되어 있다

본문 해석 누군가가 재채기를 하면, 미국에서는 사람들이 "Bless you.(당신을 축복해요.)" 또는 "God bless you.(신의
축복이 있기를.)"라고 말한다. 이러한 이유는 사람들이 재채기가 불운을 가져온다고 믿기 때문이다. 고대 유럽의
미신에 따르면, 당신이 재채기를 하면, 당신의 영혼이 몸에서 빠져나간다고 여겼다. 그때 악령이 그 기회를 틈타
당신의 몸에 들어와서 당신을 아프게 할 것이다. 그래서 사람들은 악령으로부터 당신을 보호하기 위해 "Bless
you."라고 말한다.
흥미롭게도, 비슷한 표현들이 다른 나라들에서도 존재한다. 독일에서 사람들은 "Gesundheit."이라고 말하는데,
그것은 '건강'을 의미한다. 독일 사람들은 재채기를 몸이 아플 수 있음을 알려주는 신호라고 인식한다. 프랑스
사람들과 스페인 사람들은 재채기에 대한 반응이 독일 사람들과 비슷하다. 누군가가 재채기를 할 때 프랑스
사람들은 "Sante."라고 말하고, 스페인 사람들은 "Salud."라고 말한다. 이것은 둘 다 '건강'이라는 뜻이다.
언어는 다르겠지만, 그 말들은 모두 당신이 재치기를 할 때 당신이 건강하기를 기원한다.

When someone sneezes, / people in America say, / "Bless you," / or "God bless you." / The reason for this
누군가가 재채기를 하면 / 미국에서는 사람들이 말한다 / "당신을 축복합니다." / 또는 "신의 축복이 있기를."이라고 / 이러한 이유는 /

is / ❶ **that** people believe / sneezing brings bad luck. / According to an old European superstition, / your
사람들이 믿는 것이다 / 재채기가 불운을 가져온다고 / 고대 유럽의 한 미신에 따르면 / 당신의

soul / is supposed to leave your body / when you sneeze. / Then an evil spirit would use that
영혼이 / 당신의 몸에서 빠져나간다고 여겼다 / 당신이 재채기를 할 때 / 그때 악령이 그 기회를 이용할 것이다 /

opportunity / ❷ **to enter** your body / **and make** you sick. / So people say, / "Bless you," / to protect you
당신의 몸에 들어와서 / 그리고 당신을 아프게 만들기 위해 / 그래서 사람들은 말한다 / "당신을 축복합니다." / 악령으로부터 당신을

from the evil spirit. /
보호하기 위해 /

Interestingly, / similar expressions exist / in other countries, too. / In Germany, / people say, / ❸ "Gesundheit," /
흥미롭게도 / 비슷한 표현들이 존재한다 / 다른 나라들에서도 / 독일에서 / 사람들은 말한다 / "Gesundheit."이라고 /

which means "good health." / The Germans recognize / a sneeze / as a possible sign of getting sick. / The
그리고 그것은 '건강'을 의미한다 / 독일 사람들은 인식한다 / 재채기를 / 몸이 아플 수 있음을 알려주는 신호로 / 프랑스

French and Spanish / are similar to the Germans / ❹ **in their responses to sneezing**. / When someone
사람들과 스페인 사람들은 / 독일 사람들과 비슷하다 / 재채기에 대한 반응으로 / 누군가가 재채기를 할 때 /

sneezes, / the French say, "Sante," / and the Spanish say, "Salud." / Both of these / mean "good
프랑스 사람들은 "Sante."라고 말한다 / 그리고 스페인 사람들은 "Salud."라고 말한다 / 이것들은 둘 다 / '건강'을 의미한다 /

health." / The languages may be different, / but they all wish you good health / when you sneeze.
언어는 다를지도 모른다 / 그러나 그것들은 모두 당신이 건강하기를 기원한다 / 당신이 재치기를 할 때

❶ 접속사 that 이하는 동사 is의 주격보어 역할을 하는 절을 이끈다. that절 안에는 believe의 목적어 역할을 하는 또 다른 that절이 있는데, 여기서 접속사 that은 생략되었다.
The reason for this is [**that** people believe [(**that**) sneezing brings bad luck]].

❷ '~하기 위해서'라는 목적의 의미를 나타내는 to부정사구 to enter와 (to) make가 접속사 and로 연결되어 있다.

❸ 주격 관계대명사 which의 계속적 용법으로, which는 and it으로 바꿔 쓸 수 있다. it은 문맥상 앞에 나온 "Gesundheit"을 받는다.

❹ in their responses to에서 to는 전치사이므로 뒤에 동명사(구)나 명사(구)가 와야 한다. 여기서는 동명사 sneezing이 왔다.

---

06 시그니처 스타일을 찾아라!   pp. 24~25

문제 정답 **1** ④   **2** ⑤   **3** ⑤

문제 해설 **1** 시그니처 스타일은 한 사람의 트레이드마크가 되고 다른 사람들과 구별되는 독특한 개성을 보여줄 수 있는 방법이므로 빈칸에는 ④ '개인의 이미지를 창조하다'가 적절하다.
시그니처 스타일은 개인의 이미지를 창조하는 기발한 방법일 수 있다.
① 사람들과 잘 지내다   ② 사람들의 주목을 끌다
③ 돈과 시간을 절약하다   ⑤ 패션에서 유행을 좇다

2 11~12행에 나온 'observe the style of the person you'd like to resemble'을 보아, ⑤ '당신 자신의 스타일을 만들어 내기 위해 당신 주변에 있는 누구든 관찰할 수 있다.' 는 글의 내용과 일치하지 않는다.
① 어떤 유명인들은 특정한 패션 아이템을 반복적으로 입는다.
② Steve Jobs는 검은색 셔츠와 청바지를 입곤 했다.
③ 시그니처 스타일은 한 개인의 독특한 개성을 반영한 것이다.
④ 당신 자신의 스타일을 생각해 내기 위해 당신이 매일 입는 옷들이 기본이 될 수 있다.

3 시그니처 스타일은 다른 사람과는 다른 자신만의 지속적이고 고유한 개성을 드러내 주는 패션 스타일이므로, ⑤ '바뀔 수도 있는(changeable)'은 문맥상 어색하다. changeable은 unique가 되어야 흐름상 적절하다.

본문 해석

어떤 유명인들은 날마다 같은 스타일을 유지한다. 예를 들어, Steve Jobs(스티브 잡스)는 항상 검은색 셔츠와 청바지를 입었다. Pablo Picasso(파블로 피카소)는 선원용 셔츠를 입곤 했다. Oprah Winfrey(오프라 윈프리)는 종종 자신의 머리카락을 구불구불한 긴 상태로 유지한다. 그들의 셔츠, 바지, 그리고 헤어스타일은 그들의 개인적인 이미지의 일부가 되었다. 패션 전문가들은 그것을 그들의 '시그니처 스타일'로 간주한다. 그 스타일은 그들의 개성과 그들이 다른 사람들에게 보이길 원하는 이미지를 반영해 준다.

시그니처 스타일을 갖는 것은 당신 자신의 지속적인 인상을 만들어 내는 훌륭한 방법이다. 그러면 당신은 어떻게 당신 자신의 시그니처 스타일을 찾아내는가? 당신이 매일 입는 옷들의 공통적인 특징에 대해 생각해보고 그것들을 기본으로 활용하라. 여전히 모르겠다면, 당신이 닮고 싶은 사람의 스타일을 관찰해보라. 무엇이 그들에게 잘 어울리는지 유심히 살펴보고 당신 자신의 스타일을 생각해 내라. 당신의 스타일은 당신의 트레이드마크가 될 것이고 당신 주변의 다른 사람들의 스타일과 상당히 다른 당신의 <u>바뀔 수도 있는(→ 독특한)</u> 개성을 정말로 보여줄 것이다.

지문 풀이

Some famous people / keep the same styles / day after day. / For example, / Steve Jobs always wore /
어떤 유명인들은 / 같은 스타일을 유지한다 / 날마다 / 예를 들어 / Steve Jobs는 항상 입었다 /

a black shirt and blue jeans. / Pablo Picasso ❶ **used to wear** a sailor's shirt. / Oprah Winfrey often /
검은색 셔츠와 청바지를 / Pablo Picasso는 선원용 셔츠를 입곤 했다 / Oprah Winfrey는 종종 /

❷ **keeps her hair wavy and long.** / Their shirts, pants and hairstyles / became part of their personal
그녀의 머리카락을 구불구불한 긴 상태로 유지한다 / 그들의 셔츠, 바지, 그리고 헤어스타일은 / 그들의 개인적인 이미지의 일부가 되었다 /

image. / Fashion experts consider / it their "signature style." / The style reflects their personality / and **the**
/ 패션 전문가들은 간주한다 / 그것을 그들의 '시그니처 스타일'로 / 그 스타일은 그들의 개성을 반영해 준다 / 그리고 그들이

image ❸ **they want others to see.** /
image 다른 사람들에게 보이길 원하는 이미지를 /

Having a signature style / is a great way / to create a lasting impression of yourself. / Then how do you
시그니처 스타일을 갖는 것은 / 훌륭한 방법이다 / 당신 자신의 지속적인 인상을 만들어 내는 / 그러면 당신은 어떻게 찾아내

find / your own signature style? / ❹ **Think** about the common features / of your daily clothes / **and use**
는가 / 당신 자신의 시그니처 스타일을? / 공통적인 특징들에 대해 생각해보라 / 당신의 매일 입는 옷들의 / 그리고 그것들을

them as the basis. / If you still have no idea, / observe the style / of **the person** ❺ **you'd like to**
기본으로 활용하라 / 만약 당신이 여전히 모르겠다면 / 스타일을 관찰해보라 / 당신이 닮고 싶은 사람의 /

resemble. / Notice what looks good on them / and come up with your own style. / Your style will be
/ 무엇이 그들에게 잘 어울리는지 주목하라 / 그리고 당신 자신의 스타일을 생각해 내라 / 당신의 스타일은 당신의

your trademark / and truly demonstrate your unique personality, / quite different from that of others
트레이드마크가 될 것이다 / 그리고 정말로 당신의 독특한 개성을 보여 줄 것이다 / 당신 주변의 다른 사람들의 스타일과 상당히 다른

around you.

❶ used to + 동사원형: ~하곤 했다 (과거의 습관)
　　ex. My sister **used to go** shopping every Sunday.　나의 누나는 일요일마다 쇼핑을 가곤 했다.

❷ keep + 목적어 + 형용사: keeps의 목적어로 her hair, 목적격보어로 wavy and long이 왔다.

❸. ❺ 목적격 관계대명사가 각 문장의 image와 person 뒤에 생략되었다.
　　the image (**that**[**which**]) they want others to see
　　the style of the person (**that**[**whom**]) you'd like to resemble

❹ 주어 You가 생략된 명령문으로, 두 개의 동사 Think와 use가 접속사 and로 연결되어 있다.

REVIEW TEST
p. 26

문제 정답 　**1** observe　**2** spread　**3** sneeze　**4** ④　**5** ②　**6** ② 　**7** the fewer friends you'll have　**8** is supposed to bring　**9** As you practice more, you will do better.

문제 해설 　**1** observe: 관찰하다, 주시하다
　　대부분의 심리학자들은 사람들을 관찰하는 것을 좋아한다.

2 spread: 퍼지다
　　감기 바이러스는 공기를 통해 쉽게 퍼질 수 있다.

3 sneeze: 재채기하다
　　네가 재채기를 할 때 네 코와 입을 가리는 것 잊지 마.

4 opportunity: 기회
　　뭔가를 하는 것을 가능하게 만드는 시기나 상황
　　① 미신　　② 특징　　③ 인상

5 adopt: 채택하다, 받아들이다
　　새로운 것을 받아들이고 사용하기 시작하다
　　① ~을 …라고 여기다　　③ 보호하다　　④ 보여주다; 암시[시사]하다

6 day after day: 날마다

7 '~하면 할수록, 더욱 더 …하다'는 「the + 비교급 + 주어 + 동사 ~, the + 비교급 + 주어 + 동사 …」로 쓰므로, fewer friends는 the fewer friends가 되어 you 앞으로 와야 한다.
　　당신이 더 많은 논쟁에서 이길수록 당신은 친구가 더 적어질 것이다.

8 be supposed to부정사: ~할 것으로 기대된다, ~하기로 되어 있다
　　모두 사람들이 나눠먹을 음식을 가져오기로 되어 있다.

9 접속사 as를 이용하여 '~하면 할수록, 더욱 더 …하다'를 쓸 때는 「As 주어 + 동사 + 비교급, 주어 + 동사 + 비교급」으로 쓴다. 비교급 앞에 the를 쓰지 않음에 유의한다.

| 07 | 현실과 가상을 넘나드는 신기술 | pp. 30~31 |

문제 정답   **1** ②   **2** ⑤   **3** (1) 게임의 주인공이 되어 괴물과 직접 싸우기, 전 세계 곳곳의 가상 콘서트에서 공연 즐기기
(2) 스마트폰 앱을 이용해 가구가 집에 들어맞을지 보기   **4** ②

문제 해설   **1** 가상과 현실을 넘나드는 VR과 AR 기술의 특징과 사례에 대한 글이므로, 글의 주제로 ② 'VR과 AR을 통한 새로운
경험들'이 적절하다.

① VR과 AR의 몇몇 부작용들 　　　　　　　　③ 모바일 앱에 끼치는 VR과 AR의 영향력
④ 연예 사업의 밝은 미래 　　　　　　　　　⑤ 유용한 디지털 기기들: 헤드셋과 스마트폰

2 (A) VR 기술이 적용된 구체적인 사례들이 뒤이어 하나 더 소개되고 있으므로 Moreover(게다가)이 적절하다.
(B) VR 기술과는 다른 특징을 가진 AR 기술을 소개하고 있는 부분이므로 on the other hand(반면에)가 적절하다.

① 예를 들어 – 그러나 　　　　　　　　　　② 게다가 – 다시 말해서
③ 그러므로 – 게다가 　　　　　　　　　　④ 다시 말해서 – 반면에

3 (1) 완전한 가상의 세계로 데려가는 VR 기술을 통해 사람들은 게임의 주인공이 되어 괴물들과 직접 싸우거나 전 세계
곳곳에서 열리는 가상 콘서트에서 공연을 즐길 수 있다. (5~7행 참조)
(2) 스마트폰 앱을 이용해 현실 세계의 집안에 가상의 가구들을 미리 배치해 볼 수 있다. (11~12행 참조)

4 ①, ③은 각각 to와 enjoy의 목적어로 쓰였으나, ②는 강조 용법으로 쓰여 생략할 수 있다.
① Sam은 자기 자신에게 "나는 행복해."라고 말했다.
② 나는 네 도움이 필요 없어. 나는 나 스스로 그것을 할 수 있어.
③ 그 아이들은 파티에서 그들 스스로 즐거운 시간을 보냈니?

본문 해석   디지털 기기 덕분에, 우리는 새롭고 흥미진진한 경험을 할 수 있다. 이러한 경험을 만들어 내는 두 가지 기술들은
가상 현실(VR)과 증강 현실(AR)이다.

VR은 당신을 완전한 가상의 세계로 데려간다. 몇몇 비디오 게임들은 VR을 활용한다. 헤드셋을 씀으로써,
당신은 주인공이 되어 직접 괴물들과 싸울 수 있다. 게다가, 당신은 세계 곳곳에서 열리는 가상 콘서트에서
공연들을 즐길 수 있다.

반면에, AR은 실제 세계와 가상 세계의 결합체이다. 사실 그것은 실제 세계에 가상의 이미지들을 더해 준다.
예를 들어, 유명한 가구 회사 IKEA(이케아)는 자신들의 사업에 AR 기술을 활용한다. 당신은 IKEA 앱을 갖고
스마트폰으로 바로 가구가 당신의 집에 어떤 식으로 들어맞을지 볼 수 있다.

기술의 발전과 더불어 VR과 AR은 점점 더 흔해지고 있다. 미래에는 아마도 당신 삶의 모든 부분에서 그것들을
경험하게 될 것이다.

지문 풀이

Thanks to digital devices, / we can have new and exciting experiences. / ❶ **Two technologies** / that create
디지털 기기 덕분에 /　　　　　　우리는 새롭고 흥미진진한 경험을 할 수 있다 /　　　　　두 가지 기술들은 /　　　이러한 경험을

these experiences / **are** virtual reality (VR) and augmented reality (AR). /
만들어 내는 /　　　가상 현실(VR)과 증강 현실(AR)이다 /

VR takes you / to a completely virtual world. / Some video games use VR. / By putting on a headset, /
VR은 당신을 데려간다 / 완전한 가상의 세계로 / 몇몇 비디오 게임들은 VR을 활용한다 / 헤드셋을 씀으로써 /

you can become the main character / and fight monsters yourself. / Moreover, / you can enjoy
당신은 주인공이 될 수 있다 / 그리고 당신 스스로 괴물들과 싸울 수 있다 / 게다가 / 당신은 공연들을 즐길 수

performances / at virtual concerts / ❷ held all over the world. /
있다 / 가상 콘서트에서 / 세계 곳곳에서 열리는 /

AR, / on the other hand, / is a combination / of the real and virtual world. / In fact, / it adds virtual images /
AR은 / 반면에 / 결합체이다 / 실제 세계와 가상 세계의 / 사실 / 그것은 가상의 이미지들을 더해 준다 /

to the real world. / For example, / the famous furniture company, IKEA / uses AR technology / for their
실제 세계에 / 예를 들어 / 유명한 가구 회사 IKEA는 / AR 기술을 활용한다 / 자신들의 사업에 /

business. / With the IKEA app, / you can see / ❸ how the furniture would fit in your house / right on
IKEA 앱을 갖고 / 당신은 볼 수 있다 / 어떻게 가구가 당신의 집에 들어맞을지 / 당신의 스마트폰

your smartphone. /
으로 바로 /

With advances in technology, / VR and AR are becoming more common. / In the future, / maybe you
기술의 발전과 더불어 / VR과 AR은 점점 더 흔해지고 있다 / 미래에 / 아마도 당신은

will experience them / in all parts of your life.
그것들을 경험하게 될 것이다 / 당신 삶의 모든 부분에서

❶ 주어 Two technologies와 동사 are 사이에 주어를 수식해 주는 관계대명사절 that ~ experiences가 와서 주어가 길어진 문장이다.

❷ 과거분사구 held all over the world는 앞에 나온 virtual concerts를 수식해 준다. held 앞에는 'which are'가 생략된 것으로 볼 수 있다.

virtual concerts (which[that] are) held all over the world

❸ 동사의 목적어로 쓰인 간접의문문으로, 「의문사 + 주어 + 동사」의 어순으로 쓴다.

08 거꾸로 읽어야 통해요!

pp. 32~33

문제 정답 1 ④ 2 사진 세 장을 왼쪽에서 오른쪽 순서로 붙여 놓은 것 3 ③ 4 Living

문제 해설 1 오른쪽에서 왼쪽으로 읽는 아랍인들은 배치된 세 장의 사진을 '땀 흘리는 남자 ← 음료 마심 ← 생기를 띠며 활짝 웃는 남자' 순으로 이해했을 것이므로 ④가 적절하다.

2 Larry의 마지막 말("I didn't know Arabs read from right to left.")을 통해, 그는 그 반대로 그림을 붙여 놓았음을 추론할 수 있다.

3 아랍에서 글을 읽는 순서가 다르다는 것을 몰랐기 때문에 벌어진 일화이므로, 실수의 원인으로는 ③이 적절하다.

4 부사절을 분사구문으로 고칠 때, 접속사와 주어를 없애고 동사원형에 -ing(현재분사)를 붙인다. 따라서 부사절의 동사 lives는 Living으로 써야 한다.
Ted는 혼자 <u>살기</u> 때문에, 그는 큰 집이 필요 없다.

본문 해석 최근에 나는 오랜 친구인 Larry와 저녁 식사를 했다. 그는 사우디아라비아에서 미국 제품을 판매하는 회사에서 자신이 새로 맡게 된 일에 대해 나에게 말해 주었다. "내 첫 프로젝트는 청량음료 광고를 만드는 것이었는데, 내가 <u>큰 실수</u>를 하고 말았어."라고 그가 말했다.

"아랍인 고객들과의 회의에서 내가 그 사람들에게 프레젠테이션을 했어. 언어상의 문제가 걱정돼서, 회의용 칠판에 그림 세 장을 나란히 붙여 놓았어. 첫 번째 그림에서는 사막의 더위 때문에 땀에 젖은 한 남자를 보여 줬지. 가운데 그림에서는 청량음료 한 병을 재빨리 마시는 그 남자의 모습을 보여줬어. 그리고 세 번째 그림에서는 그 남자가 완전히 생기를 되찾고 얼굴에 함박웃음을 지었어."

"근사한데." 나는 그에게 말했다. "뭐가 문제였는데?" Larry가 말했다. "나는 아랍인들이 오른쪽에서 왼쪽으로 읽는다는 걸 몰랐거든."

지문 풀이

Recently, / I had dinner / with my old friend Larry. / He told me about his new job / at a company /
최근에 / 나는 저녁 식사를 했다 / 나의 오랜 친구인 Larry와 / 그는 자신의 새 일에 대해 나에게 말해 주었다 / 회사에서 /

that sells American products in Saudi Arabia. / "My first project was / ❶ making a soft drink
사우디아라비아에서 미국 제품을 판매하는 / 내 첫 프로젝트는 / 청량음료 광고를 만드는 것이었어 /

advertisement, / but I made a big mistake," / he said. /
그러나 나는 큰 실수를 했어 / 그가 말했다 /

"At a meeting with Arab clients, / I gave them a presentation. / ❷ Worried about language problems, /
아랍인 고객들과의 회의에서 / 내가 그들에게 프레젠테이션을 했어 / 언어상의 문제가 걱정됐기 때문에 /

I put up three pictures / on the meeting board / in a row. / The first picture showed a guy / who was
나는 그림 세 장을 붙여 놓았어 / 회의용 칠판에 / 나란히 / 첫 번째 그림은 한 남자를 보여 줬어 / 사막의 더위

wet from the heat of the desert. / The middle picture showed the same guy / ❸ quickly drinking a bottle
때문에 땀에 젖은 / 가운데 그림은 동일한 남자를 보여 줬어 / 청량음료 한 병을 재빨리 마시는 /

of soda. / And in the third picture, / he was fully refreshed / and had a big smile on his face." /
그리고 세 번째 그림에서 / 그는 완전히 생기를 되찾았어 / 그리고 얼굴에 함박웃음을 지었어 /

"Sounds great," / I told him. / "What was the problem?" / Larry said, / "I didn't know / Arabs read from
근사한데 / 나는 그에게 말했다 / 뭐가 문제였는데? / Larry가 말했다 / 나는 몰랐어 / 아랍인들은 오른쪽에서 왼쪽

right to left."
으로 읽는다는 걸

❶ 동사 was의 주격보어 역할을 하는 동명사구이다.

❷ 이유를 나타내는 분사구문으로, Being worried에서 Being이 생략되었다. 부사절로 바꾸면, Because I was worried about language problems ~로 쓸 수 있다.

❸ 현재분사구 quickly drinking a bottle of soda가 앞에 나온 the same guy를 수식한다.

---

09 영어 단어, 이렇게 외워 봐요!

pp. 34~35

문제 정답 1 ② 2 ⑤ 3 ④ 4 to be cleaned

문제 해설 1 영어 단어를 학습한 후 그것을 오랫동안 기억할 수 있는 방법에 대한 내용을 담고 있으므로, 글의 제목으로 ② '새로운 단어를 외우는 법'이 적절하다.
① 우리의 뇌가 하루 동안 작용하는 방법
③ 장기 기억의 힘
④ 우리가 새로운 단어를 반복해야 하는 이유
⑤ 심리와 기억력 간의 관계

2 주어진 문장의 different contexts로 보아, 새로운 단어의 활용법에 대한 구체적인 사례가 언급된 내용 앞인 ⓔ에 오는 것이 적절하다.
다른 문맥에서 그 새로운 단어들을 활용하는 것이 훨씬 더 좋다.

3 글쓴이는 단순 암기나 반복에서 그치지 말고 학습한 단어를 그림과 결합시키거나 일기를 쓸 때 활용하는 것이 그 단어를 영원히 기억할 수 있는 방법이라고 말하고 있다.

4 need는 to부정사를 목적어로 취하는 동사이며 교실은 누군가에 의해 '청소될' 필요가 있는 것이므로, to부정사의 수동태 to be cleaned가 적절하다.

본문 해석 새로운 영어 단어를 배우는 것은 결코 쉽지 않다. 당신은 24시간 내에 당신이 외우는 단어들의 약 80%를 잊어버린다. 그렇다면 새로운 단어를 외우는 가장 좋은 방법은 무엇일까? 간격을 두고 그 단어를 복습하라. 새로운 단어 몇 개를 배운 후에, 같은 날 시간이 지난 후에 그것들을 다시 보라. 그런 다음, 일주일 후, 그러고 나서 그 후 10일 후 등등 그것들을 복습하라. 심리학자들에 따르면 새로운 단어를 당신의 장기 기억 속으로 이동시키기 위해서는 그것들을 7번 이상 접해야 한다고 한다. 그러나 그저 단어들을 반복하거나, 같은 방법으로 그것들을 복습하는 것으로는 충분하지 않다. 다른 문맥에서 그 새로운 단어들을 활용하는 것이 훨씬 더 좋다. 예를 들어, 당신이 단어를 그림과 결합시키거나, 또는 일기를 쓸 때 그것을 활용해 볼 수 있다. 단어를 복습하는 데 다양한 방법을 활용하는 것을 시도해 보라. 그러면 그 새로운 단어들이 당신의 기억 속에 영원히 자리 잡을 것이다.

지문 풀이

Learning new English words / is never easy. / Within 24 hours, / you forget / about 80 percent of the
새로운 영어 단어를 배우는 것은 / 결코 쉽지 않다 / 24시간 내에 / 당신은 잊어버린다 / 단어들의 약 80%를 /

words / you memorize. / So what is the best way / ❶ to memorize new words? / Review the words /
당신이 외우는 / 그렇다면 가장 좋은 방법은 무엇일까 / 새로운 단어를 외우는? / 그 단어들을 복습하라 /

at intervals. / After learning some new words, / look at them again / later the same day. / Then, / review
간격을 두고 / 새로운 단어 몇 개를 배운 후에 / 그것들을 다시 보라 / 같은 날 나중에 / 그런 다음 / 일주일 후

them a week later, / and then ten days after that, / and so on. / According to psychologists, / you need to
그것들을 복습하라 / 그리고 나서 그 후 10일 후 / 기타 등등 / 심리학자들에 따르면 / 당신은 새로운 단어를

be exposed to new words / more than ❷ seven times / to transfer them into your long-term memory. /
접할 필요가 있다 / 7번 이상 / 그것들을 당신의 장기 기억 속으로 이동시키기 위해서 /

However, / ❸ it is not enough / simply to repeat the words / or to review them / in the same way. /
그러나 / 충분하지 않다 / 그저 그 단어들을 반복하는 것은 / 또는 그것들을 복습하는 것은 / 동일한 방법으로 /

It is much better / to use the new words / in different contexts. / For example, / you can combine the
훨씬 더 좋다 / 그 새로운 단어들을 활용하는 것이 / 다른 문맥에서 / 예를 들어 / 당신은 그 단어들을 그림들과 결합시킬

words with pictures / or use them / when you write your diary. / ❹ Try using various ways / of reviewing
수 있다 / 또한 그것들을 활용할 수 있다 / 당신이 일기를 쓸 때 / 다양한 방법을 활용하는 것을 시도해 보라 / 단어를 복습하는 데 /

the words, / and the new words will settle permanently / in your memory.
그러면 그 새로운 단어들이 영원히 자리 잡을 것이다 / 당신의 기억 속에

---

❶ 앞에 나온 the best way를 꾸며 주는 형용사적 용법으로 쓰인 to부정사구이다.

❷ time은 '(반복되는 행위의) 경우, 번, 회'를 뜻한다. 또한 앞에 seven이 왔으므로 복수형을 썼다.
ex. three times a day 하루에 세 번

❸ it은 가주어이고, 뒤에 or로 연결된 두 개의 to부정사구 to repeat ~과 to review ~가 진주어이다.

❹ 명령문, and 주어 + 동사: …하라. 그러면 ~할 것이다

문제 정답 **1** ④　**2** refreshed　**3** memorize　**4** device　**5** ②　**6** ①　**7** Leaving　**8** to be repaired
9 myself

문제 해설

1 나머지 단어들은 모두 '동사 – 명사'로 짝지어졌지만, ④는 '심리(학) – 심리학자'의 의미이다.
　① 공연하다 – 공연　　② 광고하다 – 광고　　③ 결합하다 – 결합

2 refreshed: 기운이 나는, 상쾌한
　Jen은 밤에 푹 잔 뒤에 기운이 나는 것을 느꼈다.

3 memorize: 암기하다, 외우다
　네 비밀번호를 적어두지 마. 그것을 암기하려고 노력해.

4 device: 기기, 장비, 장치
　그 장치는 배터리가 다 되었기 때문에 작동하는 것을 멈췄다.

5 permanently: 영원히, 완전히 / always and forever

6 put up: 게시하다, 설치하다 / at intervals: 간격을 두고, 시차를 두고 / add A to B: B에 A를 더하다
　• 그 학생들은 벽에 포스터를 몇 장 붙이고 있다.
　• 그 여우들은 대략 3일 간격을 두고 나타났다.
　• 대기 명단에 저희 이름을 추가해 주실 수 있나요?

7 부사절을 분사구문으로 고칠 때, 접속사(If)와 주어(you)를 없애고 동사를 현재분사(-ing)로 고쳐 쓴다.
　당신이 지금 떠난다면, 기차를 잡을 수 있어요.

8 세탁기는 '세탁될' 필요가 있는 것이므로 to부정사의 수동태 to be repaired로 쓴다.

9 introduced의 목적어로 '나 자신'의 의미가 되어야 하므로 myself로 쓴다.

문제 정답   **1** ④   **2** ④   **3** (1) T (2) T (3) F   **4** (1) ⓑ (2) ⓐ

문제 해설

1 여성들이 남성들보다 말을 더 많이 하고 자신들의 문제와 감정에 대해서도 더 많이 표현하는 이유에 대한 글로, 뇌의 구조와 유년기 시절의 특징들을 언급하고 있으므로 글의 주제로 ④ '여성들이 남성보다 의사소통을 더 잘 하는 이유'가 적절하다.
① 말의 효과적인 사용   ② 당신의 말하기 기술을 개선하는 방법
③ 뇌 발달의 가장 초기 단계   ⑤ 여성 두뇌의 의사소통 영역

2 여자 아이들이 조화를 이루어 행동한다(girls tend to act in harmony)는 것과 대비되는 내용이 빈칸에 들어가야 하므로 ④ '서로 경쟁하고 언쟁한다'는 내용이 적절하다.
① 더 빠르게 행동한다   ② 서로 잘 지낸다
③ 다른 사람들에게 전혀 관심이 없다   ⑤ 좀 더 흥미로운 경험을 갖고 싶어한다

3 (1) 「여자의 뇌」에 따르면, 엄마의 뱃속에 있는 태아들은 남녀 모두가 처음에는 여성의 뇌에서 시작을 해서 임신 8주 후부터 성별이 분리된다. (3~6행 참고)
(2) 남자 아이들의 뇌는 의사소통 영역이 작아지면서 공격성과 성에 대한 영역은 더 커진다. (7~8행 참고)
(3) 스트레스를 받는 상황이 되면, 남성들은 침묵을 하는 반면 여성들은 평소보다 말을 더 많이 하게 된다. (11~13행 참고)

4 (1) 우리가 TV를 보고 있는 <u>동안에</u>, 누군가가 초인종을 눌렀다.
(2) 내 남동생은 해변을 선호하는 <u>반면에</u> 나는 산을 좋아한다.

본문 해석

여자들은 하루에 약 20,000단어의 말을 하고, 반면에 남자들은 단지 7,000단어의 말을 한다. 여자들은 자신의 문제와 감정에 대해 남자들보다 더 많이 말한다. 무엇이 남녀 간에 이런 차이를 야기하는가? 「여자의 뇌」의 저자인 Brizendine(브리젠딘) 박사에 따르면, 모든 뇌는 여성의 뇌로 시작되고, 남자 아이들의 경우, 임신 8주 후에야 남성의 뇌가 된다고 한다. 그 시기에, 남자 아이들 두뇌의 의사소통 영역은 점점 작아지고, 공격성과 성에 대한 영역이 점점 커지게 된다. 이런 변화를 겪은 후, 남성과 여성은 그들의 성장에서 서로 다른 길을 간다(성장 과정이 달라진다). 이것은 유년 시기부터 보일 수 있다. 예를 들어, 그룹 내에서 여자 아이들은 조화롭게 행동하는 경향이 있고 반면에 남자 아이들은 <u>서로 경쟁하거나 언쟁을 벌인다</u>. 나중에 커서, 남자들은 스트레스를 받으면 종종 과묵해진다. 하지만 똑같은 상황에서 여자들은 평소보다 말을 훨씬 더 많이 한다.

지문 풀이

Women speak about 20,000 words / each day / ❶ while men speak just 7,000. / Women talk about their
여자들은 약 20,000단어의 말을 한다 / 하루에 / 반면에 남자들은 단지 7,000단어의 말을 한다 / 여자들은 그들의 문제와 감정에 대해

problems and feelings / more than men. / What causes these differences / between sexes? / According to
말한다 / 남자들보다 더 많이 / 무엇이 이런 차이를 야기하는가 / 남녀 간에? / Brizendine 박사에

Dr. Brizendine, / the author of *The Female Brain*, / ❷ every brain begins / as a female brain, / and for
따르면 / 「여자의 뇌」의 저자인 / 모든 뇌는 시작된다 / 여성의 뇌로 / 그리고 남자

boys, / it only becomes male / eight weeks after pregnancy. / At that time, / the communicative areas of
아이들의 경우 / 비로소 남성의 뇌가 된다 / 임신 8주 후에 / 그 시기에 / 남자 아이들 두뇌의 의사소통 영역은

the boys' brains / become smaller, / and the areas for aggression and sex get bigger. / After this
점점 작아진다 / 그리고 공격성과 성에 대한 영역이 점점 커지게 된다 / 이런 변화 후에 /

change, / males and females take different paths / in their development. / ❸ This can be seen from a
남성과 여성은 다른 길을 간다 / 그들의 성장에서 / 이것은 유년 시기부터 보일 수 있다 /

young age. / In groups, / for example, / girls tend to act in harmony / ❹ while boys compete or argue
그룹 내에서 / 예를 들어 / 여자 아이들은 조화롭게 행동하는 경향이 있다 / 반면에 남자 아이들은 서로 경쟁하거나 언쟁을

with each other. / Later on in life, / males often become silent / when they are under stress. / But females
별인다 / 나중에 커서 / 남자들은 종종 과묵해진다 / 그들이 스트레스를 받으면 / 그러나 여자들은

talk / far more than usual / in the same situations.
말한다 / 평소보다 훨씬 더 많이 / 똑같은 상황에서

❶, ❹ 접속사 while은 '~가 …인 반면에'의 의미로, 앞뒤의 내용이 대조를 이룬다. (Women과 men, girls와 boys 대조)

❷ every는 복수의 의미를 나타내는 형용사이지만, 뒤에 단수형 명사와 단수형 동사가 온다.
   ex. **Every shoe fits not every foot.** 모든 신발이 모든 발에 맞지는 않는다. (속담: 모두를 만족시키는 결정은 없다.)
   단수형 명사 단수형 동사

❸ 조동사가 쓰인 수동태 문장으로, 'We can see this from a young age.'의 능동태로 바꿔 쓸 수 있다.

---

11 우주 속 진공청소기, 블랙홀 　　　　　　　　　　　　　　　pp. 40~41

문제 정답　　**1** ④　　**2** (A) old　(B) fuel　(C) strong[powerful]　　**3** ③　　**4** (1) want　(2) were

문제 해설　　**1** 나이 든 별은 연료가 다 떨어져 더 이상 그 자체의 육중한 무게를 지탱할 수 없을 때 블랙홀이 되고, 그때 엄청난 중력으로 주변의 거대한 별까지도 삼켜버리므로 ④는 글의 내용과 일치하지 않는다.

2 두 번째 단락에서 블랙홀의 생성 과정을 확인할 수 있다.
   • 별이 성장해서 (A) 나이가 든다.
   • 그것이 (B) 연료를 다 소진하여 스스로를 지탱할 수 없다.
   • 그것은 아주 작아지지만, 그것의 중력이 당기는 힘은 매우 (C) 강력해진다.

3 ⓐ, ⓑ, ⓓ, ⓔ는 '블랙홀'을 지칭하는 반면에 ⓒ는 '나이 든 별(old star's)'을 가리킨다.

4 (1) 단순 조건문이므로 if절의 동사로 현재형 want가 적절하다.
   (2) 가정법 과거 문장에서 if절의 be동사는 주어가 3인칭 단수일 때도 were를 쓴다.

본문 해석　　우주 공간 저 멀리 위에, 보이지 않는 괴물이 있다. 그것은 가까이 오는 모든 것, 심지어 거대한 별들까지 빨아들이고 삼킬 수 있다! 그 무시무시한 괴물은 블랙홀이다. 그것의 힘은 어디에서 나오는 걸까? 그 답은 블랙홀이 형성되는 과정에 있다.

많은 과학자들은 별이 나이가 너무 많아지면 블랙홀이 된다고 믿는다. 노쇠한 별은 연료가 다 떨어져 자체의 육중한 무게를 지탱할 수가 없다. 이 단계에서 놀라운 일이 일어난다. 그 별은 점점 작아져 쌀 한 톨보다 훨씬 더 작아진다. 거대한 것이 매우 작아질 때, 그것의 중력이 끌어당기는 힘은 어마어마하게 강해진다.

블랙홀의 중력이 끌어당기는 힘은 너무 강해서 <u>그것</u>은 마치 진공청소기처럼 가까이에 있는 것은 어떤 것이든 안으로 빨아들일 수 있다. 빛조차도 블랙홀 안으로 끌어당겨진다. 블랙홀이 눈에 안 보이는 것은 바로 이런 이유에서다. 만약 당신이 블랙홀에 빠지게 되면, <u>그것의</u> 중력이 너무도 강하기 때문에 다시는 <u>빠져나올 방법이</u> 없을 것이다. 블랙홀이 아주 멀리 있다는 것은 우리에게 다행스러운 일이다!

Far up in space, / there is an invisible monster. / It can suck up / and swallow everything / that comes
우주 공간 저 멀리 위에 / 보이지 않는 괴물이 있다 / 그것은 빨아들일 수 있다 / 그리고 모든 것을 삼킬 수 있다 / 가까이 오는 /

close / —even giant stars! / The scary monster is a black hole. / Where does its power come from? /
심지어 거대한 별들조차도! / 그 무시무시한 괴물은 블랙홀이다 / 그것의 힘은 어디에서 나오는 걸까? /

The answer lies / in ❶ how a black hole is formed. /
그 답은 있다 / 어떻게 블랙홀이 형성되는지에 /

Many scientists believe / that a black hole forms / when a star gets very old. / The old star runs out of
많은 과학자들은 믿는다 / 블랙홀이 형성된다고 / 별이 나이가 너무 많아질 때 / 그 노쇠한 별은 연료가 다 떨어진다 /

fuel / and cannot hold up its heavy weight. / A surprising thing happens / at this stage. / The star gets
그리고 그것의 육중한 무게를 지탱할 수가 없다 / 놀라운 일이 일어난다 / 이 단계에서 / 그 별은 점점 작아진다 /

smaller / and becomes even smaller / than a grain of rice. / When a giant thing becomes very small, /
그리고 훨씬 더 작아진다 / 쌀 한 톨보다 / 거대한 것이 매우 작아질 때 /

its gravitational pull becomes extremely strong. /
그것의 중력이 끌어당기는 힘은 어마어마하게 강해진다 /

The gravitational pull of a black hole / is so strong / that it can suck inside anything / close to it / just
블랙홀의 중력이 끌어당기는 힘은 / 너무 강해서 / 그것은 어떤 것이든 안으로 빨아들일 수 있다 / 그것 가까이에 있는 / 마치

like a vacuum cleaner. / Even light gets pulled inside a black hole. / ❷ That is why / a black hole looks
진공청소기처럼 / 빛조차도 블랙홀 안으로 끌어당겨진다 / 그것이 이유이다 / 블랙홀이 눈에 안 보이는 /

invisible. / ❸ If you fell into a black hole, / there would be no way to get out again / because its gravity
만약 당신이 블랙홀에 빠지게 되면 / 다시는 빠져나올 방법이 없을 것이다 / 그것의 중력이 너무도 강하기

is so powerful. / ❹ It is lucky / for us / that black holes are very far away!
때문에 / 다행스러운 일이다 / 우리에게 / 블랙홀이 아주 멀리 있다는 것은!

❶ 전치사 in의 목적어 역할을 하는 간접의문문으로, 「의문사 + 주어 + 동사」의 어순으로 쓴다.

❷ 「That is why + 주어 + 동사」: 그것이 ~하는 이유이다. 그래서 ~인 것이다

❸ 가정법 과거는 '현재 사실에 반대되는 일을 가정할' 때 쓰는 표현으로, if절에는 동사의 과거형을 쓰고, 주절에는 「조동사의 과거형(would, should, could, might) + 동사원형」을 쓴다. '만일 ~하면, …할 텐데'라고 해석한다.

❹ It은 가주어이고 that절이 진주어인 문장으로, '우리가 ~한 것이 다행스럽다'로 해석한다.

---

12 다빈치도 그리기 어려웠던 얼굴

pp. 42~43

문제 정답 **1** ⑤ **2** perfect **3** ④

문제 해설 **1** 레오나르도 다빈치가 그린 「최후의 만찬」에 대한 글로, 다빈치는 수년간 아무리 애써도 예수님의 얼굴을 완성할 수가 없었다는 내용이므로, 글의 제목으로 ⑤ '레오나르도가 완성하지 못한 위대한 그림'이 가장 적절하다.

① 예수님의 얼굴을 그리는 방법　　　　② 레오나르도의 성공과 실패
③ 한 이탈리아 교회에 있는 위대한 그림　　④ 자신의 그림을 사랑한 화가

2 레오나르도는 자신이 사랑하고 존경하는 예수님의 얼굴이 완벽하길(perfect) 원했으나, 그 무엇으로도 충분히 그것을 표현할 수 없었다.

Q 레오나르도는 왜 자신의 그림을 완성하는 것을 포기했는가?

A 그는 자신이 예수님의 <u>완벽한</u> 얼굴을 묘사할 수 없다고 생각했다.

3 우리가 「최후의 만찬」에서 누군가에 의해 그려진 예수님의 얼굴을 볼 수 있을지라도 그것이 완벽하기를 바랐던 레오나르도의 눈에는 여전히 불완전해 보였을 것이다.

마지막 단락에 따르면 필자는 그림 '최후의 만찬'에 대해 어떻게 생각했는가?

① 그것은 레오나르도가 천재라는 것을 보여 주었다.
② 그것은 이탈리아에 있는 가장 훌륭한 그림이었다.
③ 그것은 우리가 예수님이 어떻게 생겼는지 아는 데 도움을 주었다.
⑤ 그것은 그 당시의 사람들에게 이해받지 못했다.

　1495년에 레오나르도 다빈치는 이탈리아의 밀라노에 있는 한 교회를 위한 그림을 공들여 작업하고 있었다. 그 그림은 예수님이 돌아가시기 전날 밤에 그의 12사도들과 나눈 마지막 식사를 묘사했다.

그는 커다란 탁자를 그렸다. 그는 12사도들을 그렸다. "이제 나는 예수님의 얼굴만 완성하면 되는구나." 그 위대한 화가는 그 그림 앞에 앉아서 생각했다. '어떻게 예수님의 사랑과 선함을 묘사할 수 있을까? 그분의 슬픔과 고통을 어떻게 표현할 수 있지?' 레오나르도는 생각에 깊이 잠겼지만, 어떠한 아이디어도 떠올릴 수 없었다.

그는 많은 나날동안 자신의 미완성된 그림을 뚫어져라 봤다. 그는 예수님을 진정으로 사랑하고 존경했다. 어떤 친절하거나 멋진 얼굴은 충분히 좋은 것이 아니었다. 예수님의 얼굴은 완벽해야만 했다.

몇 달이 지나갔다. 몇 해가 흘렀다. 그러나 그는 어떤 진척도 없이 그저 고투하고 있었다. 마침내 그는 포기했다. "나는 도저히 예수님의 얼굴에 있는 선함과 사랑을 묘사할 수 없을 것 같아."

오늘날, 우리는 「최후의 만찬」에서 예수님의 얼굴을 볼 수 있다. 누가 예수님의 얼굴을 그렸는가? 아무도 알지 못하지만, 그것은 아마도 레오나르도가 바랐던 만큼 아름답지는 않을 것이다.

In 1495, / Leonardo da Vinci was working on a picture / for a church in Milan, Italy. / The picture
1495년에 /　　레오나르도 다빈치는 그림을 공들여 작업하고 있었다 /　　　　이탈리아의 밀라노에 있는 한 교회를 위한 /　　그 그림은 마지막

depicted ❶ **the last meal** / **Jesus shared** with his twelve apostles / on the night before his death. /
식사를 묘사했다 /　　　　　예수님이 그의 12사도들과 나눈 /　　　　　그가 돌아가시기 전날 밤에 /

He painted a large table. / He painted the twelve apostles. / "Now, I only have to complete Jesus' face." /
그는 커다란 탁자를 그렸다 /　　그는 12사도들을 그렸다 /　　　　이제 나는 예수님의 얼굴만 완성하면 된다 /

The great artist sat / in front of the picture / and thought, "How can I depict Jesus' love and goodness? /
그 위대한 화가는 앉았다 /　　그 그림 앞에 /　　　그리고 생각했다 /　　어떻게 나는 예수님의 사랑과 선함을 묘사할 수 있을까? /

How can I express his sadness and pain?" / Leonardo was lost in thought, / but he could not come up
어떻게 나는 그분의 슬픔과 고통을 표현할 수 있을까? /　　　레오나르도는 생각에 깊이 잠겼다 /　　　　하지만 그는 어떠한 아이디어도 떠올릴 수

with any idea. /
없었다 /

He stared at his unfinished painting / for many days. / He had true love and respect / for Jesus. / A kind
그는 자신의 미완성된 그림을 뚫어져라 봤다 /　　많은 나날동안 /　　그는 진정한 사랑과 존경을 갖고 있었다 /　　예수님에 대한 /　　어떤 친절

or handsome face / was not good enough. / The face of Jesus should be perfect. /
하거나 멋진 얼굴은 /　　충분히 좋은 것이 아니었다 /　　예수님의 얼굴은 완벽해야만 했다 /

Months passed. / Years went by. / But he was just struggling / without any progress. / At last, / he gave
몇 달이 지나갔다 /　　　몇 해가 흘렀다 /　　　그러나 그는 그저 고투하고 있었다 /　　어떤 진척도 없이 /　　마침내 /　　그는 포기했다 /

up. / "I ❷ cannot possibly describe the goodness and love / in Jesus' face." /
나는 도저히 선함과 사랑을 묘사할 수 없을 것 같아 /　　　　　　　예수님의 얼굴에 있는 /

Today, / we can see Jesus' face / in *The Last Supper*. / Who painted / the face of Jesus? / No one knows, /
오늘날 /　우리는 예수님의 얼굴을 볼 수 있다 / 「최후의 만찬」에서 /　　누가 그렸는가 /　　예수님의 얼굴을? /　　아무도 알지 못한다 /

but it is probably not / ❸ as beautiful as Leonardo had hoped.
하지만 그것은 아마 아닐 것이다 /　레오나르도가 바랐던 만큼 아름다운 것은

❶ the last meal은 Jesus shared 이하의 문장의 수식을 받는다. meal 뒤에는 목적격 관계대명사 that이 생략되었다.
　The picture depicted **the last meal.** + Jesus shared **the last meal** with his twelve apostles.
　→ The picture depicted **the last meal** (that) Jesus shared with his twelve apostles.

❷ cannot possibly + 동사원형: 도저히 ~할 수 없다
　ex. I **cannot possibly agree** with his opinion.　나는 그의 의견에 도저히 동의할 수 없다.

❸ as + 형용사 + as + 주어 + 동사: ~가 …한만큼 …한

REVIEW TEST

문제 정답　**1** ④　**2** ④　**3** ②　**4** ②　**5** ①　**6** ①　**7** had, would give

문제 해설　**1** 나머지 단어들은 모두 같은 뜻의 단어들로 짝지어졌지만, ④ '유사점 – 차이점'은 반의어 관계이다.
　　　　① 완료하다, 끝마치다　　② 거대한　　③ 저자

　2 development: 발달, 성장
　　누군가가 성장하고 더 발전하는 과정
　　① 존경　　② 단계　　③ 임신

　3 invisible: 보이지 않는
　　보는 것이 불가능한
　　① 무서운　　③ 완벽한　　④ 의사소통의; 이야기하기 좋아하는

　4 depict: (그림으로) 그리다, 묘사하다
　　그녀의 그림들은 1930대의 보통 사람들의 삶을 묘사한다.
　　① 애쓰다, 고심하다　　③ ~의 원인이 되다, 초래하다　　④ 삼키다

　5 under stress: 스트레스를 받는

　6 ①은 '동안에'의 의미이고, 나머지는 '~인 반면에'를 뜻한다.
　　① 나는 비행기에 있는 동안에 잡지를 읽었다.
　　② Tom은 매우 자신감이 넘치고, 반면에 Kate는 수줍음이 많고 조용하다.
　　③ 나는 파티에 가기를 원한 반면에, 나의 언니는 안에 머무르길 원했다.
　　④ Jason은 과학을 잘 하는 반면에, 그의 남동생은 음악을 잘 한다.

　7 가정법 과거 구문에서 if절은 '과거형 동사'로, 주절은 「과거형 조동사 + 동사원형」으로 쓴다.

13 지루함이 선사하는 놀라운 선물 pp. 48~49

문제 정답 **1** ③ **2** (1) T (2) F **3** ① **4** hardly have

문제 해설

1 할 일이 없고 외부 자극에서도 자유로울 때 사람들은 깊은 사고를 하게 되며 그것이 창의적인 발상으로 이어진다는 내용이므로, 필자가 말하고자 하는 바로 ③ '지루함은 당신을 창의적으로 만든다.'가 적절하다.
① 지루함은 시간 낭비이다. ② 모든 일에는 때가 있다.
④ 지루함은 성공의 큰 부분이다. ⑤ 창의력은 더 행복한 삶의 비결이다.

2 (1) 사람들은 외부 자극에서 벗어나면 비로소 자신의 내면을 탐구한다. (3~5행 참조)
(2) 빌 게이츠는 비밀 리조트에서 혼자만의 시간을 보내며 사업 아이디어를 생각해낸다. (7~10행 참조)

3 항상 스마트 기기에 노출되어 있는 상황에서 벗어나 지루함을 즐기다 보면 누리게 될 유익에 대한 내용이 오는 것이 흐름상 적절하므로 빈칸에는 ① '당신이 얼마나 창의적인지'가 알맞다.
② 당신이 얼마나 자주 지루해 하는지 ③ 당신의 일이 얼마나 중요한지
④ 창의적인 사고가 얼마나 어려운지 ⑤ 당신이 스마트폰을 얼마나 많이 사용하는지

4 hardly는 부정의 의미를 포함하고 있으므로 not을 쓰면 이중 부정이 되어 어색한 표현이 된다.

본문 해석 사람들이 할 것이 아무것도 없을 때, 그들은 쉽게 지루해 한다. 그러나 심리학자들은 지루함이 종종 창의적인 사고로 이어진다고 말한다. 외부 자극이 없을 때, 사람들은 보통 자신들의 머릿속 깊은 곳에 무엇이 있는지 탐구하기 시작한다. 그들은 자신들의 생각과 실험적인 시도로 궁리해보고 싶어 한다. 이것이 예술가와 발명가가 창의적인 아이디어를 생각해내는 방법이다.
마이크로소프트사의 창립자인 빌 게이츠는 일 년에 두 차례씩 일주일 동안 비밀 리조트로 자신을 데려간다. 스스로를 (외부) 세상과 격리시킴으로써, 그는 완벽한 지루함을 경험하고 창의적인 사업 아이디어를 생각해낸다. 오늘날 우리는 항상 스마트폰과 컴퓨터에 노출되어 있기 때문에 거의 지루하지 않다. 잠시 쉬면서 '지루함'을 누려보는 것은 어떤가? 곧 당신은 당신이 얼마나 창의적인지 깨달을 것이다!

지문 풀이

When people have ❶**nothing to do,** / they get bored easily. / However, / psychologists say / boredom
사람들이 할 것 아무것도 없을 때 /　　　　그들은 쉽게 지루해 한다 /　　그러나 /　심리학자들은 말한다 /　지루함이

often leads to creative thinking. / When people are free / from outside stimulation, / they usually start to
종종 창의적인 사고로 이어진다고 /　　　사람들이 자유로울 때 /　　　외부 자극으로부터 /　　　그들은 보통 탐구하기 시작한다 /

explore / ❷**what's deep inside their brains.** / They want to play with / their own thoughts and
탐구한다 /　　자신들의 머릿속 깊은 곳에 무엇이 있는지 /　　　그들은 궁리해보고 싶어 한다 /　　자신들의 생각과 실험적인 시도를 /

experiment. / This is / ❸**how artists and inventors come up with creative ideas.** /
　　　　　 / 이것이 /　　　예술가와 발명가가 창의적인 아이디어를 생각해내는 방법이다 /

Bill Gates, / the founder of Microsoft, / takes ❹**himself** to a secret resort / for seven days / twice a year.
빌 게이츠는 /　　마이크로소프트사의 창립자인 /　　비밀 리조트로 그 자신을 데려간다 /　　일주일 동안 /　　일 년에 두 번씩 /

By separating ❺**himself** from the world, / he experiences complete boredom / and comes up with
그 자신을 세상과 격리시킴으로써 /　　　　　　그는 완벽한 지루함을 경험한다 /　　　그리고 창의적인 사업 아이디어를

creative business ideas. /
생각해낸다 /

Today, / we rarely get bored / because we are always exposed to our smartphones and computers. /
오늘날 / 우리는 거의 지루하지 않다 / 왜냐하면 우리는 항상 스마트폰과 컴퓨터에 노출되어 있기 때문에 /

Why don't you take a break / for a while / and enjoy "boredom"? / Sooner or later, / you will realize /
쉬는 것은 어떤가 / 잠시 동안 / 그리고 '지루함' 즐기는 것은? / 곧 / 당신은 깨달을 것이다 /

❻ how creative you are!
당신이 얼마나 창의적인지!

---

❶ -thing, -body, -one으로 끝나는 부정대명사는 명사처럼 뒤에서 to부정사의 수식을 받는다.
   ex. I need **something** to drink. 나는 마실 뭔가가 필요하다.

❷. ❸. ❻ explore, realize의 목적어 역할과 is의 주격보어 역할을 하는 간접의문문으로 「의문사 + 주어 + 동사」의 어순을 취한다.

❹. ❺ takes와 separating의 목적어 역할을 하는 재귀대명사로, 목적어가 각 문장의 주어 Bill Gates, he와 동일하므로 '~자신'을 의미하는 재귀대명사가 나왔다.

---

14 경기 중 독설은 이제 그만!

문제 정답 **1** ④ **2** ③ **3** upset[dominate / insult], worse **4** so that

문제 해설 **1** trash talk은 스포츠 정신에서 벗어난 것임에도 불구하고 마이클 조던이나 코너 맥그리거같은 유명한 선수들도 이런 종류의 말을 함으로써 상대방을 제압한다.

2 스포츠 경기에서 trash talk이 어떤 기능을 하는지, 유명 선수들이 이것을 어떻게 사용하는지를 설명하는 흐름에서 친구가 되기 위해 trash talk을 사용한다는 내용의 ⓒ는 흐름상 무관하다.
trash talk은 친구가 되길 원하는 선수들 사에서 흔하다.

3 8~10행에서 trash talk을 함으로써 선수들은 심리적인 이점을 얻고, 상대편 선수의 심기를 건드려 경기를 망치게 한다는 내용이 언급되어 있다.
선수들은 상대팀을 당황하게 하고[제압하고/모욕하고] 그들이 경기를 더 엉망으로 하도록 만들기 위해 trash talk을 사용한다.

4 so that이 '목적'의 의미로 쓰일 때, '~하도록[하기 위해서]'이라는 뜻이 된다.
• 우리가 상쾌한 공기를 마실 수 있도록 창문을 열어라.
• 우리 누나는 제시간에 그곳에 도착하기 위해 서둘렀다.

본문 해석 축구 경기에서 상대편의 한 선수가 당신에게 다가와 말한다. "우리 할머니가 너보다는 빨리 달려!" 당신은 그를 무시하려 하지만, 그는 멈추지 않는다. 당신은 경기에 집중을 할 수 없고, 그래서 실수를 연발한다.
이런 식으로 말하는 것을 'trash talk(모욕적인 말, 더러운 욕설)'이라고 부른다. 당신이 누군가에게 trash talk을 하면, 당신은 그 사람을 쓰레기처럼 취급하는 것이다. trash talker(모욕적인 말을 하는 사람)는 종종 그야말로 상대팀 선수의 기술에 대해 모욕한다. 심각한 trash talk은 선수들의 가족이나 인종, 또는 종교에 대한 모욕을 포함한다. 선수들은 이런 말을 사용해서 심리적인 이점을 얻는다. 그런 말은 상대팀 선수가 경기를 더 엉망으로 하도록 그들을 당황하게 한다. (trash talk은 친구가 되길 원하는 선수들 사이에서 흔하다.) 농구선수 Michael

정답과 해설 | 23

Jordan(마이클 조던)과 종합 격투기 선수 Conor McGregor(코너 맥그리거)는 잘 알려진 trash talker이다. 그들은 종종 자신들의 trash talk으로 상대편 선수들을 제압했다. trash talk을 하는 것은 스포츠 정신에 어긋나는 것이기 때문에 많은 스포츠 협회들은 그것을 금지한다. 그럼에도 불구하고, 그 문제는 쉽게 사라지지 않고 있다.

지문 풀이

In the football game, / a player from the other team / walks up to you / and says, / "My grandmother's
축구 경기에서 / 상대편의 한 선수가 / 당신에게 다가온다 / 그리고 말한다 / 우리 할머니가 너보다는 빨리

faster than you!" / You try to ignore him, / but he won't stop. / You can't concentrate on the game, /
달려! / 당신은 그를 무시하려고 노력한다 / 그러나 그는 멈추지 않는다 / 당신은 경기에 집중을 할 수 없다 /

so you ❶ keep making mistakes. /
그래서 당신은 계속해서 실수를 한다 /

This type of talking is called "trash talk." / When you trash-talk someone, / you treat that person / like
이런 식으로 말하는 것은 'trash talk'이라고 불린다 / 당신이 누군가에게 trash talk을 할 때 / 당신은 그 사람을 취급한다 /

garbage. / Trash talkers often simply insult / opposing players' skills. / Serious trash talk involves
쓰레기처럼 / Trash talker는 종종 그야말로 모욕한다 / 상대팀 선수들의 기술을 / 심각한 trash talk은 모욕을 포함한다

insults / to players' families, races or religions. / Athletes use this talk / to gain a mental advantage. /
/ 선수들의 가족이나 인종, 또는 종교에 대한 / 선수들은 이런 말을 사용한다 / 심리적인 이점을 얻기 위해 /

It upsets opposing players / ❷ so that they play worse. / ❸ The basketball player Michael Jordan / and
그것은 상대팀 선수들을 당황하게 한다 / 그들이 경기를 더 엉망으로 하도록 / 농구선수 마이클 조던 / 그리고

❹ the mixed martial arts fighter Conor McGregor / are the well-known trash talkers. / They often
종합 격투기 선수 코너 맥그리거는 / 잘 알려진 trash talker이다 / 그들은 종종

dominated their opponents / with their trash talks. /
자신들의 상대편 선수들을 제압했다 / 그들의 trash talk으로 /

Because trash-talking is against sportsmanship, / many sports associations ban it. / Even so, / the problem
trash talk을 하는 것은 스포츠 정신에 어긋나는 것이기 때문에 / 많은 스포츠 협회들은 그것을 금지한다 / 그럼에도 불구하고 / 그 문제는 쉽게

isn't going away easily.
사라지지 않고 있다

❶ keep + -ing: 계속해서 ~하다

❷ '목적'을 나타내는 so that 구문으로, 비교급 worse가 쓰여 '그들이 경기를 더 엉망으로 하도록'의 의미를 나타낸다.

❸, ❹ The basketball player와 Michael Jordan, the mixed martial arts fighter와 Conor McGregor는 서로 동격 관계를 이룬다.

---

15 **미래의 먹거리, 곤충** pp. 52~53

문제 정답 **1** ③ **2** ② **3** ④ **4** whoever

문제 해설 **1** 전 세계적으로 인기를 끌고 있는 곤충이 식품으로 '현명한 선택'인 까닭을 묻는 물음 다음에 인구 증가에 따른 육류 공급 부족 현상을 언급하고 그에 대한 대안으로 곤충을 제시한 (B)가 오고, 고기와 비교하여 곤충이 갖는 장점들을 서술한 (C)가 이어진 후, 또 다른 장점들과 곤충을 먹어볼 것을 권하는 내용인 (A)로 끝맺음을 하는 것이 흐름상 적절하다.

2 세계 인구가 증가함에 따라 육류 부족 현상을 해결하기 위한 대안으로 곤충이 강력한 후보로 떠오르고 있다는 내용이므로, 글의 제목으로 ② '곤충: 우리의 미래 식량'이 적절하다.

① 환경 친화적인 삶의 방식　　　　　　　　③ 식량으로 곤충을 키우는 방법
④ 곤충: 간식으로 좋은 식품　　　　　　　⑤ 건강을 위한 현명한 음식 선택

3 곤충 식품은 제한이 없고(limitless), 키우는 데 비용이 적게 들며(costs much less), 배설물이 훨씬 적어서(much less waste) 환경에 좋으며, 맛있고 영양가가 풍부한(tasty and rich in nutrients) 장점이 있다. 사육 공간에 대한 내용은 글에 언급되어 있지 않다.

4 whoever는 '~하는 사람은 누구나'의 의미로, anyone who로 바꿔 쓸 수 있다.
이 옷들을 필요로 하는 <u>사람은 누구에게든</u> 그것들을 주어라.

방콕을 여행하는 사람이라면 누구나 아마 거리에서 사람들이 간식으로 곤충을 팔고 있는 것을 본 적이 있을 것이다. 요즘 곤충은 열대 지방에서 뿐만 아니라 전 세계의 많은 나라들에서도 인기 있는 음식이 되었다. 사실 곤충은 현명한 음식 선택이라고 여겨진다. 왜 그런가?
(B) 세계의 인구가 계속해서 증가함에 따라 육류에 대한 수요가 빠르게 늘고 있지만 공급이 따라가지 못하고 있다. 이것이 사람들이 곤충을 고기에 대한 대안으로 고려하고 있는 이유이다.
(C) 곤충은 고기보다 많은 이점이 있다. 지구상에는 천만 종의 곤충들이 있기 때문에, 그것들의 공급은 무한하다. 게다가, 식량으로 곤충을 키우는 것이 가축을 기르는 것보다 비용도 훨씬 덜 든다. 예를 들어, 소는 무게를 1그램 늘리기 위해 8그램의 먹이를 먹지만, 반면에 곤충은 똑같은 양의 무게를 늘리기 위해 2그램 미만의 먹이를 필요로 한다.
(A) 곤충을 기르는 것은 곤충이 배설물을 훨씬 덜 생산하기 때문에 환경에도 더 좋다. 더 중요한 것은 대부분의 곤충은 맛이 있고 영양가도 풍부하다. 그렇다면 망설일 이유가 뭐가 있는가? 어서 곤충을 먹어 보자!

지문 풀이

Whoever travels to Bangkok / probably has ❶ **seen people selling** insects / as snacks / on the streets. /
방콕을 여행하는 사람이라면 누구나 / 아마 사람들이 곤충을 팔고 있는 것을 본 적이 있을 것이다 / 간식으로 / 거리에서 /

Nowadays / insects have become popular food, / ❷ **not only** in tropical areas, / **but also** in many
요즘 / 곤충은 인기 있는 음식이 되었다 / 열대 지방에서 뿐만 아니라 / 많은 나라들에서도

countries / around the world. / In fact, / insects are considered / to be a smart food choice. / Why? /
전 세계에 있는 / 사실 / 곤충은 여겨진다 / 현명한 음식 선택이라고 / 왜 그런가? /

(B) As the world's population continues to increase, / the demand for meat / is rising sharply, / but
세계의 인구가 계속해서 증가함에 따라 / 육류에 대한 수요가 / 빠르게 늘고 있다 / 하지만

the supply isn't catching up. / This is / why people are considering insects / as an alternative for meat. /
공급이 따라가지 못하고 있다 / 이것이 / 사람들이 곤충을 고려하고 있는 이유이다 / 고기에 대한 대안으로 /

(C) Insects have many advantages / over meat. / Since there are ten million insect species /
곤충은 많은 이점을 갖고 있다 / 고기보다 / 천만 종의 곤충들이 있기 때문에

on Earth, / their supply is limitless. / Besides, / ❸ **raising insects for food** / costs much less / than
지구상에는 / 그것들의 공급은 무한하다 / 게다가 / 식량으로 곤충을 키우는 것이 / 비용이 훨씬 덜 든다 / 가축을

❹ **raising farm animals**. / For example, / cows eat / eight grams of feed / to gain one gram in
기르는 것보다 / 예를 들어 / 소는 먹는다 / 8그램의 먹이를 / 무게에서 1그램을 늘리기 위해

weight / ❺ **while** insects need / less than two grams of feed / to gain the same amount of weight. /
반면에 곤충은 필요로 한다 / 2그램 미만의 먹이를 / 똑같은 양의 무게를 늘리기 위해 /

(A) Raising insects / is also better for the environment / because they produce much less waste. / More
곤충을 기르는 것은 / 또한 환경에도 더 좋다 / 그것들이 배설물을 훨씬 덜 생산하기 때문에 / 더

importantly, / most insects are tasty / and rich in nutrients. / So what's holding you back? / Go ahead
중요한 것은 / 대부분의 곤충은 맛이 있다 / 그리고 영양가가 풍부하다 / 그렇다면 무엇이 당신을 망설이게 하는가? / 어서 곤충을 먹어

and try some insects!
보자!

❶ see + 목적어 + 현재분사: ~가 …하고 있는 것을 보다

❷ not only A but also B: 두 개의 전치사구 in tropical areas와 in many countries around the world가 각각 A와 B가 되어 'A뿐만 아니라 B도'의 의미를 나타낸다.

❸, ❹ 두 개의 동명사구가 less than으로 연결되어 열등 비교구문(~보다 덜 …)을 이루고 있다.

❺ 접속사 while은 앞뒤 내용을 대조하여 '~가 …인 반면에'를 의미한다.

REVIEW TEST

문제 정답 **1** ② **2** ② **3** ④ **4** ① **5** ③ **6** was hardly **7** rarely drinks **8** Whoever **9** Put on some sunscreen so that you don't get a sunburn.

문제 해설 **1** 나머지 단어들은 모두 '반의어'로 짝지어졌지만, ②는 둘 다 '쓰레기'라는 의미의 '유사어' 관계이다.
　　① 수요 – 공급　　③ 정신의 – 육체의　　④ 증가하다 – 감소하다

2 dominate: 지배하다, 제압하다
어떤 장소나 사람을 통제하다
　　① (문제 등을) 탐구하다; 탐험하다　　③ 만들어내다, 생산하다　　④ 무시하다

3 hold back: ~을 저지하다, 방해하다
누군가가 뭔가를 하지 않거나 말하지 않도록 결정하게 하다
　　① 사라지다　　② 따라잡다　　③ (재미 삼아) 궁리해보다

4 alternative: 대안, 달리 취할 방법
오디오북은 독서에 대한 흥미로운 대안이다.
　　② 양　　③ (시합의) 상대, 적수　　④ 환경

5 against sportsmanship: 스포츠 정신에 어긋나는

6~7 부정 부사 rarely, hardly, seldom 등은 일반동사 앞, be동사나 조동사 뒤에 온다.
　　• 꽃병에 물이 거의 없었다.
　　• 우리 엄마는 저녁에는 커피를 거의 마시지 않는다.

8 '~하는 사람은 누구나'의 의미가 되어야 하므로 복합 관계대명사 Whoever가 와야 한다.
그 그림을 원하는 사람은 누구나 그것을 가질 수 있다.

9 목적을 나타내는 「so that + 주어 + 동사 ~」 구문을 활용하여 문장을 배열한다. 명령문이므로 주어 없이 동사(Put on)로 바로 시작해야 함에 유의한다.

16 디지털 큐레이터가 뭐지?

pp. 56~57

문제 정답 1 ② 2 ⑤ 3 chooses, tailors 4 where

문제 해설

1 디지털 시대에 정보를 고객에게 맞춤 제공하는 새로운 직업으로 디지털 큐레이터가 등장하게 되었고 앞으로도 큰 역할을 맡게 될 것이라는 내용이므로, 글의 주제로 ② '유망한 직업으로서의 디지털 큐레이터'가 적절하다.
  ① 미래 직업들에 요구되는 교육   ③ 디지털 정보의 효과적인 사용
  ④ 박물관에서 큐레이터의 역할   ⑤ 디지털 시대에 미디어의 필요성

2 (A) 정보의 양이 급속도로 증가하게 됨으로써 그것의 효과적인 처리가 힘들어졌다는 흐름이므로 difficult가 적절하다.
  (B) 큐레이터가 하는 일은 박물관에서 그림 등의 아이템들을 전시하는 것이므로 display가 적절하다. design은 '설계하다'라는 의미이다.
  (C) 넘쳐나는 정보를 적절히 선별해서 제공하는 일은 앞으로 더욱 필요하므로 much 뒤에 demand가 와서 '많은 수요'가 되어야 한다.

3 디지털 큐레이터는 인터넷에 있는 알맞은 정보를 선별하여 그것을 고객에게 맞춤 제공하는 역할을 한다.
  디지털 큐레이터는 인터넷에서 콘텐츠를 <u>선별하여</u> 그것을 고객들을 위해 <u>맞춘다</u>.

4 관계부사 where는 구체적인 장소, 상황, 경우, 입장 등의 선행사가 올 때 쓸 수 있으며, 각 문장에서 the place와 the case가 생략되었다.
  • 이곳은 그 두 길이 연결되는 장소이다.
  • 이것이 이 새 규칙이 적용되지 않는 경우이다.

본문 해석 요즘 우리는 정보로 넘쳐난다. 매초 구글은 4만건 이상의 검색들을 처리한다. 매분 대략 400시간의 동영상이 유튜브로 업로드된다.
정보의 양이 급속도로 증가함에 따라, 정보를 효과적으로 처리하는 것이 어려워졌다. 이것이 디지털 큐레이터가 등장하게 된 배경이다. '큐레이터'는 본래 박물관에 전시할 아이템들에 대한 책임을 지는 사람을 의미했다. 오늘날 이 개념은 디지털 세상으로 확대된다. '디지털 큐레이터'는 인터넷상에 있는 어마어마한 정보의 바다에서 알맞은 콘텐츠를 선별하여 고객들의 요구에 그것을 맞추는 사람을 일컫는다.
앞으로 정보의 엄청난 증가 때문에 디지털 큐레이터는 훨씬 더 중요한 역할을 할 것으로 기대된다. 결과적으로 디지털 큐레이터에 대한 수요는 많아질 것이다.

지문 풀이

Nowadays, / we are flooded with information. / ❶ **Every second,** / Google processes / more than 40,000
요즘 / 우리는 정보로 넘쳐난다 / 매초 / 구글은 처리한다 / 4만건 이상의 검색들을 /

searches. / About 400 hours of video / are uploaded to YouTube / ❷ **every minute.** /
대략 400시간의 동영상이 / 유튜브로 업로드된다 / 매분 /

As the volume of information increases rapidly, / it has become difficult / to process the information
정보의 양이 급속도로 증가함에 따라 / 어려워졌다 / 정보를 효과적으로 처리하는 것이 /

effectively. / This is / ❸ **where** a digital curator comes into the picture. / A "curator" originally meant a
이것이 / 디지털 큐레이터가 등장하게 된 배경이다 / '큐레이터'는 본래 사람을 의미했다 /

person / ❹ **who** takes care of items / to display in a museum. / Today / this concept extends to the digital
아이템들에 대한 책임을 지는 / 박물관에 전시할 / 오늘날 / 이 개념은 디지털 세상으로 확대된다 /

world. / "Digital curator" refers to someone / ❺ **who** chooses the right content / from the vast ocean of
'디지털 큐레이터'는 사람을 일컫는다 / 알맞은 콘텐츠를 선별하는 / 어마어마한 정보의 바다에서 /

information / on the Internet / and tailors it / to their clients' needs. /
인터넷상에 있는 / 그리고 그것을 맞추는 / 고객들의 요구에 /

In the future, / digital curators are expected / to play an even more important role / ❻ **because of** the
앞으로 / 디지털 큐레이터는 기대된다 / 훨씬 더 중요한 역할을 할 것으로 / 정보의 엄청난 증가 때문에 /

great increase in information. / As a result, / there will be much demand / for digital curators.
결과적으로 / 수요는 많아질 것이다 / 디지털 큐레이터에 대한 /

❶, ❷ every는 '매, 모든'의 의미로 뒤에 단수형 명사가 온다.

❸ where는 관계부사로, 흐름상 디지털 큐레이터가 등장하게 된 '배경(the background)', '상황(the situation)' 등 추상적인
장소를 나타내는 선행사가 생략되었다고 볼 수 있다.

❹, ❺ who는 주격 관계대명사로, 앞에 나온 사람 선행사 a person, someone을 수식하는 절을 이끈다.

❻ because of는 '~때문에'를 뜻하는 접속사구로, 뒤에 명사구가 나온다. because 뒤에는 「주어 + 동사」의 절이 온다.
ex. I was disappointed **because** <u>my test result wasn't good.</u> 나는 내 시험 결과가 좋지 않아 실망스러웠다.
　　　　　　　　　　　　　　　　　주어 + 동사

---

17 **우리는 이렇게 대화해!**　　　　　　　　　　　　　　　　　　　　　　　pp. 58~59

문제 정답 **1** ③　**2** (1) 이탈리아 (2) 미국 (3) 일본　**3** ⑤　**4** (1) has (2) Every

---

문제 해설 **1** 두 번째 단락에서 일본, 미국, 이탈리아의 대화 방식을 각각 볼링, 농구, 럭비에 비유하고 있으므로, 빈칸에는 ③
'스포츠'가 적절하다.
① 직업　② 취미　④ 습관　⑤ 팀워크

2 (1) 9~10행의 Italians use a lot of hand gestures and interrupt others frequently.에서 이탈리아의 대화
방식임을 알 수 있다.
많은 사람들이 동시에 말하고 있다. 주제들이 이쪽에서 저쪽으로 넘나든다. 그들은 심지어 다른 사람이
말하고 있을 때도 뭔가를 자유롭게 말한다.

(2) 6~8행의 When someone hesitates, another person interrupts. It's like when basketball players
steal the ball.에서 미국의 대화 방식임을 알 수 있다.
누군가 말을 하다가 잠시 멈출 때, 다른 사람들은 그 순간을 끼어들 기회로 본다.

(3) 3~5행의 Each person waits for their turn, just like bowlers. Even if there are long pauses during
conversation, others never break in.에서 일본의 대화 방식임을 알 수 있다.
한 사람이 말하는 동안, 다른 사람들은 대개 조용히 있으면서 자신의 차례를 기다린다. 그들은 의견을
달라는 요청을 받을 때 대답한다.

3 각 나라의 대화 스타일을 '볼링', '농구', '럭비'에 비유했으므로 '공놀이 방식'은 곧 ⑤ '그들의[그 나라의] 대화 스타일'을
의미함을 알 수 있다.
① 그들의 스포츠 규칙　② 그들의 손짓　③ 그들의 팀 스포츠 기술　④ 그들의 행동 패턴

4 (1) each는 뒤에 단수형 명사와 단수형 동사를 쓰므로 has가 적절하다.
각각의 색깔은 그것 자체의 아름다움을 <u>갖고 있다</u>.

(2) 뒤에 rock looks가 나오므로 Every가 적절하다. All 뒤에는 복수형 명사와 복수형 동사가 온다.
<u>모든</u> 돌이 우리에게는 똑같이 보인다.

모든 나라는 자신들만의 고유한 대화 스타일이 있다. 당신은 그 다른 스타일을 스포츠에 비유할 수 있다. 일본인의 대화는 볼링과 비슷하다. 각 사람들은 마치 볼링 선수처럼 자신의 차례를 기다린다. 대화 중에 오랜 멈춤이 있더라도 다른 사람들은 절대 끼어들지 않는다. 반면에, 미국인의 대화는 농구와 비슷하다. 누군가 머뭇거리면, 또 다른 사람이 방해한다. 그것은 마치 농구선수들이 공을 가로챌 때와 같다. 이탈리아인의 대화는 럭비와 비슷하다. 럭비 선수들처럼 이탈리아 사람들은 많은 손짓을 사용하고 빈번히 다른 사람들을 방해한다. 흥미롭게도, 이탈리아 사람들은 (말을) 가로막는 것을 배려심이 없어서라기보다 대화에 대한 관심의 표시라고 생각하는 경향이 있다. 다음에 당신이 외국인 친구들과 대화를 하게 되면, 그들이 <u>자신들 나름의 '공놀이'</u> 방식을 갖고 있다는 것을 기억하고 그들에게 맞추려 노력하라.

Every country has / its own unique conversation style. / You can compare / the different styles to sports. /
모든 나라는 갖고 있다 / 그 자신들만의 고유한 대화 스타일을 / 당신은 비유할 수 있다 / 그 다른 스타일을 스포츠에 /

Japanese conversations are ❶ **like** bowling. / Each person waits for their turn, / just like bowlers. / Even
일본인의 대화는 볼링과 비슷하다 / 각 사람들은 자신의 차례를 기다린다 / 마치 볼링선수처럼 / 오랜

if there are long pauses / during conversation, / others never break in. / On the other hand, / American
멈춤이 있더라도 / 대화 중에 / 다른 사람들은 절대 끼어들지 않는다 / 반면에 / 미국인의

conversations are like basketball. / When someone hesitates, / another person interrupts. / It's ❷ **like** /
대화는 농구와 비슷하다 / 누군가 머뭇거릴 때 / 또 다른 사람이 방해한다 / 그것은 같다 /

when basketball players steal the ball. / Italian conversations are like rugby. / Just like rugby players, /
농구선수들이 공을 가로챌 때와 / 이탈리아인의 대화는 럭비와 비슷하다 / 럭비 선수들처럼 /

Italians use a lot of hand gestures / and interrupt others frequently. / Interestingly, / Italians tend to take
이탈리아 사람들은 많은 손짓을 사용한다 / 그리고 빈번히 다른 사람들을 방해한다 / 흥미롭게도 / 이탈리아 사람들은 (말을) 가로막는

interruptions / as a sign of interest / in the conversation / ❸ **rather than** a lack of thoughtfulness. /
것을 여기는 경향이 있다 / 관심의 표시로 / 대화에 대한 / 배려심이 없어서라기보다 /

❹ **The next time you talk** with foreign friends, / remember / that they have their ways of "playing
다음에 당신이 외국인 친구들과 대화를 하게 되면 / 기억하라 / 그들이 자신들의 '공놀이' 방식을 갖고 있다는 것을 /

ball" / and try to match them.
/ 그리고 그들에게 맞추려 노력하라

❶, ❷ like는 전치사와 접속사로 쓸 수 있다. 전치사로 쓰이면 뒤에 명사(구)가 와서 '~처럼, ~와 같은'의 의미를 나타낸다. 접속사로 쓰이면 뒤에 주어와 동사가 오고, '(마치) ~와 같다'의 의미를 나타낸다.
   ex. You should not act **like a baby**. (전치사) 너는 아기처럼 행동해서는 안 된다.
      It seems <u>like it's going to rain</u>. (접속사) 비가 올 것처럼 보인다.

❸ rather than은 '~ 보다는'의 의미로 흐름상 앞뒤의 a sign of interest와 a lack of thoughtfulness가 비교되고 있다.

❹ 'The next time'은 접속어구로 뒤에 주어와 동사가 오며, '다음에 ~하면'의 의미를 나타낸다.

18 두 별자리에 얽힌 슬픈 전설

pp. 60~61

문제 정답 **1** ⑤   **2** ④   **3** ②   **4** bear, save

문제 해설 **1** Callisto와 Zeus 사이에서 태어난 Arcas가 성장할수록, 그의 부인의 ⑤ '분노'도 함께 커져갔을 것임을 추론할 수 있다.
   ① 희망   ② 아름다움   ③ 사랑   ④ 자부심

2 14~15행의 'How happy she was to see her son!'으로 보아, Callisto는 장성한 자신의 아들을 알아보고 매우 기뻐했음을 알 수 있으므로, ④ '그녀는 숲에서 자신의 아들을 알아보지 못했다.'는 글의 내용과 일치하지 않는다.

① 그녀는 사냥하는 여신을 도왔다.   ② 그녀는 제우스가 사랑하는 여인이었다.

③ 그녀는 못생긴 곰으로 변했다.   ⑤ 그녀는 밤하늘의 별이 되었다.

3 ⓐ, ⓒ, ⓓ, ⓔ는 모두 Callisto를 가리키는 반면, ⓑ는 Zeus' wife를 지칭한다.

4 Zeus는 자신의 아들 Arcas가 Callisto에게 활을 겨누자 그녀를 구하기(save) 위해 다급한 마음으로 아들도 엄마처럼 곰(bear)으로 만들어 두 사람을 하늘로 올려 보냈다.

Zeus는 자신이 사랑하는 Callisto를 <u>구하기</u> 위해 Arcas를 <u>곰으로</u> 바꾸었다. 그리고 나서 그는 Callisto와 그의 아들을 밤하늘에 두었다.

본문 해석

우리는 매일 밤 북쪽 하늘에서 큰곰자리와 작은곰자리를 볼 수 있다. 이 곰들은 어떻게 별들 사이에 있게 되었을까? 이 별자리들에 숨겨진 슬픈 이야기가 있다.

그리스 신화에 따르면, 사냥하는 여신을 도와주는 일을 하는 Callisto(칼리스토)라는 아름다운 여인이 있었다. Callisto가 너무 아름다워서 신들의 왕인 Zeus(제우스)는 아내가 있는데도 불구하고 <u>그녀</u>와 사랑에 빠졌다. 둘 사이에서 Arcas(아르카스)가 태어났다.

Arcas가 성장함에 따라, Zeus 부인의 <u>분노</u>도 커져갔다. 어느 날, 그녀는 숲에서 우연히 Callisto를 보았다. 그녀는 이것이 자신의 남편을 훔친 것에 대해 Callisto에게 복수할 가장 좋은 때라고 생각했다. 그래서 그녀는 Callisto를 못생긴 곰으로 바꿔버렸다. 가엾은 Callisto! 그녀는 커다란 곰이 되고 말았다.

많은 해가 흘렀다. Arcas는 자라서 강한 사냥꾼이 되었다. 어느 날, 숲에서 사냥을 하다가 그는 커다란 곰과 마주쳤다. 자신의 아들을 보게 되어 그녀는 얼마나 행복하던지! 하지만 Arcas는 자신의 엄마를 알아보지 못하고, <u>그녀</u>를 쏘려고 했다. 그 순간, Zeus가 우연히 그들을 보게 되었다. 자신이 사랑하는 여인을 구하기 위해, Zeus는 Arcas도 곰으로 바꾸어 버렸다. 그는 그들 둘을 밤하늘에 올려 두었다. 만약 당신이 밤하늘에서 큰곰자리와 작은곰자리를 보게 된다면, 이 슬픈 이야기를 떠올리고 그들에게 행복을 빌어주어라.

지문 풀이

Every night, / we can see the Great Bear and the Little Bear / in the north sky. / How did the bears end
매일 밤 / 우리는 큰곰자리와 작은곰자리를 볼 수 있다 / 북쪽 하늘에서 / 어떻게 이 곰들은 있게 되었을까 /

up / among the stars? / There is a sad story / behind these stars. /
별들 사이에? / 슬픈 이야기가 있다 / 이 별자리들에 숨겨진 /

According to a Greek myth, / there was a beautiful woman / called Callisto / ❶ **whose** job was / to help
그리스 신화에 따르면 / 아름다운 여인이 있었다 / Callisto라 불리는 / (그녀의) 일은 이었다 / 사냥하는

the hunting goddess. / Callisto was ❷ **so beautiful** / **that Zeus**, the king of the gods, / **fell** in love with
여신을 도와주는 것 / Callisto가 너무 아름다워서 / 신들의 왕인 Zeus는 / 그녀와 사랑에 빠졌다 /

her / even though he had a wife. / From them, / Arcas was born. /
그는 아내가 있는데도 불구하고 / 그들로부터 / Arcas가 태어났다 /

As Arcas grew, / the anger of Zeus' wife also grew. / One day, / she happened to see Callisto / in the
Arcas가 성장함에 따라 / Zeus 부인의 분노도 커져갔다 / 어느 날 / 그녀는 우연히 Callisto를 보았다 / 숲에서

forest. / She thought / this was the perfect moment / ❸ **to get back** at Callisto / for stealing her
그녀는 생각했다 / 이것은 가장 좋은 순간이었다 / Callisto에게 복수할 / 자신의 남편을 훔친 것에 대해 /

husband. / So she turned Callisto / into an ugly bear. / Poor Callisto! / She became a huge bear. /
그래서 그녀는 Callisto를 바꿔버렸다 / 못생긴 곰으로 / 가엾은 Callisto! / 그녀는 커다란 곰이 되고 말았다 /

Many years passed. / Arcas grew up to be a strong hunter. / One day / while hunting in the forest,
많은 해가 흘렀다 / Arcas는 자라서 강한 사냥꾼이 되었다 / 어느 날 / 숲에서 사냥을 하다가 /

he ran into a huge bear. / How happy she was / to see her son! / But Arcas didn't recognize his
그는 커다란 곰과 마주쳤다 / 그녀는 얼마나 행복하던지 / 자신의 아들을 보게 되어! / 그러나 Arcas는 자신의 엄마를 알아보지 못했다 /

mother / and got ready to shoot her. / At that moment, / Zeus happened to see them. / To save the
그리고 그녀를 쏘려고 했다 /　　　　　　　그 순간 /　　　　　Zeus가 우연히 그들을 보게 되었다 /　　여인을 구하기 위해 /

woman / he loved, / Zeus turned Arcas / into a bear, too. / He placed both of them up / in the night
자신이 사랑하는 / Zeus는 Arcas를 바꿔버렸다 /　역시 곰으로 /　　그는 그들 둘을 올려두었다 /　　　　밤하늘에 /

sky. / If you ever see the Great Bear and the Little Bear / in the night sky, / remember this sad
만약 당신이 큰곰자리와 작은곰자리를 보게 된다면 /　　　　　　밤하늘에서 /　　이 슬픈 이야기를 기억하라 /

story / and wish them happiness.
그리고 그들에게 행복을 빌어주어라

❶ whose는 소유격 관계대명사로, 관계대명사절은 선행사 a beautiful woman을 수식해 준다. 이 문장은 'There was a beautiful woman called Callisto.'와 'Her job was to help the hunting goddess.'에서, Her를 소유격 관계대명사 whose로 바꿔 연결한 것이다.

❷ 「so + 형용사 + that + 주어 + 동사」 구문은 '너무 ~ 해서 …하다'로 해석한다.

❸ 앞에 나온 the perfect moment을 수식하는 형용사적 용법의 to부정사로 '복수할 완벽한 순간'으로 해석한다.

REVIEW TEST

p. 62

문제 정답 1 ④ 2 ② 3 ① 4 ② 5 ① 6 building has 7 where 8 child looks

문제 해설

1 hesitate: 머뭇거리다, 주저하다
뭔가를 하거나 말하기 전에, 특히 반신반의하며 멈칫하다
① (데이터를) 처리하다　② 비유하다　③ 알아보다

2 steal: 빼앗다, 가로채다
허락 없이 다른 누군가가 소유한 것을 가져가다
① (말·행동을) 방해하다　③ (특정한 목적에) 맞추다　④ (총이나 활 등을) 쏘다

3 volume: (~의) 양; 음량; 용량
• 나는 잘 들을 수가 없어요. 음량 좀 높여줄래요?　• 교통량이 지난 3년 사이에 50% 증가했다.
② 검색　③ 관심　④ 차례

4 a lack of: ~의 부족 / happen to: 우연히 ~하다 / get back at ~에게 복수하다
• 식물들이 물 부족 때문에 죽었다.　• 나는 거리에서 우연히 우리 선생님을 만났다.
• Sam은 그의 원수에게 복수할 기회를 노렸다.

5 come into the picture: 등장하다, 중요해지다

6 each 다음에는 단수형 명사와 단수형 동사가 쓰이므로 building has가 되어야 한다.
각각의 건물들이 독특한 디자인을 가지고 있다.

7 '경우'를 나타내는 선행사가 왔으므로 관계부사 where가 되어야 한다. the case는 생략할 수도 있다.
This is the case. + New jobs become important in the case.
→ This is (the case) where new jobs become important.
이것이 새로운 직업들이 중요해지는 경우이다.

8 every 다음에는 단수형 명사와 단수형 동사가 쓰이므로 child looks가 되어야 한다.
모든 아이들은 그 결과에 만족해 보인다.

정답과 해설 | 31

19 왜 자꾸 채소를 많이 먹으라고 하죠?   pp. 66~67

문제 정답 **1** ④   **2** (A) acidic (B) cells (C) diseases   **3** 80%의 알칼리성 식품과 20%의 산성 식품으로 구성된 식단 / 그 식단은 우리 몸을 가장 건강한 상태인 약알칼리성으로 유지시켜 주기 때문에   **4** which

문제 해설

1 영양학자들은 가장 이상적인 식단으로 알칼리성 식품 80%와 산성 식품 20%를 먹을 것을 권장하고 있다. (10~11행 참조)

2 (A) 산성 식품을 과도하게 섭취하면, 혈액에 산성 물질들(acidic substances)이 쌓이게 된다. (5~6행 참조)
(B) 혈액에 산성 물질이 쌓이면 산소와 영양소가 세포들(cells) 사이를 자유롭게 다닐 수 없다. (6행 참조)
(C) 세포들은 죽거나 아프게 되어 결국 많은 질병(diseases)에 걸리게 된다. (8~9행 참조)

3 10~12행의 '80% alkaline foods and 20% acidic foods'와 'This diet will keep you a little alkaline, which is the healthiest state.'을 통해 필자가 추천하는 이상적인 식단은 알칼리성 식품과 산성 식품이 80:20으로 구성된 것이며, 그 이유는 그 식단이 우리 몸을 가장 건강한 상태인 약알칼리성으로 유지시켜 주기 때문임을 알 수 있다.

4 관계대명사의 계속적 용법이 쓰인 문장이 되어야 하므로, which가 적절하다.
우리는 머라이언 공원에 갈 것이고, <u>그것은</u> 싱가포르에 있다.

본문 해석 우리의 날마다 먹는 식단에 두 가지 종류의 음식들이 있다. 하나는 고기, 곡물, 설탕, 그리고 유제품과 같은 산성 식품이다. 다른 하나는 알칼리성 식품으로, 그것은 주로 과일과 채소이다.
산성 식품을 너무 많이 먹는 것은 산성비가 식물들에게 해를 입히는 것처럼 많은 건강 문제를 일으킨다. 산성 물질이 혈액에 쌓이면, 산소와 영양소가 세포들 사이에서 자유롭게 이동할 수 없다. 세포가 산소와 영양소를 공급받지 못하면 그것들은 죽거나 아프게 된다. 사실 많은 인간의 질병들은 몸이 너무 산성화 되어 생긴다.
영양학자들에 따르면, 이상적인 식단은 80%의 알칼리성 음식과 20%의 산성 음식으로 되어야 한다. 이 식단은 여러분을 약알칼리성으로 유지해 줄 것인데, 그것이 가장 건강한 상태이다. 그러므로 과일과 채소를 좀 더 먹어 보는 것이 어떠한가?

지문 풀이

There are two types of food / in our daily diet. / One is acidic food / such as meat, grain, sugar and
두 가지 종류의 음식들이 있다 /   우리의 날마다 먹는 식단에 /   하나는 산성 식품이다 /   고기, 곡물, 설탕, 그리고 유제품과 같은 /

dairy products. / The other is alkaline food, / ❶ **which** is mainly fruits and vegetables. /
               다른 하나는 알칼리성 식품이다 /   그리고 그것은 주로 과일과 채소이다 /

❷ **Eating too many acidic foods** / **causes** many health problems, / ❸ **just as** acidic rain damages plants. /
산성 식품을 너무 많이 먹는 것은 /   많은 건강 문제를 일으킨다 /   산성비가 식물들에게 해를 입히는 것처럼 /

If acidic substances build up in your blood, / oxygen and nutrition cannot travel freely / among your
산성 물질이 여러분의 혈액에 쌓이면 /   산소와 영양소가 자유롭게 이동할 수 없다 /   여러분의 세포들 사이

cells. / If your cells are not provided / with oxygen and nutrition, / they die or get sick. / In fact, /
에서 /   세포가 공급받지 못하면 /   산소와 영양소를 /   그것들은 죽거나 아프게 된다 /   사실 /

many human diseases result / ❹ **from your body being** too acidic. /
많은 인간의 질병들은 생긴다 /   여러분의 몸이 너무 산성화 되어 /

According to nutritionists, / the ideal diet should be / 80% alkaline foods and 20% acidic foods. /
영양학자들에 따르면 / 이상적인 식단은 되어야 한다 / 80%의 알칼리성 음식과 20%의 산성 음식이 /

This diet will keep you a little alkaline, / ❺ which is the healthiest state. / So why don't you try eating
이 식단은 여러분을 약알칼리성으로 유지해 줄 것이다 / 그리고 그것이 가장 건강한 상태이다 / 그러므로 과일과 채소를 좀 더 먹어 보는 것이

more fruits and vegetables?
어떠한가?

❶. ❺ 계속적 용법의 관계대명사로, 앞의 which는 alkaline food를 받고, 뒤의 which는 앞 문장 내용의 일부(keeping you a little alkaline)를 받는다. ', which'는 'and it'으로 바꿔 쓸 수 있다.

❷ 주어 역할을 하는 동명사구로, 주어가 Eating이므로 동사는 3인칭 단수형 causes가 왔다.

❸ '꼭 ~처럼'을 의미하는 접속사구로 뒤에 주어(acidic rain)와 동사(damages)가 왔다.
ex. Animals feel pain **just as** people do. 동물들도 사람들과 똑같이 고통을 느낀다.

❹ 동명사 being은 전치사 from의 목적어이며, your body는 being의 의미상 주어이다.
ex. I look forward to **John changing** his mind. 나는 John이 그의 마음을 바꾸기를 고대한다.
　　　　　　　　 changing의 의미상 주어　 to의 목적어

---

20 **건망증 부부의 동문서답**
　　　　　　　　　　　　　　　　　　　　　　　　　　　　　pp. 68~69

문제 정답　**1** ⑤　**2** ②　**3** ④　**4** in his late 50s

문제 해설　**1** 아내는 남편이 건망증이 심해서 자신이 부탁한 내용을 잊어버릴 것을 걱정하고 있다.

2 아내는 남편에게 딸기와 초코 시럽이 올라가 있는 아이스크림(ice cream with strawberries and chocolate syrup)을 가져다 달라고 부탁했다.

3 남편은 아내가 부탁한 내용을 잊어버려 부엌에서 엉뚱한 것을 가지고 왔고, 아내 역시 정작 자신이 남편에게 부탁한 내용을 잊어버린 상황이므로, 노부부에 대해 짐작할 수 있는 것으로 ④ '그들 둘 다 기억력이 매우 나쁘다.'가 적절하다.
① 그들은 서로 사이가 좋다.
② 그들은 의사의 도움이 필요하지 않다.
③ 그들은 밤늦게 군것질하는 것을 싫어한다.
⑤ 그들이 좋아하는 식사는 거의 같다.

4 나이가 '~대인'이라는 표현은 「in one's + '10단위 숫자 + s'」로 쓰며, '후반의'를 의미하는 late은 숫자 앞에 쓴다.

본문 해석　90대의 한 부부가 건망증이 늘어가고 있어서, 의사는 그들에게 기억하는 데 도움이 되도록 여러 가지 것들을 메모하라고 충고한다. 그날 밤, 남편이 마실 것을 가지러 막 부엌에 가려고 할 때, 아내가 그에게 자신에게 아이스크림 한 그릇을 가져다 줄 것을 부탁한다. 그녀는 다정하게 남편에게 "당신 이거 받아 적어야 하는 거 아니에요?"라고 (의사의 충고를) 상기시켜 준다. 그는 "아니요, 기억할 수 있어요."라고 말한다. 하지만 그가 가려고 몸을 돌리기 전, 아내가 말한다. "그럼, 가는 김에 아이스크림 위에 딸기 몇 개도 올려주면 좋겠어요. 그건 메모하는 편이 좋을 텐데요." 그는 "다 기억하고 있어요!"라고 대답한다. 그녀가 "초콜릿 시럽도 있으면 좋겠어요. 이번에는 당신이 분명 잊어버릴 것 같은데요." 라고 덧붙여 말한다. 이 말에 그가 화를 내며, "기억하고 있다고요. 딸기와 초콜릿 시럽을 얹은 아이스크림이요."라고 말한다. 그러고 나서 그는 서둘러 부엌으로 들어간다. 20분 뒤, 베이컨 에그(메뉴 이름)가 얹힌 접시를 들고 그가 돌아온다. 그의 아내가 잠시 그 접시를 빤히 쳐다보며 묻는다. "내 토스트는 어디 있죠?"

❶ **A couple in their 90s** / is getting forgetful, / so their doctor advises them / to write things down /
90대의 한 부부가 / 건망증이 늘어가고 있다 / 그래서 그들의 의사는 그들에게 충고한다 / 여러 가지 것들을 메모하라고 /

to ❷ **help them remember.** / That night, / when the old man is about to go to the kitchen / for a drink, /
그들이 기억하는 데 도움이 되도록 / 그날 밤 / 남편이 막 부엌에 가려고 할 때 / 마실 것을 가지러 /

his wife asks him / to ❸ **get her a bowl of ice cream.** / She gently reminds him, / "Shouldn't you write it
아내가 그에게 부탁한다 / 그녀에게 아이스크림 한 그릇을 가져다 줄 것을 / 그녀는 다정하게 그에게 상기시켜 준다 / 당신 이거 받아 적어야 하는 거 아니

down?" / He says, / "No, I can remember it." / But before he turns to go, / his wife says, / "Well, since
에요? / 그는 말한다 / 아니요, 난 그걸 기억할 수 있어요 / 하지만 그가 가려고 몸을 돌리기 전에 / 그의 아내가 말한다 / 그럼, 당신이 가는

you're going anyway, / I'd like some strawberries on top. / ❹ **You'd better** write that down." /
김에 / 나는 위에 딸기 몇 개도 올려주면 좋겠어요 / 당신이 그건 메모하는 편이 좋을 텐데요 /

He replies, / "I've got it in my mind!" / She adds, / "I'd also like chocolate syrup. / Now I'm
그는 대답한다 / 나는 그걸 마음속에 두고 있어요! / 그녀는 덧붙여 말한다 / 나는 초콜릿 시럽도 있으면 좋겠어요 / 이제 나는 확신

certain / you'll forget that." / At this word, / he loses his temper / and says, / "I ❺ **do** remember that:
해요 / 당신은 그것을 잊어버릴 거에요 / 이 말에 / 그가 화를 낸다 / 그리고 말한다 / 나는 정말로 그걸 기억하고 있다고요 /

ice cream with strawberries and chocolate syrup." / He then hurries into the kitchen. / Twenty minutes
딸기와 초콜릿 시럽을 얹은 아이스크림이요 / 그러고 나서 그는 서둘러 부엌으로 들어간다 / 20분 뒤에 /

later, / he returns / with a plate of bacon and eggs. / His wife stares at the plate / for a moment
그는 돌아온다 / 베이컨 에그가 얹힌 접시를 들고 / 그의 아내가 그 접시를 빤히 쳐다본다 / 잠시 동안 /

and asks, / "Where's my toast?"
그리고 묻는다 / 내 토스트는 어디 있죠?

❶ A couple in their 90s: 90대의 부부
ex. in one's teens: 10대의 / in one's 20s[twenties]: 20대의 / in one's 30s[thirties]: 30대의

❷ 「help + 목적어 + (to) 동사원형」: ~가 …하도록 돕다

❸ get은 4형식 동사로, her가 간접목적어, a bowl of ice cream이 직접목적어로 쓰여 '그녀에게 아이스크림 한 그릇을 가져다 주다'로 해석한다.

❹ You had better의 축약형으로 had better는 '~하는 편이 낫다'라는 의미의 조동사이므로 뒤에 동사원형을 쓴다.

❺ 조동사 do는 뒤에 나온 본동사의 의미를 강조하기 위해 쓴다. 이 때 시제나 주어의 수에 따라 do[does/did]로 바뀐다는 점에 유의한다.
ex. The boy **does look** sleepy. 그 소년은 정말 졸려 보인다.
Jim **did email** you several times, but you didn't reply.
Jim은 정말로 네게 몇 번이나 이메일을 보냈지만, 너는 답장을 하지 않았다.

---

21 로그인하려고? 사람이라면 증명해봐 pp. 70~71

문제 정답 **1** ③ **2** ② **3** ③ **4** (1) coming (2) built

문제 해설 **1** CAPTCHA는 온라인 투표에서 부정행위가 행해져 엉터리 결과가 나온 것을 계기로 개발되었다. (5~7행 참조)

2 CAPTCHA는 사람과 컴퓨터를 구별해 주는 단어 인식 테스트로, 사람이 인식할 수 있는 특수 문자를 컴퓨터는 인식할 수 없다. (9~11행 참조)

3 웹사이트에 방문하거나 가입할 때 자신이 진짜 사람임을 증명하기 위해 CAPTCHA 프로그램을 통과해야 한다고 했으므로, 이것을 이용한 사례로 적절한 것은 ③ 'Serena: 나는 웹사이트에 가입하기 위해 이상한 모양의 단어들을 입력했다.'임을 알 수 있다.

① Amy: 나는 웹사이트에서 온라인 여론조사에 참여했다.

② Robin: 나는 컴퓨터가 뉴스를 소리 내 읽도록 했다.

④ Din: 나는 더 많은 정보를 얻기 위해 온라인 콘텐츠를 검색했다.

⑤ Mark: 나는 컴퓨터에서 3D로 영화를 봤다.

4 (1) a car는 come의 주체이므로 '오고 있는 차'의 의미를 나타내는 coming이 적절하다.

우리는 다른 방향에서 <u>오고 있는</u> 차에 부딪혔다.

(2) the church는 build의 대상이므로, '지어진 교회'의 의미를 나타내는 built가 적절하다.

이것은 5년 전에 <u>지어진</u> 교회이다.

본문 해석

1999년에 한 웹사이트가 컴퓨터 공학으로 가장 좋은 학교를 선정하기 위해 온라인 여론조사를 실시했다. 그런데 카네기 멜론 대학과 MIT 대학의 일부 학생들이 속이는 짓을 했다. 그들은 여러 번 반복해서 자동으로 투표하는 컴퓨터 프로그램을 사용했다. 그 결과로, 그 두 학교들은 다른 어떤 학교보다 더 많은 표를 얻었다. 이후 이런 식의 부정행위를 막기 위해 몇몇 사람들이 CAPTCHA(캡챠)라 불리는 테스트 프로그램을 고안해 냈다.

CAPTCHA는 컴퓨터와 인간을 구별하도록 설계된 일종의 단어 인식 테스트이다. 테스트 화면에 보이는 단어들은 이상한 모양을 하고 있다. 인간은 그것들을 식별할 수 있지만, 컴퓨터는 식별할 수 없다. 웹사이트 방문객들은 자신들이 진짜 인간임을 증명하기 위해서 그 단어들을 입력해야 한다. 이런 식으로, CAPTCHA는 컴퓨터 프로그램이 농간을 부리는 것을 막을 수 있다.

CAPTCHA가 널리 사용됨에 따라, 그것의 형태도 계속해서 진화하고 있다. 요즘에는 시각장애인들을 위해 글을 크게 소리 내 읽어 주는 오디오 CAPTCHA가 있다. 좀 더 발전된 것은 문자나 숫자를 3D로 보여 주는 3D CAPTCHA이다.

지문 풀이

In 1999, / a website conducted an online poll / to choose the best school for computer science. /
1999년에 / 한 웹사이트가 온라인 여론조사를 실시했다 / 컴퓨터 공학으로 가장 좋은 학교를 선정하기 위해 /

But some students at Carnegie Mellon and MIT / played a trick. / They used a computer program /
그런데 카네기 멜론 대학과 MIT 대학의 일부 학생들이 / 속였다 / 그들은 컴퓨터 프로그램을 사용했다 /

to vote automatically / over and over again. / As a result, / those two schools / got more votes / than any
자동으로 투표하는 / 여러 번 반복해서 / 그 결과로 / 그 두 학교들은 / 더 많은 표를 얻었다 / 다른 어떤

other school. / Later, / ❶ **in order to stop** this kind of cheating, / some people came up with a test
학교보다 / 이후 / 이런 식의 부정행위를 막기 위해 / 몇몇 사람들이 테스트 프로그램을 고안해 냈다 /

program / ❷ **called CAPTCHA.** /
CAPTCHA라 불리는 /

CAPTCHA is a kind of word recognition test / that is designed / to tell computers and humans
CAPTCHA는 일종의 단어 인식 테스트이다 / 설계된 / 컴퓨터와 인간을 구별하도록 /

apart. / The words / ❸ **shown on the test screen** / have strange shapes. / Humans can recognize
단어들은 / 테스트 화면에 보이는 / 이상한 모양을 하고 있다 / 인간은 그것들을 식별할 수 있다 /

them, / but computers can't. / Visitors to a website / are required to type in the words / to prove that
하지만 컴퓨터는 할 수 없다 / 웹사이트 방문객들은 / 그 단어들을 입력해야 한다 / 그들이 진짜 인간임을

they are really human. / This way, / CAPTCHA can ❹ **prevent** / **computer programs from playing**
증명하기 위해서 / 이런 식으로 / CAPTCHA는 막을 수 있다 / 컴퓨터 프로그램이 농간을 부리는 것을 /

tricks. /

As CAPTCHA is widely used, / its forms continue to evolve. / There is now an audio CAPTCHA /
CAPTCHA가 널리 사용됨에 따라 / 　　　　　　 그것의 형태도 계속해서 진화하고 있다 / 　　　　 요즘에는 오디오 CAPTCHA가 있다 /

❺ **that** reads texts out loud / for the blind. / A more advanced one is a 3D CAPTCHA / ❻ **that** displays
글을 크게 소리 내 읽어 주는 / 　　 시각장애인들을 위해 / 　　 좀 더 발전된 것은 3D CAPTCHA이다 / 　　　　　　　　 문자나 숫자를 보여

characters or numbers / in 3D.
주는 / 　　　　　　　　 3D로

❶ in order to부정사는 '~하기 위해서'라는 의미로 '목적'을 나타낸다.

❷, ❸ 과거분사구가 앞에 나온 명사구 a test program과 The words를 수식하는 구조로, '~되어진, ~해진'의 '완료, 수동'의
의미를 나타낸다.

❹ 「prevent + A + from -ing」: A가 ~하는 것을 막다

❺, ❻ that은 주격 관계대명사로, 각각 앞에 나온 an audio CAPTCHA와 a 3D CAPTCHA를 수식하는 관계대명사절을 이끈다.

REVIEW TEST

p. 72

문제 정답 **1** ③ **2** ④ **3** ② **4** apart **5** about **6** from **7** , which[, and it] **8** in his late 40s
9 Her novel translated in Korean is popular among teenagers.

문제 해설 **1** 나머지 단어들은 모두 '동사 – 명사'로 짝지어졌지만, ③은 '산 – 산성의'라는 의미로 '명사 – 형용사'의 관계이다.
　　　① 증명하다 – 증거　　② 충고하다 – 조언　　④ 인식하다 – 인식

2 nutrition: 영양(소)
그 나라들의 사람들은 배고픔과 부실한 영양으로 고통 받는다.
① 표　　② 문자　　③ 물질

3 display: 보여주다 / put something in a particular place so that people can see it easily

4 tell A and B apart: A와 B를 구별하다
당신은 일본인과 중국인을 구별할 수 있나요?

5 be about to: 막 ~하려던 참이다
그 남자는 박물관 문을 막 열려던 참이었다.

6 prevent A from -ing: A가 ~하는 것을 막다
등 통증이 내가 운동과 달리기에 참가하는 것을 막았다.

7 주격 관계대명사 which의 계속적 용법으로, which는 앞 문장 전체를 받는다. ', which'는 ', and it'으로도 쓸 수 있다.
아무도 질문에 답을 하지 않았고 그것이 나를 당황하게 만들었다.

8 '40대 후반'은 in his late 40s로 쓴다. / in one's + '10단위 숫자 + -s': (나이가) ~대인
베토벤은 40대 후반이 되자 귀가 완전히 멀었다.

9 주어 Her novel은 과거분사구 translated in Korean의 수식을 받는다. 그 뒤에 동사(is), 주격보어(popular),
전치사구(among teenagers)가 이어진다.

Unit 08

22 까치에게는 친절만 베푸세요!

pp.74~75

문제 정답   1 ③   2 ①   3 ⑤   4 seemed to have

문제 해설

1 까치가 자신의 새끼를 데려간 사람의 얼굴을 기억하는지에 대한 실험을 소개하고 있으므로, 빈칸에는 ③ '기억력'이 적절하다.

  ① 소리   ② 시력   ④ 속도   ⑤ 힘

2 자신의 새끼를 데려간 남자가 지나가자 까치가 격렬하게 울부짖으며 계속 쫓아갔다고 했으므로, yelling은 '적대감'을 나타내는 것임을 추론할 수 있다. (5~6행 참조)

3 까치가 사람의 얼굴을 기억하는지 알아보기 위한 실험에서 까치를 속이기 위해 같은 옷을 입은 다른 사람을 지나가게 했으나 까치는 그 사람에게 반응하지 않았다. (7~9행 참조)

4 「It seems〔seemed〕that + 주어 + 동사」는 「주어 + seem(s)〔seemed〕+ to부정사」로 바꿔 쓸 수 있다. 따라서 that절의 과거형 동사 had는 to부정사가 되어 'seemed to have'로 쓰는 것이 적절하다.
  내 남동생은 두통이 있는 것처럼 보였다.

본문 해석   사람들은 까치가 똑똑한 동물이라고 말한다. 그것이 사실일까? 한 실험이 까치의 <u>기억력</u>을 테스트하기 위해 실시되었다. 한 남자가 어떤 까치가 그를 보고 있을 때 그 까치의 둥지에 올라가서 그것의 새끼를 데려갔다. 다음 날, 그 남자가 그 둥지를 지나갔다. 그 까치가 그를 보자 그것은 격렬하게 울부짖었다. 그 까치는 심지어 그를 따라가면서 계속해서 울부짖었다. 그것은 일종의 '<u>고함</u>'인 듯 했다. 몇 분 후, 같은 옷을 입은 또 다른 남자가 까치를 속이기 위해 둥지를 지나갔다. 놀랍게도 그 까치는 아무런 반응도 보이지 않았다. 이 실험은 우리에게 까치가 그것의 새끼를 데려간 사람의 얼굴을 기억할 수 있었음을 보여 준다. 분명히 이 놀라운 동물은 우리가 추측하는 것보다 훨씬 더 많은 것을 알고 있다.

지문 풀이

People say / that magpies are smart animals. / Is it true? / An experiment was conducted / ❶ **to test** the
사람들은 말한다 / 까치는 똑똑한 동물이라고 / 그것이 사실일까? / 한 실험이 실시되었다 / 까치의 기억력을

memories of magpies. / A man climbed up to a magpie's nest / and took its baby / when the magpie was
테스트하기 위해 / 한 남자가 한 까치의 둥지에 올라갔다 / 그리고 그것의 새끼를 데려갔다 / 그 까치가 그를 보고 있을 때 /

watching him. / The next day, / the man went by the nest. / The magpie cried violently / when it saw
다음 날 / 그 남자가 그 둥지를 지나갔다 / 그 까치는 격렬하게 울부짖었다 / 그것이 그를 보자 /

him. / The magpie even followed him / and continued to cry. / It ❷ **seemed to be** a kind of
그 까치는 심지어 그를 따라갔다 / 그리고 계속해서 울부짖었다 / 그것은 일종의 '고함'인 듯 했다 /

"yelling." / After a few minutes, / another man / ❸ **wearing** the same clothes / passed by the nest /
몇 분 후 / 또 다른 남자가 / 같은 옷을 입은 / 둥지를 지나갔다 /

❹ **to fool** the magpie. / Surprisingly, / the magpie showed no reaction. / This experiment shows us /
까치를 속이기 위해 / 놀랍게도 / 그 까치는 아무런 반응도 보이지 않았다 / 이 실험은 우리에게 보여 준다 /

that the magpie could remember / the face of the person / ❺ **who** took its baby. / Clearly, / this amazing
까치가 기억할 수 있었음을 /　　　사람의 얼굴을 /　　　그것의 새끼를 데려간 /　　분명히 /　이 놀라운 동물은 훨씬

animal knows much more / than we guess.
더 많은 것을 알고 있다 /　　　우리가 추측하는 것보다

❶, ❹ '~하기 위해서'로 해석하여, to부정사의 부사적 용법의 '목적'을 나타낸다.

❷ 「seem + to부정사」는 '~인 것 같다'의 의미를 나타내며, 「It seems[seemed] that + 주어 + 동사」로 바꿔 쓸 수 있다.

(= It seemed that **it** was a kind of "yelling.")
까치가 따라가면서 계속해서 울부짖는 것

ex. My team leader **seems to know** the answer.　나의 팀 리더는 정답을 아는 것처럼 보인다.
= **It seems that** my team leader **knows** the answer.

❸ wearing ~ clothes는 앞에 나온 another man을 수식하는 현재분사구로, man과 wearing 사이에 「주격 관계대명사 + be동사」인 who was가 생략되었다.

❺ who는 주격 관계대명사로, 앞에 나온 선행사 the person을 수식하는 형용사절을 이끈다.

23　**돈으로 보상하면 성적이 오를까?**

pp. 76~77

문제 정답　**1** ④　　**2** 아이들이 돈을 받지 않는다면 어떤 것도 하지 않을 것이라는 것　　**3** ④　　**4** (1) unless　(2) if

문제 해설　**1** 성적에 대해 돈으로 보상하는 것의 결과와 한계, 진정한 보상이 무엇인지에 관해 언급하고 있으므로 글의 제목으로 ④ '돈은 아이들이 더 열심히 공부하도록 만드는가?'가 적절하다.
① 아이들이 언제 공부하는 것을 중단하는가?
② 아이들은 어떻게 시험을 잘 볼 수 있는가?
③ 아이들은 어떻게 그들의 성적을 향상시킬 수 있는가?
⑤ 심리학자들은 학교 성적을 향상시키기 위해 무엇을 제안하는가?

2 밑줄 친 This는 앞 문장에 나온 일부 부모들의 우려(their children ~ unless they get money)를 가리킨다. (7행 참조)

3 심리학자들은 외부로부터의 동기 유발은 한계가 있고, 진정한 보상은 자신이 해 낸 일에 대해 스스로 느끼는 성취감과 만족감이라고 믿고 있다. (11~12행 참조)
① 부모로부터 칭찬받는 것　　　　② 친구들에게 인정받는 것
③ 선생님들에게 상을 받는 것　　　⑤ 당신이 한 일에 대해 돈을 받는 것

4 (1) '비가 오지 않는다면'의 의미가 되어야 하므로 부정의 의미가 포함된 unless가 적절하다.
비가 오지 않는다면, 우리는 하이킹을 하러 갈 것이다.
(2) 뒤에 don't가 있으므로 '비밀로 한다고 약속하지 않으면'의 의미가 되려면 if가 적절하다.
만약 네가 그것을 비밀로 한다고 약속하지 않으면, 나는 너에게 말해 주지 않을 것이다.

본문 해석　어떻게 하면 우리 아이들이 더 열심히 공부하도록 할 수 있을까? 한 가지 단순한 생각은 그들에게 돈을 주는 것이다! 연구에 따르면 성적에 대한 대가로 돈을 주는 것이 효과가 있다. 미국에서 한 집단의 학생들이 SAT(미국의 대학 입학시험) 시험을 잘 칠 수 있도록 돈을 받았다. 그 결과, 그들의 성적이 보통 때보다 30% 향상되었다! 많은 학부모들이 좋은 시험 성적에 대해 돈을 주는 것이 자녀들에게 상을 주는 것과 같다고 생각한다.

하지만 일부 학부모들은 동의하지 않는다. 그들은 자녀들이 돈을 받지 않는다면 어떤 것도 하려고 하지 않을 것을 우려한다. 이것은 사실일 수도 있다. 연구에 따르면, 일에 대해 보상을 받는 사람들은 보통 그 보상이 멈추면 일하는 것을 멈춘다고 한다. 많은 심리학자들은 사람들이 내면으로부터 보상을 받아야 한다고 믿는다. 그들은 일을 잘 해냈을 때 그것으로부터 나오는 성취감과 자기만족감이 진정한 상이라고 믿는다.

지문 풀이

How can we make / our children study harder? / One simple idea is / to give them money! / Studies
어떻게 우리는 할 수 있을까 / 우리 아이들이 더 열심히 공부하도록? / 한 가지 단순한 생각은 / 그들에게 돈을 주는 것이다! / 연구는 보여

show / that ❶ **paying** for grades **works**. / In America, / a group of students were paid / to do well on the
준다 / 성적에 대해 돈을 주는 것이 효과가 있다는 것을 / 미국에서 / 한 집단의 학생들이 돈을 받았다 / SAT 시험을 잘 칠 수 있도록 /

SAT test. / As a result, / their scores were 30% higher / than normal! / Many parents think
SAT 시험. / 그 결과로 / 그들의 성적이 30% 더 높아졌다 / 보통 때보다! / 많은 학부모들이 생각한다

that ❷ **giving** money for great test scores / **is** like giving their kids a prize. / But some parents disagree. /
좋은 시험 성적에 대해 돈을 주는 것은 / 그들의 자녀들에게 상을 주는 것과 같다 / 하지만 일부 학부모들은 동의하지 않는다 /

They are afraid / that their children won't do anything / ❸ **unless** they get money. / This could be true. /
그들은 우려한다 / 그들의 자녀들이 어떤 것도 하지 않을 것을 / 그들이 돈을 받지 않는다면 / 이것은 사실일 수도 있다 /

According to the studies, / ❹ **people who get rewards for work** / usually stop working / if the rewards
연구에 따르면 / 일에 대해 보상을 받는 사람들은 / 보통 일하는 것을 멈춘다 / 그 보상이 멈추면 /

stop. / Many psychologists believe / that people need to be rewarded / from inside. / They believe /
많은 심리학자들은 믿는다 / 사람들이 보상받을 필요가 있다 / 내면으로부터 / 그들은 믿는다 /

that the true prize is / the sense of achievement and self-satisfaction / that comes from ❺ **a job well**
진정한 상이다 / 성취감과 자기만족감이 / 잘한 일로부터 나오는 /

done.

---

❶, ❷ 주어가 동명사구일 때는 단수형 동사를 쓴다. 여기서 주어는 paying for grades, giving money ~ scores이다.

❸ unless는 '만일 ~가 아니라면'이라는 뜻의 접속사로, 'if ~ not'으로 바꿔 쓸 수 있다.
　(= if they don't get money)

❹ 주어 people은 주격 관계대명사 who가 이끄는 형용사절의 수식을 받아 주어가 길어진 형태이다.

❺ a job well done은 관용적으로 쓰이는 표현으로, '잘한 일', '노고'라는 뜻이다. well done이 앞의 a job을 수식한다.

---

24 음악을 가까이하면 머릿속에서 불꽃이 팡팡!

pp. 78~79

문제 정답　1 ④　2 (1) T (2) F (3) F　3 ②　4 listening to music, playing musical instruments

문제 해설　1 음악을 들으면 뇌의 많은 부분이 동시에 번쩍거리고, 악기를 연주하면 뇌 전체가 불꽃놀이를 하는 것 같다고 언급하며 음악과 관련된 활동을 하는 것이 뇌를 튼튼하게 하고 사고력을 키워준다고 설명하고 있으므로, 글의 제목으로 ④ '음악은 당신의 뇌의 능력을 향상시킨다'가 적절하다.
① 당신의 뇌는 운동되어질 필요가 있다
② 음악은 뇌를 좀 더 편안하게 만든다
③ 음악은 당신의 몸에 무슨 일을 하는가?
⑤ 활동이 더 많을수록 성적이 더 높다

2 (1) 독서, 그림 그리기, 수학 문제 풀기와 같은 활동은 뇌의 특정 영역에 불이 들어오게 해준다. (4~5행 참조)

당신이 수학 문제를 풀면, 당신의 뇌의 일부는 활발해진다.

(2) 음악을 들을 때는 뇌의 전체가 아니라 많은 부분이 동시에 밝혀진다. (6~7행, 8~9행 참조)

우리가 음악을 듣는 동안, 우리의 뇌 전체에 동시에 불이 켜진다.

(3) 운동을 함으로써 근육을 만들면 우리의 신체가 더욱 건강해진다. (10~11행 참조)

근육을 만드는 것은 우리의 뇌가 더욱 튼튼해지도록 돕는다.

3 운동을 하면 근육이 만들어져 몸을 더욱 건강하게 해 준다는 내용과 음악과 관련된 활동을 하는 것이 뇌를 더욱 튼튼하게 해 준다는 내용이 이어지고 있으므로, 앞뒤 내용을 같은 맥락으로 연결해 주는 ② '마찬가지로'가 빈칸에 적절하다.

① 그럼에도 불구하고   ③ 즉, 말하자면
④ 게다가   ⑤ 결과적으로

4 music-related activities는 앞에 나온 '음악 듣기(listening to music)'와 '악기 연주하기(playing musical instruments)를 의미하는 표현이다.

본문 해석 심리학자들에 따르면 음악은 그저 즐거운 활동 그 이상의 것이다. 그것은 당신의 뇌의 능력에 매우 큰 영향을 끼칠 수 있다. 자기 공명 영상 정밀 검사는 당신이 무언가를 할 때 뇌가 활발해지는 것을 보여 준다. 독서, 그림 그리기, 수학 문제 풀기와 같은 활동들은 한 쪽 뇌의 일부에 불을 켠다. 그러면 당신이 음악을 들을 때 뇌에는 무슨 일이 생기는가? 놀랍게도, 음악은 뇌의 많은 부분들을 동시에 환하게 한다. 그러나 이것은 아무 것도 아니다. 당신이 악기를 연주할 때, 당신의 뇌 전체가 불꽃놀이처럼 번쩍거린다. 그것은 마치 뇌 전체가 전신 운동에 참여하고 있는 것과 같다. 운동을 하는 것은 몸에 근육을 만들어 주고 당신을 좀 더 건강하게 만들어 준다. 마찬가지로, 음악을 듣거나 악기를 연주하는 것은 당신의 뇌를 더 튼튼하게 만들어 주고 사고력을 향상시킨다. 만일 당신이 날마다 계속해서 음악과 관련된 활동들을 한다면, 그것의 긍정적 효과가 당신의 성적에서도 나타날 것이다.

지문 풀이

According to psychologists, / music ❶ **is more than just** a pleasant activity. / It can greatly affect /
심리학자들에 따르면 /   음악은 그저 즐거운 활동 그 이상의 것이다 /   그것은 매우 큰 영향을 끼칠 수 있다 /

the ability of your brain. / MRI scans show / that your brain becomes active / when you do something. /
당신의 뇌의 능력에   자기 공명 영상 정밀 검사는 보여 준다 / 당신의 뇌가 활발해지는 것을 /   당신이 무언가를 할 때 /

❷ **Activities** / **such as** reading, drawing and solving math problems / **light up** a part of one side of your
활동들은 /   독서, 그림 그리기 그리고 수학 문제 풀기와 같은 /   당신 뇌의 한 쪽 부분에 불을 켠다 /

brain. / Then / what happens to your brain / when you listen to music? / Amazingly, / music makes /
그러면 /   당신의 뇌에는 무슨 일이 생기는가 /   당신이 음악을 들을 때? /   놀랍게도 /   음악은 한다 /

many parts of your brain light up / all at once. / But this is nothing. / When you play a musical
당신 뇌의 많은 부분들을 환하게 /   동시에 /   그러나 이것은 아무 것도 아니다 /   당신이 악기를 연주할 때 /

instrument, / your entire brain flashes / like fireworks. / It is / ❸ **as if the entire brain were** engaging in
당신의 뇌 전체는 번쩍거린다 /   불꽃놀이처럼 /   그것은   마치 뇌 전체가 전신 운동에 참여하고 있는 것과 같다 /

a full-body workout. / Exercising builds muscles / in your body / and makes you healthier. / Likewise, /
운동을 하는 것은 근육을 만들어 준다 /   당신의 몸에 /   그리고 당신을 더 건강하게 만들어 준다 /   마찬가지로 /

❹ **listening to music or playing musical instruments** / **makes** your brain stronger / and **improves** your
음악을 듣거나 악기를 연주하는 것은 /   당신의 뇌를 더 튼튼하게 만들어 준다 /   그리고 당신의 사고력을 향상

ability **to think**. / If you keep doing music-related activities / on a daily basis, / its positive effects will show /
시킨다 /   만일 당신이 계속해서 음악과 관련된 활동들을 한다면 /   날마다 /   그것의 긍정적 효과가 나타날 것이다 /

in your grades, too.
당신의 성적에서도

❶ 「be more than just」는 '～이상의 것이다', '단지 ～에 그치지 않는다'라는 의미이다.

❷ Activities는 주어이고 light up은 동사이다. 전치사구 such as가 뒤에 나온 명사(구)와 연결되어, 'A, B, 그리고 C와 같은 활동들'이라는 의미를 나타낸다.

ex. Activities such as reading, drawing and solving math problems
                              A   B   C

❸ 「as if + 주어 + 과거형 동사[were]」는 '마치 ～인 것처럼'의 '가정법 과거'의 의미를 나타낸다.

❹ 문장의 주어는 listening to ~ instruments이고, 두 개의 동사 makes와 improves가 and로 연결되어 있다. to think는 앞에 나온 your ability를 수식해 주는 형용사적 용법으로 쓰였다.

REVIEW TEST

p. 80

문제 정답 1 ② 2 ③ 3 ④ 4 ③ 5 ② 6 seemed to be awake 7 We'll cancel the game unless the weather gets better.[Unless the weather gets better, we'll cancel the game.]

문제 해설 1 entire: 전체의, 온 (= whole)
우리는 온 저녁을 서로 이야기를 하는 데 보냈다.
① 활발한, 왕성한   ③ 긍정적인   ④ 보통의, 평상시의

2 experiment: 실험
그 과학자는 그 이론을 테스트하기 위해 장기간 실험을 수행했다.
① 반응   ② 상   ④ 성취

3 engage in: ～에 참여하다
그 학생들은 토론에 참여할 준비가 되었다.
① ～을 잘 하다, (시험을) 잘 보다   ② (빛으로) ～을 환하게 만들다; 환하게 되다   ③ 오르다

4 workout: (건강을 위해 하는) 운동 / a period of physical exercise

5 ①, ③, ④: 일하다 ②: 효과가 있다
① 당신은 당신의 아버지 회사에서 일하는 것을 좋아하나요?
② 그 의사가 내게 준 알약은 전혀 효과가 있지 않다.
③ 나는 국립 박물관에서 일하는 사람들을 몇 명 알고 있다.
④ Sam은 농사짓는 것을 포기하고 엔지니어로 일하기 시작했다.

6 seem[seemed] + to부정사: ～인 것 같다 (= It seems[seemed] + that 주어 + 동사)
모든 사람이 깨어 있는 것 같았다.

7 접속사 unless가 와서 '만약 ～가 아니라면'의 의미의 부사절을 만든다. 주절과 부사절은 순서를 바꿔 쓸 수 있으며, 부사절이 먼저 오면, 절 끝에 콤마(,)를 씀에 유의한다.

Unit 09

25 강아지 호텔로 오세요! pp. 84~85

문제 정답 **1** ① **2** ③ **3** $1,040 **4** to prepare → preparing

문제 해설

1 호텔에서 제공하는 다양한 서비스에 대해 소개하며 이용해 볼 것을 권하고 있는 글이므로 글의 목적으로 ①이 적절하다.

2 털 손질 서비스는 개의 무게에 따라 비용이 달라진다.

3 두 마리면 1박에 80달러이고, 14박을 한다고 했으므로 1박에 대한 무료 서비스를 받을 수 있다. 따라서 총 비용은 ($80X14 nights)-$80=$1,040이다.

  A 안녕하세요, 애완동물 호텔 Luna입니다. 어떻게 도와드릴까요?

  B 저는 제 애완견 두 마리에 대한 예약을 하고 싶습니다. 14박에 얼마인가요?

  A 1,040달러입니다.

4 finished는 목적어로 동사가 올 때 동명사 형태가 되어야 하므로 to prepare를 preparing으로 고쳐야 한다.

본문 해석 애완동물 호텔 Luna에 오신 것을 환영합니다! 저희는 고객님께서 집을 떠나 있어야 할 때 댁의 강아지에게 훌륭한 숙박 및 데이케어 서비스를 제공합니다. 저희는 기숙(식사까지 포함하여 숙소에 묵는 것), 털 손질, 개의 데이케어 등등에 대한 최신 시설을 갖추고 있습니다. 저희의 숙련되고 배려심 많은 직원들은 언제나 고객님의 털이 복슬복슬한 가족과 함께 일하는 것을 즐깁니다. 고객님의 개를 집에 홀로 두는 대신 녀석이 좋은 시간을 갖도록 하세요. 그 최종 결과는 합리적인 가격으로 누리는 보다 안전하고 편안한 경험입니다!

숙박(데이케어 포함):
- 개 한 마리: 1박에 45달러
- 개 두 마리: 1박에 80달러
- 장기 투숙: 10박마다 1박 무료 제공

털 손질(목욕, 드라이, 빗질, 발톱 (손질), 귀 (청소) 포함):
- 소형(25 파운드까지): 30~34달러
- 중형(26~50 파운드): 35~39달러
- 대형(50 파운드 이상): 40달러부터 시작

무료 서비스:
- 매일의 산책
- 수제 간식
- 동영상 및 사진

지문 풀이

Welcome to Pet Hotel Luna! / We offer / excellent boarding and daycare services / for your dogs /
애완동물 호텔 Luna에 오신 것을 환영합니다! / 저희는 제공합니다 훌륭한 숙박 및 데이케어 서비스를 / 댁의 강아지들에게 /

when you need to be away from home. / We have modern facilities / ❶ **for boarding, grooming, doggie**
고객님이 집을 떠나 있어야 할 때 / 저희는 최신 시설을 갖추고 있습니다 / 숙박, 털 손질, 개의 데이케어 등등에 대한 /

daycare and more. / Our trained and caring staff members / always ❷ **enjoy working** with your furry
저희의 숙련되고 배려심 많은 직원들은 / 언제나 고객님의 털이 복슬복슬한 가족과 함께 일하는 것을 즐깁니다 /

family member. / ❸ **Let your dogs have** a good time / instead of leaving them home alone. / The end
고객님의 강아지들에게 좋은 시간을 갖도록 해 주세요 / 그들을 집에 홀로 두는 대신에 / 그 최종 결과는

results are safer, more comfortable experiences / at reasonable prices! /
보다 안전하고 편안한 경험입니다 / 합리적인 가격으로 /

Boarding / (including daycare): /
기숙 / (데이케어 포함) /

- 1 DOG: / $45 ❹ per night /
  개 한 마리 / 1박에 45달러 /

- 2 DOGS: / $80 per night /
  개 두 마리 / 1박에 80달러 /

- Longer Stays: / Get 1 FREE night / for ❺ every 10 nights /
  장기 투숙 / 1박 무료 제공 / 10박마다 /

Grooming / (including bath, dry, brush, nails and ears): /
털 손질 / (목욕, 드라이, 빗질, 발톱 (손질), 귀 (청소) 포함) /

- Small (up to 25 lbs): / $30–$34 /
  소형(25 파운드까지) / 30~34달러 /

- Medium (26–50 lbs): / $35–$39 /
  중형(26~50 파운드) / 35~39달러 /

- Large (over 50 lbs): / starts at $40 /
  대형(50 파운드 이상) / 40달러부터 시작 /

Free Services: /
무료 서비스 /

- Daily walking /
  매일의 산책 /

- Homemade snacks /
  수제 간식 /

- Videos and photos
  동영상 및 사진

❶ 전치사 for의 목적어로 4개의 어구(boarding, grooming, doggie daycare, more)가 접속사 and로 연결되어 있다.

❷ enjoy는 뒤에 목적어로 동사가 올 때 동명사(-ing)만을 목적어로 취한다.

❸ let은 '시키다'라는 의미의 사역동사로 「let + 목적어 + 동사원형」의 형태가 되며, '~에게 …하게 하다'의 뜻을 나타낸다.

❹ per는 '~당'의 뜻으로, '하룻밤에'라는 의미를 나타내는 'a night'으로 쓸 수도 있다.

❺ every + 숫자 + 복수형 명사: ~마다 / every 다음에는 단수형 명사를 쓰지만, 복수의 숫자 10이 왔으므로 복수형 nights로 쓴다.
  ex. I have to see my doctor **every two weeks**. 나는 2주에 한 번씩 병원에 가야 한다.
  John reads as many as eight books **every week**. John은 매주 책을 여덟 권이나 읽는다.

26 고객의 코를 사로잡아라!

문제 정답 1 ④ 2 ⑤ 3 (1) T (2) T (3) F 4 is being discussed

문제 해설 1 냄새를 이용해 고객의 행동에 영향을 주어 판매를 촉진하거나 연체료를 받아내는 사례를 언급하고 있으므로, 글의 주제로
④ '영업상의 목적을 위해 냄새 이용하기'가 적절하다.
① 당신의 코를 신뢰하는 이유들　　　　　　② 가장 좋은 냄새를 만들어내는 방법
③ 냄새가 뇌에 미치는 영향　　　　　　　　⑤ 냄새가 당신의 기분을 나아지게 하는 방법

2 냄새가 돈을 더 쓰게 하거나 밀린 대금을 바로 내도록 하는 등 행동에 영향을 끼칠 수 있다는 내용 다음에 본인이 알지 못하는 사이에 통제받을 수 있으니 주의하라는 흐름이 자연스러우므로 빈칸에는 ⑤ '냄새에 의해 통제받는다'가 적절하다.

① 그 냄새를 사랑한다
② 나쁜 짓을 한다
③ 스스로에게 화가 난다
④ 두렵고 걱정하게 된다

3 (1) 후각은 다른 어떤 감각보다 우리의 기분과 기억력에 영향을 끼치는데, 그 이유는 그것이 뇌의 감정 통제 센터와 직접 연결되어 있기 때문이다. (1~3행 참조)

(2) 바닐라 향은 기분을 좀 더 편안하게 만들어, 고객들로 하여금 매장에 오래 머물며 돈을 더 쓰게 만든다. (7~8행 참조)

(3) 불안감과 긴장감을 불러일으키는 땀 냄새는 무서웠던 때를 기억나게 하기 때문에 사람들로 하여금 즉시 돈을 내도록 만든다. (12~14행 참조)

4 '~되고 있다'의 의미를 나타내는 진행형 수동태는 「be동사 + being p.p.」로 쓴다.

본문 해석

후각은 다른 감각보다 우리의 기분과 기억력에 더 많은 영향을 준다. 그 이유는 후각이 뇌의 감정 통제 센터와 직접적으로 연결되어 있기 때문이다. 일부 상점과 기업들은 이를 알고, 냄새를 이용해 고객의 행동에 영향을 주려고 노력한다.

한 아이스크림 체인점들은 고객들을 끌어들이기 위해 와플 콘 냄새를 채택한다. 여성 의류 매장들은 종종 바닐라 향이 난다. 바닐라 향은 여성들의 기분을 좀 더 편안하게 해서, 그들은 더 오래 매장에 머무르며 돈을 더 쓰게 된다.

요즘에는 냄새가 훨씬 더 색다른 방법으로 사용되고 있다. 호주에서는 전기회사들이 지불 기일이 지난 고객들의 청구서에 땀 냄새를 묻힌다. 불안감과 두려움이라는 감정들은 식은땀을 흘리게 하는 흔한 원인이다. 그 냄새는 그들에게 두려웠던 때를 기억나게 할지도 모른다. 이것은 그들에게 당장 청구서 대금을 지불하도록 종용한다. 다음에 쇼핑을 하거나 우편물을 볼 때, 당신이 무슨 냄새를 맡는지를 주의하라! 당신은 결국 그것을 깨닫지도 못하고 <u>그 냄새에 의해 통제받고 있을지도 모른다.</u>

지문 풀이

Smell affects our moods and memories / more than other senses. / The reason is / that smell is directly
후각은 우리의 기분과 기억력에 영향을 준다 / 다른 감각보다 더 많이 / 그 이유는 / 후각이 직접적으로 연결되어 있다 /

connected / to the brain's emotional control center. / Some stores and companies know this / and try to
뇌의 감정 통제 센터에 / 일부 상점과 기업들은 이를 안다 / 그리고 고객의

influence customer behavior / with smell. /
행동에 영향을 주려고 노력한다 / 냄새를 가지고 /

A chain of ice cream shops adopt / a waffle cone smell / to attract customers. / Women's clothing stores
한 아이스크림 체인점들은 채택한다 / 와플 콘 냄새를 / 고객들을 끌어들이기 위해 / 여성 의류 매장들은 종종 바닐라

often smell like vanilla. / Vanilla makes / women feel more ❶**relaxed**, / so they stay in the stores
향이 난다 / 바닐라 향은 하게 한다 / 여성들을 더 편안하게 느끼게 / 그래서 그들은 더 오래 매장에 머무른다 /

longer / and spend more money. /
그리고 돈을 더 쓴다 /

Nowadays, / smell ❷**is being used** / in even more unusual ways. / In Australia, / electricity companies
요즘에는 / 냄새가 사용되고 있다 / 훨씬 더 색다른 방법으로 / 호주에서는 / 전기회사들이 땀 냄새를 묻힌다 /

put the smell of sweat / on customers' overdue bills. / Feelings ❸**of anxiety and fear** / are the common
고객들의 기한이 지난 청구서에 / 불안감과 두려움이라는 감정들은 / 식은땀의 흔한 원인이다 /

causes of cold sweat. / The smell may remind / them of a ❹**frightening** time. / This encourages /
그 냄새는 기억나게 할지도 모른다 / 그들에게 두려웠던 때를 / 이것은 종용한다 /

them to pay their bills right away. / ❺ **The next time you're shopping** / **or looking** at your mail, /
그들에게 당장 청구서 대금을 지불하도록 /　　　　　다음에 당신이 쇼핑을 하고 있으면 /　　　또는 당신의 우편물을 보고 있으면 /

be careful of what you smell! / You might end up being controlled by the smell / without even realizing it.
당신이 무슨 냄새를 맡는지를 주의하라! /　당신은 결국 그 냄새에 의해 통제받고 있을지도 모른다 /　　그것을 깨닫지도 못하고

---

❶. ❹ 감정동사(relax, frighten, excite, interest, satisfy 등)의 경우, 명사와의 관계가 능동이거나 명사가 그런 감정을 유발하면 현재분사(-ing)를, 수동이거나 명사가 그런 감정을 느끼는 대상이면 과거분사(-ed)를 쓴다. women은 '편안함을 느끼는 대상'이므로 relaxed로, time은 '두려움을 유발하는 것'이므로 frightening이 쓰였다.

❷ 현재진행형 수동태는 「be동사 + being p.p.」로 쓰고, '~되고 있다'로 해석한다.

❸ of anxiety and fear는 앞에 나온 Feelings와 동격을 이루어 '불안감과 두려움이라는 감정들'로 해석한다. 이 문장의 주어는 Feelings이므로 동사는 are가 왔다.

❺ 「The next time + 주어 + 동사」는 '다음에 ~하면'의 의미의 부사절이다.

---

27 프랑스를 구한 택시 기사들

문제 정답 1 ②　　2 ④　　3 군인들을 자신들의 택시를 이용해서 전투가 벌어지고 있는 곳[마른강]으로 실어 나르는 것
4 Without his help

문제 해설 1 주어진 문장에서 ⓑ 앞에 나온 문장의 'a problem'에 대해 구체적으로 언급하고 있고, ⓑ 뒤에는 그 문제를 해결하기 위한 아이디어가 이어지고 있으므로 이 문장은 흐름상 ⓑ에 들어가는 것이 적절하다.
파리에 6,000명의 군인들이 있었으나, 그들을 전투 장소로 수송할 수단이 없었다.

2 택시 기사들은 프랑스군의 부탁을 받고 도움을 주기 위해 예정된 시간에 파리에 집합했으며, 파리의 군사령관이 택시 기사들을 맞이하기 위해 그들이 있는 곳으로 왔다.

3 택시 기사들은 파리에 있는 6,000명의 병력을 전투 장소인 마른강으로 실어 나르는 일을 요청받고 기꺼이 자신들의 임무를 수행했다.

4 가정법 if절을 대신하는 표현으로 '그의 도움이 없었다면' 이라는 의미가 와야 하므로, Without his help가 되어야 한다.
그의 도움이 없었다면, 우리는 우리의 프로젝트를 수행할 수 없었을 텐데.

본문 해석 1914년 8월에 제1차 세계대전이 막 시작되었다. 독일군은 프랑스를 향해 이동하고 있었다. 9월 초에 이르러, 독일군은 파리에서 반경 60킬로미터 이내로 있었다. 프랑스군은 마른강에서 독일군을 저지하려고 애썼다. 하지만 그들에게는 한 가지 문제가 있었다. 파리에 6,000명의 군인들이 있었으나, 그들을 전투 장소로 수송할 수단이 없었다. 그때 장군 중 한 명이 한 가지 아이디어를 내놓았다. 그들이 군인들을 실어 나르는 데 파리에 있는 택시를 모두 이용할 수 있다면, 그들은 그 도시를 구할 수도 있었다. 군대는 도움을 요청했고, 애국심이 강한 택시 기사들은 수락했다. 예정된 시각에 600대의 택시가 대열로 늘어섰다. 파리의 군사령관 Gallieni(갈리에니) 장군은 택시 기사들을 맞으러 나왔다. 그는 그들에게 경례를 하고, 임무를 수행하도록 그들을 보냈다. 군인들은 재빠르게 전투 장소로 보내졌고 그곳에서 그들은 독일의 공격을 막을 수 있었다. 용감한 택시 기사들이 없었다면, 파리는 독일군에게 함락되었을 것이다.

In August 1914, / World War I had just begun. / The German army was moving toward France. /
1914년 8월에 /　　　　제1차 세계대전이 막 시작되었다 /　　　　독일군은 프랑스를 향해 이동하고 있었다 /

By the beginning of September, / the Germans were within 60 km of Paris. / The French army tried to
9월 초에 이르러 /　　　　독일군은 파리에서 반경 60킬로미터 이내에 있었다 /　　　　프랑스군은 독일군을 저지하려고 애썼다 /

hold back the German army / at the Marne River. / But they had a problem. / ❶ **There were 6,000**
　　　　마른강에서 /　　　　하지만 그들에게는 한 가지 문제가 있었다 /　　　　파리에 6,000명의 군인들이

soldiers in Paris, / but ❷ **there was no means** / to transport them to the battleground. / Then / one of
있었다 /　　　　하지만 수단이 없었다 /　　　　그들을 전투 장소로 수송할 /　　　　그때 /　　　장군 중

the generals came up with an idea: / if they could use all of the taxis in Paris / to carry the soldiers, /
한 명이 한 가지 아이디어를 내놓았다 /　　　　그들이 파리에 있는 택시를 모두 이용할 수 있다면 /　　　　군인들을 실어 나르는 데 /

they ❸ **might be able to** save the city. / The army asked for help, / and the patriotic taxi drivers
그들은 그 도시를 구할 수도 있었다 /　　　　군대는 도움을 요청했다 /　　　　그리고 애국심이 강한 택시 기사들은 수락했다 /

accepted. / At the scheduled time, / 600 taxis formed a line. / General Gallieni, / the military commander
　　　　예정된 시각에 /　　　　600대의 택시가 대열로 늘어섰다 /　　　Gallieni 장군은 /　　　　파리의 군대 사령관인 /

of Paris, / came out to greet the taxi drivers. / He gave them a salute / and then sent them off on their
　　　　택시 기사들을 맞으러 나왔다 /　　　　그는 그들에게 경례를 했다 /　　　　그러고 나서 임무를 수행하도록 그들을 보냈다 /

mission. / The soldiers were quickly taken to the battleground, / ❹ **where** they were able to stop the
　　　　군인들은 재빠르게 전투 장소로 보내졌다 /　　　　그리고 그곳에서 그들은 독일의 공격을 막을 수 있었다 /

German attack. / ❺ **Without** the brave taxi drivers, / Paris **would have fallen** to the Germans.
　　　　용감한 택시 기사들이 없었다면 /　　　　파리는 독일군에게 함락되었을 것이다

❶, ❷ 「There was[were] ~」 구문에서 뒤에 나온 명사(6,000 soldiers, no means)의 수에 따라 동사의 수가 결정된다. means는 형태는 복수(-s)이지만 단수로 취급함에 유의한다.

❸ 조동사 두 개를 나란히 쓸 수 없으므로 could 대신 be able to가 왔다.

❹ 계속적 용법의 관계부사로, ', where'는 and there로 바꿔 쓸 수 있다.
(= The soldiers ~ the battleground, and there they were able to stop ...)

❺ 가정법 if절을 대신하는 without 구문으로, 주절에 과거완료 동사(would have fallen)가 왔으므로, '(만약) ~이 없었다면'의 가정법 과거완료 시제로 해석한다.
(= If it had not been for the brave taxi drivers, ~)

문제 정답 **1** ③　　**2** ④　　**3** ②　　**4** ③　　**5** ①　　**6** turning　　**7** is being made　　**8** Without　　**9** The package is being delivered by airmail.

문제 해설 **1** emotional: 감정의

① 느긋한, 편안한　　② 불안한, 초조한　　④ 두려운, 무서운

2 patriotic: 애국심이 강한

당신의 나라에 대한 사랑을 보여 주고 그것에 자부심이 있는

① (지불의) 기한이 지난　　② 합리적인, 가격이 적당한　　③ 현대적인, 최신의

3 realize: 깨닫다, 알아차리다

때때로 갑자기 어떤 상황을 이해하다

① 권하다, 부추기다; 격려하다　　③ 제공하다　　④ (주의 · 흥미를) 끌다, 유인하다

4 facilities: 편의 시설[기관]

이 공항에는 훌륭한 항공 통제 시설이 있다.

① 예약　　② 청구서　　④ 임무

5 end up -ing: 결국 ~하게 되다

① 나는 결국 그 모든 일을 내가 다 하게 될 것이다.

② 너는 도움이 필요할 때 그것을 요청할 수 있다.

③ 나는 식은땀을 흘리며 악몽에서 깼다.

④ 우리 모두는 최종 결과에 만족한다.

6 mind는 목적어로 동사가 올 때 동명사(-ing)를 쓰므로, turning이 되어야 한다.

TV 좀 켜도 될까요?

7 영화는 만들어지는 대상이므로 수동태로 쓰며, 현재진행형 수동태는 「be동사 + being p.p.」가 되어야 한다.

그 감독의 새로운 영화가 지금 만들어지고 있다.

8 가정법 if절을 대신하는 표현으로 without을 써서 '~이 없었다면'의 의미를 나타낸다. 주절의 시제가 과거완료(couldn't have succeeded)이므로 Without your support는 If it had not been for your support로 바꿔 쓸 수 있다.

당신의 지원이 없었더라면, 저는 성공할 수 없었을 거예요.

9 현재진행형 수동태 문장으로, 「주어 + 진행형 수동태 동사 + by ~」 순서로 배열한다.

28 모두가 나를 좋아할 순 없잖아?!   pp. 92~93

문제 정답 **1** ③   **2** ③   **3** ②

문제 해설 **1** 9~10행에서 본인을 싫어하는 사람들에게 신경 쓰지 말고 그에 대해 넘어가라고 언급하고 있으므로, 글쓴이의 충고로
적절한 것은 ③이다.

2 주어진 문장에서 'that'은 '누군가 당신을 싫어한다는 것'을 가리킨다. 그것이 당신의 잘못이 아니고, 상대방이 당신을
질투하거나 위협을 느끼기 때문이라는 내용이 뒤이어 나오는 것이 자연스럽다.
그러나 그것이 당신의 잘못을 의미하는 것은 아니다.

3 ①, ③은 동격의 접속사인데 반해, ②는 목적격 관계대명사이다.
① 우리는 Sean이 직장을 구했다는 소식을 들었다.
② Sunny는 내가 우리 학교에서 가장 좋아하는 소녀이다.
③ 나의 가족은 이제 내가 고기를 먹지 않는다는 사실을 받아들인다.

본문 해석 만약 당신이 좋아하지 않는 사람들의 명단을 만든다면, 그 명단은 얼마나 길까? 5명, 12명, 아니면 아마도 20명?
당신이 좋아하지 않는 사람들은 항상 몇 명 있을 것이다. 같은 식으로, 당신을 좋아하지 않는 사람들도 항상 몇 명
있을 것이다. 누군가가 당신을 싫어한다는 것을 알게 되면 기분이 나쁠 지도 모른다. <u>그러나 그것이 당신의
잘못을 의미하는 것은 아니다.</u> 아마도 그 사람은 당신을 질투하거나, 당신에게 위협을 느끼는지도 모른다. 모든
사람이 당신을 좋아하게 하는 것은 불가능한데, 왜 그렇게 하려고 시간을 낭비하는가?
당신이 누군가의 '싫어하는 사람 명단'에 있다는 느낌이 들 때, 그것에 대해 걱정하거나 스트레스 받지 마라. 그냥
넘어가라. 당신을 좋아하는 사람들에게 당신의 에너지를 써라, 왜냐하면 그들이 중요한 사람들이기 때문이다.

지문 풀이

❶ **If you made** a list of people / you don't like, / how long **would it be**? / Five, twelve / or maybe twenty
만약 당신이 사람들의 명단을 만든다면 /   당신이 좋아하지 않는 /   그것은 얼마나 길까? /   5명, 12명 /   아니면 아마도 20명? /

people? / There will always be some people / whom you don't like. / In the same way, / there will always
사람? /   항상 몇 사람이 있을 것이다 /   당신이 좋아하지 않는 /   같은 식으로 /   항상 몇 사람이 있을 것이다 /

be some people / who don't like you. / You might feel unhappy / when you find / that someone dislikes
사람이 있을 것이다 /   당신을 좋아하지 않는 /   당신은 기분이 나쁠 지도 모른다 /   당신이 알게 될 때 /   누군가가 당신을 싫어한다는 것을 /

you. / However, / that doesn't mean / it's your fault. / Maybe that person is jealous of you, / or he or she
당신을 /   그러나 /   그것은 의미하는 것이 아니다 /   그것이 당신의 잘못이다 / 아마도 그 사람은 당신을 질투한다 /   혹은 그 또는 그녀는

feels threatened by you. / ❷ **It's** impossible / **to make everyone like** you, / so why waste your time trying? /
당신에게 위협을 느낀다 /   불가능하다 /   모든 사람이 당신을 좋아하게 하는 것은 /   그런데 왜 그렇게 하려고 시간을 낭비하는가? /

When you get the feeling / ❸ **that** you're on somebody's "hate list," / don't worry about it / or get
당신이 느낌이 들 때 /   당신이 누군가의 '싫어하는 사람 명단'에 있다는 /   그것에 대해 걱정하지 마라 /   또는 스트

stressed. / Move on. / Spend your energy on the people / who like you / because they're the ❹ **ones** /
레스 받지 마라 /   그냥 넘어가라 /   사람들에게 당신의 에너지를 써라 /   당신을 좋아하는 /   왜냐하면 그들이 사람들이다 /

who are important.
중요한

❶ 가정법 과거 문장으로, 현재 사실의 반대를 가정하여 '만약 ~라면, …할 텐데'의 의미를 나타낸다.

❷ It은 가주어이고, to부정사 이하가 진주어이다. make는 사역동사로 쓰여 「make + 목적어 + 동사원형」의 형태가 되며, '~에게 …하게 하다'의 의미를 나타낸다.

❸ 접속사 that은 앞에 나온 the feeling을 구체적으로 설명해 주는 동격절을 이끌어 the feeling that은 '~라는 느낌'으로 해석한다.

❹ ones는 부정대명사로, 확실히 정해지지 않은 사람이나 사물을 받을 때 쓴다. 여기서 ones는 의미상 people을 의미한다.
ex. I think green grapes taste better than red <u>ones</u>. 나는 청포도가 적포도보다 맛있다고 생각한다.
(= grapes)

---

29 시속 100,000km로 도는 지구

문제 정답 1 ④ 2 ① 3 ①, ③ 4 singing

문제 해설

1 실제 지구는 빠른 속도로 자전과 공전을 함에도 우리가 그것의 움직임을 느끼지 못하는 이유를 설명하는 내용이므로, 글의 제목으로 ④ '우리는 왜 지구가 움직이고 있는 것을 느낄 수 없는가?'가 적절하다.
① 지구는 얼마나 빠르게 움직이는가?
② 지구는 언제 회전하는 것을 멈추게 될까?
③ 우리는 지구가 회전하는 것을 어떻게 아는가?
⑤ 지구의 움직임은 우리의 삶에 어떻게 영향을 끼치는가?

2 5~8행에서 자동차를 타고 달릴 때 그것이 움직이고 있음을 알 수 있는 몇 가지 사례를 제시하고 있으므로, 이어지는 지구와 자동차를 대조하는 문장에서 그 상황을 간략하게 정리하는 말로 ① '그것이 움직이고 있다'가 와야 적절하다.
② 그것은 속도를 늦춘다   ③ 지구는 매우 크다
④ 당신은 어디든 자유롭게 간다   ⑤ 당신은 동일한 속도로 가고 있다

3 지구가 팽이처럼 돈다는 내용과 시속 10만 킬로미터 이상의 속도로 움직인다는 내용이 서두 부분에 나와 있지만, 지구의 움직임을 느낄 수 없는 이유와는 관련이 없다.

4 「지각동사 + 목적어 + 동사원형[현재분사]」 구문에서 목적격보어로 현재분사가 오면 '진행(~하고 있는)'의 의미를 나타낸다. 따라서 '노래하고 있는'의 뜻이 되도록 singing으로 바꿔 써야 한다.

본문 해석 지금 이 순간, 지구는 팽이처럼 돌고 있다. 그것은 또한 매우 큰 원을 그리며 태양 주변을 움직이고 있다. 지구는 시간당 104,960킬로미터의 속도로 이동하고 있다. 그렇다면 왜 우리는 지구가 움직이는 것을 느낄 수 없는 걸까? 당신이 차를 탈 때를 생각해보라. 당신은 차가 달리고 있는 소리를 듣는다. 차창을 통해, 당신은 집과 나무가 당신을 스쳐 지나가는 것을 본다. 바람이 창문 안으로 들어와 당신의 얼굴에 스친다. 차가 속도를 내면, 당신은 (자동차) 좌석 안으로 당겨지는 느낌을 받는다.
차는 당신에게 <u>그것이 움직이고 있다</u>는 것을 알려 주는 많은 신호를 주지만, 지구는 그렇지 않다. 지구는 우주 공간에서 움직일 때, 부딪칠 어떤 것도 없기 때문에 소리를 내지 않는다. 지구를 둘러싸는 공기는 지구와 함께 움직이므로, 그것의 움직임이 우리의 얼굴에 바람을 불어주지 않는다. 그것은 또한 같은 속도로 움직이므로 우리는 속도가 느려지거나 빨라지는 것을 전혀 느끼지 못한다.
우리가 지구가 움직이는 것을 느낄 수 없어서 정말 다행이다! 그렇지 않다면, 우리는 지구의 움직임 때문에 항상 어지럽고 메스꺼움을 느끼게 될 것이다.

정답과 해설 | 49

Right this minute, / the Earth is spinning / like a top. / It is also moving / in a very big circle / around
지금 이 순간 / 지구는 돌고 있다 / 팽이처럼 / 그것은 또한 움직이고 있다 / 매우 큰 원을 그리며 / 태양 주위

the sun. / The Earth is traveling / at a speed of 104,960 kilometers / an hour. / Then why can't we ❶ feel
에서 / 지구는 이동하고 있다 / 104,960킬로미터의 속도로 / 시간당 / 그렇다면 왜 우리는 지구가 움직이는 것을

the Earth move? /
느낄 수 없는 걸까? /

Think about / when you ride in a car. / You ❷ hear the car running. / Through the car window, /
~에 대해 생각해보라 / 당신이 차를 탈 때 / 당신은 차가 달리고 있는 소리를 듣는다 / 차의 창문을 통해 /

you see houses and trees move / past you. / Air comes into the window / and blows on your face. /
당신은 집과 나무가 움직이는 것을 본다 / 당신을 지나서 / 바람이 창문 안으로 들어온다 / 그리고 당신의 얼굴에 분다 /

When the car speeds up, / you have ❸ a feeling / of being pushed into your seat. /
차가 속도를 내면 / 당신은 느낌을 받는다 / 당신의 좌석 안으로 당겨지는 /

A car gives you many signs / to tell you / it is moving, / but the Earth doesn't. / The Earth does not
차는 당신에게 많은 신호를 준다 / 당신에게 말해 주는 / 그것이 움직이고 있음을 / 그러나 지구는 그렇지 않다 / 지구는 소리를 내지 않는다 /

make noise / because it has nothing / to hit against / when the Earth moves / in space. / The air /
왜냐하면 그것은 아무 것도 없기 때문에 / 부딪힐 / 지구가 움직일 때 / 우주에서 / 공기는 /

that surrounds our Earth / moves along with it, / so the Earth's movement doesn't blow wind / in our
우리의 지구를 둘러싸는 / 그것과 함께 움직인다 / 그래서 지구의 움직임이 바람을 불어주지 않는다 / 우리의

faces. / It also moves / at the same speed, / so we never feel / any slowing down or speeding up. /
얼굴에 / 그것은 또한 움직인다 / 같은 속도로 / 그래서 우리는 결코 느끼지 못한다 / 속도가 느려지거나 빨라지는 것을 /

Thank goodness / we can't feel the Earth move! / ❹ Otherwise, / we would feel dizzy and sick / all the
정말 다행이다 / 우리는 지구가 움직이는 것을 느낄 수 없어서! / 그렇지 않다면 / 우리는 어지럽고 메스꺼움을 느끼게 될 것이다 / 항상 /

time / from the Earth's motion.
지구의 움직임 때문에

❶, ❷ 「지각동사(feel/hear) + 목적어 + 동사원형[현재분사]」 구문으로, 목적격보어로 동사원형과 현재분사가 쓰였다. 현재분사가
쓰인 경우, '~하고 있는'의 진행의 의미를 나타낸다.
I saw Lisa cross[crossing] the street.
(동사원형: Lisa가 길 건너는 것을 처음부터 끝까지 보았다는 의미)
(현재분사: Lisa가 길 건너는 중인 모습을 보았다는 의미)

❸ 전치사 of 이하는 앞에 나온 a feeling과 동격을 이루어 '~하는 느낌'의 의미를 나타낸다.

❹ otherwise는 '그렇지 않(았)다면'이라는 뜻으로, 가정법 if절의 대용으로 쓰인다. 흐름상 앞 문장의 반대의 사실을 가정한다.
(= If we felt[could feel] the Earth move)

---

30 지나친 욕심으로 스스로를 가둔 새
pp. 96~97

문제 정답   **1** ④   **2** freedom, prison   **3** ⑤

문제 해설   **1** 뒷마당에 설치한 모이통이 동네 벌새들에게 인기를 얻게 되었다는 주어진 글 다음에, 벌새들의 방문이 줄어 모이통을
채우는 횟수가 줄었다는 내용의 (C)가 오고, 그 이유가 한 벌새의 욕심 때문임을 언급한 (A)가 이어진 후, 그러한 행동이
주는 교훈적인 메시지가 담긴 (B)로 글이 마무리되는 것이 자연스럽다.

2 (B)단락의 내용을 통해, 벌새는 자신이 모이통을 소유하려다 자유(freedom)를 잃고 그것을 지키느라 옴짝달싹도 못하고 감옥(prison) 안에 있는 신세가 되었음을 알 수 있다.

그 수컷 벌새는 모이통을 공유하는 것을 거부했기 때문에 <u>자유</u>를 잃었고, 그 모이통은 그의 <u>감옥</u>이 되었다.

3 동네의 벌새들은 수컷 벌새가 모이통을 종일 지키며 그것을 사용하려고 하면 공격을 했기 때문에 오는 것을 중단했다.

갑자기 벌새들은 <u>한 마리의 수컷 벌새가 그것들을 공격했기</u> 때문에 오는 것을 멈췄다.

① 그것들은 피곤함과 갈증을 느꼈다
② 그것들은 더 좋은 모이통을 찾았다
③ 그것들은 감옥에 가기 싫었다
④ 먹이통은 일주일에 한번 채워질 필요가 있었다

본문 해석

작년에 우리는 뒷마당에 벌새 모이통을 설치했다. 그것은 곧 우리 집 주변에 사는 야생 벌새들에게 인기를 끌었다. 무려 네 마리의 새들이 동시에 그 모이통을 이용하곤 했다.

(C) 우리는 하루에 두 번 설탕물로 모이통을 채워두었다. 그런데 갑자기 벌새들이 방문을 멈췄다. 일주일에 한 번만 모이통을 채우면 되었다.

(A) 곧 이유가 확실해졌다. 수컷 벌새 한 마리가 옮겨와서 다른 벌새들이 그것을 사용하는 것을 막았던 것이다. 모이통에서 물을 마신 후, 그는 근처 나무에 앉아 모이통에 다가가는 어떤 새에게나 공격을 하곤 했다.

(B) 그 모이통에 대한 '소유자'가 되기를 선택함으로써 그 수컷 벌새는 자유를 잃었다. 그는 더 이상 원하는 대로 자유롭게 오갈 수 없었다. (모이통을) 지키는 일이 그의 모든 시간을 차지했다. 그가 소유하기 위해 그렇게 열심히 노력했던 바로 그것이 그의 감옥이 되었다.

지문 풀이

Last year, / we put up a hummingbird feeder / in the backyard. / It quickly became popular with the
작년에 / 우리는 벌새 모이통을 설치했다 / 뒷마당에 / 그것은 곧 야생 벌새들에게 인기를 끌었다 /

wild hummingbirds / in our area. / ❶As many as four birds / ❷would use the feeder / at the same
우리 집 주변에 / 무려 네 마리의 새들이 / 그 모이통을 이용하곤 했다 / 동시에 /

time. /

(C) We filled the feeder / with sugared water / twice a day. / Then, suddenly, / the hummingbirds stopped
우리는 모이통을 채워두었다 / 설탕물로 / 하루에 두 번 / 그런데 갑자기 / 벌새들이 오는 것을 멈췄다 /

coming. / The feeder ❸needed filling / only once a week. /
모이통을 채우면 되었다 / 일주일에 한 번만 /

(A) The reason soon became clear. / A male hummingbird had moved in, / and he refused / to let other
곧 이유가 확실해졌다 / 수컷 벌새 한 마리가 이사를 들었다 / 그리고 그는 거부했다 / 다른 벌새들에게

hummingbirds use it. / After drinking from the feeder, / he ❹would sit / in a nearby tree / and attack
그것을 사용하도록 하는 것을 / 모이통에서 물을 마신 후 / 그는 앉아 있곤 했다 / 근처 나무에 / 그리고 어떤 새든

any bird / that approached the feeder. /
공격했다 / 모이통에 다가가는 /

(B) By choosing to become the "owner" of the feeder, / the male hummingbird had lost his freedom. /
그 모이통에 대한 '소유자'가 되기를 선택함으로써 / 그 수컷 벌새는 자신의 자유를 잃었다 /

He was no longer free to come and go / ❺as he pleased. / His guard duty occupied / all his time. /
그는 더 이상 자유롭게 오갈 수 없었다 / 그가 원하는 대로 / 그의 지키는 일이 차지했다 / 그의 모든 시간을 /

❻The very thing / he had worked so hard to possess / became his prison.
바로 그것이 / 그가 소유하기 위해 그렇게 열심히 노력했던 / 그의 감옥이 되었다

---

❶ as many as: 무려 ~나 되는

ex. There were **as many as** 300 people at the lecture. 그 강연에는 무려 300명이나 되는 사람들이 있었다.

❸ to부정사를 목적어로 취하는 need 뒤에 동명사가 쓰이는 경우 '수동'의 의미를 나타낸다.
needed filling = needed to be filled: 채워질 필요가 있었다

❺ as someone pleases는 '〜가 좋을 대로, 〜가 원하는 대로'의 의미로, please는 '좋아하다(like), 바라다(wish)'의 의미를 나타낸다.

❻ the very는 뒤에 나온 명사를 강조하여 '바로 그 〜'라는 의미를 갖는다. The very thing은 뒤에 나온 he had worked so hard to possess의 수식을 받는다.

REVIEW TEST

p. 98

문제 정답 1 ③   2 ④   3 ①   4 ④   5 ②   6 approaching   7 that   8 We heard the news that Sean would move to Jeju Island.   9 The people could feel the ground shaking slightly.

문제 해설 1 나머지는 모두 반의어로 짝지어졌지만, ③은 '소유하다'의 유사어 관계이다.
①좋아하다 – 싫어하다   ②수락하다 – 거부하다   ④속도를 올리다 – 속도를 늦추다

2 jealous: 질투하는
누군가가 당신이 갖기를 원하는 것을 갖고 있어서 행복하지 않은
①위협당한   ②어지러운   ③감사하는

3 motion: 움직임, 흔들림
한 장소에서 다른 장소로 움직이는 활동
②감시   ③잘못, 책임   ④순간

4 please: 기쁘게 하다; 원하다, 좋아하다
• 나는 John을 좋아하지 않는다. 그는 기쁘게 하기 힘들다.
• 그것은 네게 달려 있어. 네가 원하는 대로 하렴.
①접근하다   ②낭비하다   ③돌다, 회전하다

5 no longer: 더 이상 〜않는
① 그것은 내가 필요한 바로 그것이다.
② 그 법은 더 이상 효력이 없다.
③ 그들이 모두 건강해서 정말 다행이다.
④ 너의 돈을 어떻게 쓰길 원하는지 목록을 작성하렴.

6 지각동사는 목적격보어로 동사원형이나 현재분사를 쓸 수 있다. 현재분사를 쓰면 '〜하고 있는'의 진행의 의미를 나타낸다.
우리는 맞은편에서 트럭 한 대가 다가오고 있는 것을 보았다.

7 the fact를 보충 설명해주는 동격의 접속사 that이 와서 '〜라는 사실'의 의미가 되어야 한다.
Mike는 자신의 이름이 목록에 없다는 사실에 놀랐다.

8 the news를 보충 설명해주는 동격의 접속사 that이 오고, 뒤에 절(주어 + 동사)이 이어져야 한다.

9 feel + 목적어 + 현재분사: 〜가 …하고 있는 것을 느끼다

Unit 07

31 생태계를 위협하는 외래 동물, 몽구스   pp. 102~103

문제 정답　**1** ③　**2** ④　**3** (A) rats (B) insects (C) damaged　**4** (1) 16 meters long (2) 12-year-old

. . . .

문제 해설　**1** 농부들이 몽구스를 들여와서 농작물에 피해를 주는 쥐들을 없애는 데는 성공했지만, 그것이 또 다른 문제를 초래했으므로, 문제를 해결했다고 판단한 것이 잘못되었다는 주어진 문장은 다른 문제점이 시작되기 바로 전인 ⓒ에 와야 한다.
　　하지만 그들의 판단이 잘못되었음이 드러났다.

2 쥐의 숫자가 줄자, 몽구스는 해충을 잡아먹는 다른 동물들을 먹기 시작했고, 결국 이 동물들의 수가 줄어들자 해충의 수가 급증하여 결과적으로 농장에 더 큰 피해를 주게 되었다. 즉, '먹이사슬의 파괴'가 문제의 근본적인 원인이다.

3 (A) 서인도 제도의 농부들은 동인도 제도에 있는 훌륭한 쥐 사냥꾼(an excellent rat hunter)인 몽구스에 대해 듣고 쥐들(rats)을 사냥하기 위해 그것들을 수입했다. (3~5행 참조)
　(B) 쥐를 모두 잡아먹은 몽구스들은 먹을 것이 없어지자 해로운 벌레들(insects)을 잡아먹고 사는 새, 뱀, 거북이 등을 먹기 시작했다. (9~12행 참조)
　(C) 해충을 잡아먹는 동물들이 없어지게 되자, 결국 해충의 수는 급격히 증가하여 농부들은 전보다 사탕수수에 더 많은 피해를 입었다(damaged). (12~13행 참조)
　• 몇몇 몽구스들이 서인도 제도에 있는 사탕수수 농장에 있는 쥐들을 사냥하기 위해 수입되었다.
　• 곧 쥐들의 수는 거의 0으로 떨어졌다.
　• 몽구스는 해로운 벌레들을 잡아먹는 다른 동물들을 먹기 시작했다.
　• 벌레들의 수는 급격히 늘어났고, 그것들은 그 전보다 더 많이 사탕수수에 피해를 입혔다.

4 (1) 뒤에 형용사가 오지 않고 단독으로 쓰인 경우에는 하이픈을 빼고, 2 이상의 수사는 복수형으로 쓴다.
　　다 자란 고래는 대략 16미터의 길이다.
　(2) 「수사 + 단수 단위 명사 + 형용사」가 하나의 형용사처럼 앞에서 명사 girl을 수식한다.
　　12세의 소녀가 오디션에서 사람들을 놀라게 했다.

본문 해석　오래 전, 서인도 제도의 섬에 거주하는 농부들에게 큰 문제가 생겼다. 쥐가 그들의 사탕수수 농장을 공격하여 심각한 피해를 일으키고 있었던 것이다. 다행스럽게도 그 농부들은 훌륭한 쥐 사냥꾼에 대해 듣게 되었다. 그것은 동인도 제도에 서식하는 몽구스라 불리는, 몸길이 18인치의 동물이었다. 그 농부들은 몽구스 몇 마리를 수입했다. 곧, 그 몽구스들의 수가 늘어났고, 쥐의 개체 수도 거의 제로 상태로 줄어들었다. 처음에, 그 농부들은 이런 결과에 매우 흡족해했다. 그들은 모든 문제가 사라졌다고 생각했다. 하지만 그들의 판단이 잘못되었음이 드러났다. 쥐의 숫자가 떨어지면서, 몽구스들이 다른 동물들, 이를테면 새와 뱀, 거북이들을 잡아먹기 시작했다. 이것이 더 큰 문제를 야기했는데, 그 이유는 이들 동물들이 사탕수수에 피해를 주는 벌레들을 잡아먹어 주었기 때문이었다. 이 동물들이 없어지자, 벌레 개체 수는 통제할 수 없이 늘어났고, 그 전보다 더 많이 사탕수수에 피해를 입혔다. 농부들은 결국 그 몽구스들에 대한 사냥을 시작할 수밖에 없었다.

Long ago, / ❶ **farmers** on the islands in the West Indies / **had** a big problem. / Rats were attacking their
오래 전 /　　서인도 제도의 섬에 있는 농부들은 /　　　　　큰 문제를 갖게 되었다 /　　　쥐가 그들의 사탕수수 농장을 공격하고

sugarcane farms / and causing serious damage. / Luckily, / the farmers heard about an excellent rat
있었다 /　　　그리고 심각한 피해를 일으키고 있었다 /　　다행스럽게도 / 그 농부들은 훌륭한 쥐 사냥꾼에 대해 듣게 되었다 /

hunter. / It was ❷ **an 18-inch-long animal** / **called** a mongoose / **that** lived in the East Indies. /
　　　　그것은 몸길이 18인치의 동물이었다 /　　　　몽구스라고 불리는 /　　동인도 제도에 서식하는 /

The farmers imported several mongooses. / Soon, / the mongooses increased in number / and reduced
그 농부들은 몽구스 몇 마리를 수입했다 /　　곧 /　　　몽구스는 수가 늘어났다 /　　　　　　　그리고 쥐의 개체 수는

the rat population / almost to zero. / At first, / the farmers were quite satisfied with this result. / They
줄어들었다 /　　　거의 0으로 /　　처음에 /　　그 농부들은 이런 결과에 매우 흡족해했다 /　　　　　　그들은

thought / that all their problems had ended. / However, / their judgment proved wrong. / As the number
생각했다 / 자신들의 모든 문제가 사라졌다고 /　　하지만 /　　그들의 판단이 잘못되었음이 드러났다 /　　쥐의 숫자가 떨어지면서 /

of rats fell, / the mongooses started to eat other animals, / such as birds, snakes and turtles. /
　　　　몽구스들이 다른 동물들을 잡아먹기 시작했다 /　　　새, 뱀 그리고 거북이 같은 /

This caused a bigger problem / since these animals ate insects / that ❸ **damage** sugarcane. / Without
이것이 더 큰 문제를 야기했다 /　　왜냐하면 이 동물들은 벌레를 먹었기 때문이다 / 사탕수수에 피해를 주는 /　　이 동물들이

these animals, / the insect population grew out of control / and damaged the sugarcane / more than
없어지자 /　　벌레 개체 수는 통제할 수 없었다 /　　　　　그리고 사탕수수에 피해를 입혔다 /　　그 전보다 더 많이 /

before. / The farmers finally ❹ **had no choice but to start** / hunting the mongooses.
　　　　농부들은 결국 시작할 수밖에 없었다 /　　　　　그 몽구스들에 대한 사냥을

❶ 주어는 farmers이고 동사는 had이다. 중간에 있는 두 개의 전치사구가 각각 앞에 나온 내용을 수식하고 있다.
　　Farmers on the islands in the West Indies had a big problem.
　　　주어　　　　　　　　　　　　　　동사

❷ 「수사 + 단수 단위 명사 + 형용사」 형태인 18-inch-long이 하나의 형용사처럼 뒤에 나온 animal을 수식한다. 또한 과거분사구
　　called a mongoose와 관계대명사절 that ~ Indies도 각각 앞에 나온 어구를 수식한다.
　　It was an 18-inch-long animal called a mongoose that lived in the East Indies.
　　　　　　　　　　　　　　　　　　　　　　　　　　주격 관계대명사

❸ 흐름상 시제가 과거(ate)이지만, 일반적인 사실을 언급하고 있으므로 현재형(damage)으로 쓴다.

❹ 「have no choice but to + 동사원형」은 '~하지 않을 수 없다'의 의미를 나타낸다. 이는 「cannot but + 동사원형」으로 바꿔
　　쓸 수 있다. (= The farmers finally couldn't but start hunting the mongooses.)

---

32 **선행은 재미있게 즐기면서!** pp. 104~105

문제 정답　**1** ④　　**2** (1) T　(2) F　(3) T　**3** (A) quiz　(B) hungry　(C) money　(D) free　　**4** Every time Jake coughed too hard

문제 해설　**1** 재미있게 노는 과정에 초점을 맞춘 새로운 기부 트렌드인 '퍼네이션'을 소개하며 두 가지 구체적인 예를 들고 있으므로, 글의 제목으로 ④ '퍼네이션: 게임을 하라, 좋은 일을 하라'가 적절하다.
① 모바일 게임의 재미　　　　　　　② 기금을 모으는 새로운 방법들
③ 교육에서 재미의 역할　　　　　　⑤ 자발적인 기부의 중요성

2 (1) funation은 'fun'과 'donation'이 결합된 말로, 기부를 재미있게 하도록 장려하는 방법이다. (1～3행 참조)

(2) funation은 기부의 결과보다는 재미있는 과정에 초점을 맞춰 아이들에게 인기가 많다. (3～5행 참조)

(3) funation 덕분에 자발적인 기부가 빠르게 증가하고 있다. (14～15행 참조)

3 (A) Pocket Rice는 영어 퀴즈(English quiz)를 풀 때마다 쌀알을 받을 수 있다. (6행 참조)

(B) 게임에서 모은 쌀알은 아프리카의 배고픈(hungry) 아이들에게 기부할 수 있다. (7행 참조)

(C) Jailing은 자선 활동을 위한 충분한 돈(money)이 모금되면, 선생님을 특정 장소에 가둔다. (9행 참조)

(D) 선생님을 가두고 아이들은 잠깐 동안의 자유 시간(free time)을 가질 수 있다. (12행 참조)

4 「every time + 주어 + 동사」는 '～이 …할 때마다'라는 의미의 접속사구이다. 여기서 주어는 Jake, 동사는 coughed이다.

본문 해석   단어 'funation(퍼네이션)'은 'fun(재미)'과 'donation(기부)'이 결합된 것이다. 퍼네이션은 기부를 재미있는 활동으로 만듦으로써 그것을 장려하는 방식이다. 이것은 결과보다는 기부의 재미있는 과정에 초점을 맞추기 때문에 점점 더 인기가 많아지고 있는데, 특히 아이들 사이에서 그렇다. 예를 들어 'Pocket Rice'라고 불리는 모바일 게임은 당신이 영어 퀴즈를 맞힐 때마다 당신에게 쌀알을 준다. 그러면 당신은 모아둔 쌀을 아프리카에 있는 굶주린 아이들에게 기부할 수 있다.

또 다른 한 예는 '투옥하기'인데, 그것은 아이들이 자선 활동을 위해 충분한 돈을 모금하면 선생님을 '감옥'에 가두는 것을 허용한다. 물론 선생님이 실제로 감옥에 가는 것은 아니다. 선생님은 단지 일정 기간 동안 교실이나 교무실에 '갇히게' 될 것이다. 그 시간 동안 아이들은 체육관이나 운동장에서 약간의 자유 시간을 가질 수 있다.

퍼네이션은 재미있게 놀면서 세상을 더 좋은 곳으로 만드는 훌륭한 방법이다. 퍼네이션에 대한 아이디어 덕분에 자발적인 기부가 빠르게 증가하고 있다.

지문 풀이

The word "funation" is a combination / of "fun" and "donation." / Funation is a way / to encourage
단어 'funation'은 결합물이다 /   'fun'과 'donation'의 /   퍼네이션은 방식이다 /   기부를 장려하는 /

donation / by ❶ **making it a fun activity.** / This is becoming more popular, / especially among
그것을 재미있는 활동으로 만듦으로써 /   이것은 점점 더 인기가 많아지고 있다 /   특히 아이들 사이에서 /

children, / as it focuses on the fun process of donation / ❷ **rather than** the result. / For example, /
그것은 기부의 재미있는 과정에 초점을 맞추기 때문에 /   결과보다는 /   예를 들어 /

a mobile game / called "Pocket Rice" / gives you grains of rice / ❸ **every time you answer** an English
모바일 게임은 /   'Pocket Rice'라고 불리는 /   당신에게 쌀을 준다 /   당신이 영어 퀴즈를 맞힐 때마다 /

quiz. / Then you can donate ❹ **the rice** / **you've collected** / to hungry children in Africa. /
그러면 당신은 그 쌀을 기부할 수 있다 /   당신이 모아둔 /   아프리카에 있는 굶주린 아이들에게 /

Another example is "jailing," / which allows kids to put their teacher in "jail" / if they raise enough
또 다른 한 예는 '투옥하기'이다 /   그것은 아이들이 선생님을 '감옥'에 가두는 것을 허용한다 /   그들이 충분한 돈을 모금하면 /

money / for charity. / Of course, / the teacher isn't actually going to jail. / He or she will just be "locked
자선 활동을 위해 /   물론 /   선생님이 실제로 감옥에 가는 것은 아니다 /   그 혹은 그녀는 단지 '갇히게' 될 것이다 /

up" / in the classroom or teachers' lounge / for a period of time. / During that time, / the kids can have
교실이나 교무실에 /   일정 기간 동안 /   그 시간 동안 /   아이들은 약간의 자유 시간을 /

some free time / in the gym or on the playground. /
가질 수 있다 /   체육관이나 운동장에서 /

Funation is a great way / to ❺ **make the world a better place** / while having fun. / Thanks to the idea of
퍼네이션은 훌륭한 방법이다 /   세상을 더 좋은 곳으로 만드는 /   재미있게 놀면서 /   퍼네이션에 대한 아이디어 덕분에 /

funation, / voluntary donations are quickly increasing.
자발적인 기부가 빠르게 증가하고 있다

❶, ❺ 「make + 목적어 + 명사(구)」는 '~을 …로 만들다'의 5형식 구문이다. 각각의 목적어로 it과 the world가 왔고, 목적격보어 역할을 하는 명사구로 a fun activity와 a better place가 쓰였다.

❷ rather than은 '~라기 보다는'의 의미로 흐름상 the fun process와 the result가 서로 비교된다.

❸ 「every time + 주어 + 동사」는 '~이 …할 때마다'라는 의미의 접속사구이다. 이런 접속어구로 each time과 the next time도 있다.
    ex. Please ask me **each time you have** questions. 질문이 있을 때마다 제게 물어보세요.
      The next time you see a rainbow, take pictures of it. 네가 다음에 무지개를 보면, 그것의 사진을 찍으렴.

❹ the rice는 you've collected의 수식을 받아 '당신이 모은 쌀'의 의미를 나타낸다. the rice와 you've 앞에는 목적격 관계대명사 that[which]이 생략되었다.

---

33   아프리카 국경은 왜 반듯할까?

문제 정답   **1** ④   **2** (1) T   (2) F   (3) T   **3** ④   **4** it better to tell the truth

문제 해설   **1** 아프리카인들이 겪어 온 소통의 어려움, 갈등의 원인이 유럽인들이 자신들의 편의에 따라 아프리카 국경을 강제로 나눈 것에 있음을 밝히고 있으므로, ④ '아프리카 국경에 관한 숨겨진 진실' 글의 제목으로 가장 적절하다.
    ① 아프리카의 풍부한 자원들   ② 아프리카 언어의 기원
    ③ 아프리카는 유럽인들에 의해 나누어졌다   ⑤ 유럽과 아프리카 간의 많은 갈등들

   2 (1) 19세기에 유럽인들이 아프리카로 오기 전까지 그 땅의 사람들은 자원을 서로 공유하며 평화롭게 살았다. (4~5행 참조)
    (2) 유럽인들은 더 많은 땅을 원하기는 했으나 싸우기를 원치 않았다. (7~8행 참조)
    (3) 유럽인들은 아프리카의 지리적 특성을 고려하지 않고 지도만 보면서 직선을 그어 국경을 나눴다. (10~13행 참조)

   3 These decisions(지도를 보면서 국경을 직선으로 나눈 것)의 결과로 언어와 문화가 다른 사람들이 강제로 함께 살게 되면서 어울리는 데 어려움을 겪고 있다는 내용이 이어지고 있으므로 빈칸에는 ④ '비극적인'이 적절하다.
    ① 행운의   ② 소용없는   ③ 특별한   ⑤ 불가능한

   4 to부정사가 목적어로 쓰인 경우, 그 자리에 가목적어 it을 두고 to부정사는 문장 끝으로 이동하여 「it + 형용사 (목적격보어) + to부정사」 구문을 만든다.

본문 해석   아프리카에 있는 사람들은 심지어 같은 나라 안에서도 다른 언어들을 말한다. 그래서 그들은 항상 서로를 이해하는 데 어려움을 겪는다. 당신이 아프리카의 역사를 본다면 왜 이런 일이 발생했는지 알 수 있다.
    수천 년 동안, 아프리카인들은 평화롭게 살았다. 그들은 사람들 사이에서 공유되는 귀중한 자원들을 가진 많은 땅들이 있었다. 그러나 19세기에 유럽인들이 아프리카로 왔을 때, 예상치 못한 일이 일어났다. 유럽인들은 아프리카에서 더 많은 땅을 소유하고 싶었으나, 본인들끼리 싸우기를 원하지는 않았다. 그래서 그들은 아프리카를

스스로 나누기로 결정했다. 보통, 강이나 산이 한 나라의 국경의 역할을 한다. 하지만 유럽인들은 아프리카의 지리적인 특징에 대해 신경 쓰지 않고 그곳의 많은 새 국경들을 결정하기 위해 직선을 그었다. 그들은 심지어 그저 지도를 봄으로써 아프리카를 나눴다!

이 결정들은 아프리카로서는 매우 비극적인 것이었다. 공통의 언어와 문화를 공유하지 않은 사람들이 함께 살도록 강요받았다. 이것은 사람들이 서로 어울려 지내는 것을 매우 어렵게 했다. 그러므로 다음에 당신이 아프리카인 들이 서로 싸우는 것에 관해 뉴스를 듣게 되면, 그 모든 것이 어떻게 시작되었는지 기억하라.

People in Africa / speak different languages / even in the same country. / So they always have difficulty
아프리카에 있는 사람들은 / 다른 언어들을 말한다 / 심지어 같은 나라 안에서도 / 그래서 그들은 항상 이해하는 데 어려움을

understanding / one another. / You can see / ❶ why this happened / if you look at the history of Africa. /
겪는다 / 서로를 / 당신이 알 수 있다 / 왜 이런 일이 발생했는지를 / 만약 당신이 아프리카의 역사를 본다면 /

For thousands of years, / Africans ❷ lived in peace. / They had lots of land with precious resources /
수천 년 동안 / 아프리카인들은 평화롭게 살았다 / 그들은 귀중한 자원들을 가진 많은 땅들이 있었다 /

❸ which were shared among people. / However, / when Europeans came to Africa / in the 19th century, /
사람들 사이에서 공유되는 / 그러나 / 유럽인들이 아프리카로 왔을 때 / 19세기에 /

something unexpected happened. / Europeans wanted to have more land / in Africa, / but they did not
예상치 못한 일이 일어났다 / 유럽인들은 더 많은 땅을 소유하고 싶었다 / 아프리카에서 / 하지만 그들은 서로 싸우기를

want to fight with each other. / So they decided to divide Africa / for themselves. / Usually, / rivers or
원하지 않았다 / 그래서 그들은 아프리카를 나누기로 결정했다 / 스스로 / 보통 / 강이나 산이

mountains serve / as the borders of a country. / But the Europeans drew straight lines / to decide many
역할을 한다 / 한 나라의 국경으로서 / 하지만 유럽인들은 직선을 그었다 / 아프리카의 많은 새 국경

of Africa's new borders / without caring about its geographical characteristics. / They even divided Africa
들을 결정하기 위해 / 그곳의 지리적인 특징에 대해 신경 쓰지 않고 / 그들은 심지어 아프리카를 나눴다

just by looking at a map! /
그저 지도를 봄으로써! /

These decisions were very tragic / for Africa. / ❹ People who did not share a common language or
이 결정들은 매우 비극적인 것이었다 / 아프리카로서는 / 공통의 언어와 문화를 공유하지 않은 사람들이

culture / were forced to live together. / This made it very difficult / for people / to get along. / So the
함께 살도록 강요받았다 / 이것은 매우 어렵게 했다 / 사람들이 / 서로 어울려 지내는 것을 / 그러므로

next time you hear news / ❺ about Africans fighting each other, / remember ❻ how it all started.
다음에 당신이 뉴스를 듣게 되면 / 아프리카인들이 서로 싸우는 것에 관해 / 그 모든 것이 어떻게 시작되었는지 기억하라

❶, ❻ 동사 see와 remember의 목적어 역할을 하는 간접의문문으로 「의문사 + 주어 + 동사」의 어순을 갖는다.

❷ '평화롭게 살았다'의 의미로, in peace는 부사 peacefully로 바꿔 쓸 수 있다.

❸ which는 주격 관계대명사로 앞에 나온 precious resources를 수식하는 관계대명사절을 이끈다.

❹ 주어 People은 주격 관계대명사 who가 이끄는 절의 수식을 받으며, 동사는 were forced이다.

❺ fighting은 전치사 about의 목적어이고, Africans는 fighting의 의미상 주어이다.

문제 정답　**1** reduce　　**2** cause　　**3** divide　　**4** ③　　**5** ③　　**6** ②　　**7** ten-year-old　　**8** every time I take a walk in this park　　**9** I found it exciting to make a speech in front of people.

문제 해설

1 reduce: ~을 줄이다
좀 더 얇은 종이를 사용하는 것이 비용을 <u>줄이는</u> 데 도움이 되나요?

2 cause: ~의 원인이 되다, 초래하다
더운 날씨와 스트레스는 심장 문제를 <u>초래할</u> 수 있다.

3 divide: 나누다
그 작가는 그 책을 여섯 개의 챕터로 <u>나누기로</u> 결정했다.

4 charity: 자선 (활동); 자선 단체
도움이 필요한 사람들에게 무료로 돈, 음식, 도움을 주는 시스템
① (특별한 목적을 위한) 활동　　② 판단　　④ 특징, 특성

5 border: 국경
<u>국경</u>을 넘고 싶다면, 당신은 여권이 필요할 것이다.
① 체육관　　② 감옥　　④ 개체 수; 인구

6 raise funds: 기금을 모금하다

7 나이, 수치 등을 나타내는 표현이 형용사처럼 명사를 수식할 때 '수사 + 단수 단위 명사 + 형용사'가 되어야 하므로, 단위 명사 years는 year로 고쳐야 한다.
여기서는 <u>10살짜리</u> 소년이 가이드로 일한다.

8 '~할 때마다'의 의미를 나타날 때는 접속어구 every time이 주어와 동사 앞에 온다.
이 공원에서 산책할 <u>때마다</u> 나는 상쾌함을 느낀다.

9 목적어로 to부정사구가 오면, 그 자리에 가목적어 it을 두고, to부정사구는 맨 뒤에 쓴다.

34 백만장자들의 공통점은?

pp. 110~111

문제 정답 **1** ③   **2** ③   **3** (1) T (2) F (3) T   **4** spent two hours doing his math homework

문제 해설

1 This는 백만장자들이 평범한 대학을 다녔고, 그들의 학업 성취도는 그리 높지 않았다는 것을 의미하므로, 주어진 문장은 ⓒ에 오는 것이 적절하다.
이는 그들이 대단히 똑똑한 사람들은 아니었음을 시사한다.

2 백만장자들을 연구해 본 결과 그들은 특별히 똑똑해서라기보다 본인들이 좋아하는 일을 선택해서 그 일에 최선을 다함으로써 부자가 될 수 있었다는 내용이므로, 글쓴이의 충고를 가장 잘 나타낸 말은 ③ '당신이 하기를 즐기는 일을 선택하라.'가 적절하다.
① 중요한 것에 집중하라.   ② 백만장자처럼 생각하고 행동하라.
④ 백만장자들의 습관과 행동을 연구하라.   ⑤ 당신의 강점과 약점을 확인하려 노력하라.

3 (1) Stanley는 미국에 있는 1,000명 이상의 백만장자들을 연구했다. (5~6행 참조)
(2) 백만장자들은 보통의 대학을 나왔으며, 학업성취도도 그다지 높지 않았다. (6~8행 참조)
(3) 백만장자들의 성공 비결은 자신의 일을 사랑하는 것이었고, 그것이 그들에게 에너지와 열정을 불러일으켰다. (8~11행 참조)

4 spend + 시간[돈] + -ing: ~하는 데 시간[돈]을 쓰다

본문 해석 대부분의 사람들은 부자가 되기를 원하지만, 그 방법을 모른다. 자, 당신은 「The Millionaire Next Door」와 「The Millionaire Mind」의 저자인 Thomas J. Stanley(토마스 J. 스탠리)에게서 배울 수 있을지도 모른다. 그는 백만장자들의 습관과 행동을 연구하는 데 인생의 많은 시간을 보냈다.
Stanley는 천 명이 넘는 미국의 백만장자에 대해 연구를 진행했다. 놀랍게도 결과는 백만장자들 중 대부분이 평범한 대학을 다녔다는 것을 보여 주었다. 그리고 그들의 학업 성취도는 그리 높지 않았다. 이는 그들이 대단히 똑똑한 사람들은 아니었음을 시사한다. 하지만 그 백만장자들 중 대부분은 그들이 자신의 일을 사랑한다고 말했다. 그들의 성공은 자신의 일을 사랑하는 것에 대한 직접적인 결과였다. 이것이 그들에게 성공에 필요한 에너지와 열정을 부여했다.
좋아하지 않는 일에 시간을 쓰기에 인생은 너무도 짧다. 당신의 마음속을 들여다보고, 세상에 그 무엇보다도 가장 하고 싶은 것이 무엇인지 스스로에게 물어보라. 그런 뒤에 당신이 선택하는 일에 최선을 다하라. 누가 알겠는가? 당신도 백만장자가 될지.

지문 풀이

Most people want to become rich, / but they don't know how. / Well, / you might learn from ❶ **Thomas J.**
대부분의 사람들은 부자가 되기를 원한다 /   하지만 그들은 방법을 모른다 /   자 /   당신은 Thomas J. Stanley에게서 배울 수 있을지도

Stanley, / **the author** of *The Millionaire Next Door* and *The Millionaire Mind*. / He ❷ **spent much of his**
모른다 /   「The Millionaire Next Door」와 「Millionaire Mind」의 저자인 /   그는 자신의 인생의 많은 시간을 보냈다 /

life / **studying** the habits and behavior of millionaires. /
          백만장자들의 습관과 행동을 연구하는 데 /

Stanley conducted a study / of more than 1,000 millionaires / in America. / Surprisingly, / the results
Stanley는 연구를 진행했다 / 천 명이 넘는 백만장자에 대해 / 미국의 / 놀랍게도 / 그 결과는 보여

showed / that most of the millionaires attended average universities. / And their academic achievements /
주었다 / 백만장자들 중 대부분이 평범한 대학을 다녔다는 것을 / 그리고 그들의 학업 성취도는 /

were not very high. / This suggests / that they were not unusually bright people. / But most of the
그리 높지 않았다 / 이것은 시사한다 / 그들이 대단히 똑똑한 사람들은 아니었다는 것을 / 하지만 그 백만장자들 중

millionaires said / that they loved their work. / Their success was a direct result / of loving their
대부분은 말했다 / 그들이 자신의 일을 사랑한다고 / 그들의 성공은 직접적인 결과였다 / 자신의 일을 사랑하는 것에

business. / This gave them / the energy and passion / ❸ needed to succeed. /
대한 / 이것은 그들에게 부여했다 / 에너지와 열정을 / 성공하는 데 필요한 /

Life is ❹ too short / to spend time doing something / you don't enjoy. / Take a look inside your
인생은 너무도 짧다 / 뭔가를 하는 데 시간을 쓰기에 / 당신이 즐기지 않는 / 당신의 마음속을 들여다보라 /

heart / and ❺ ask yourself / what you want to do / more than anything else / in the world. / And then try
그리고 스스로에게 물어보라 / 당신이 하고 싶은 것이 무엇인지를 / 다른 어떤 것보다도 더 많이 / 세상에서 / 그러고 나서 최선을

your best / in the work you choose. / Who knows? / You might become a millionaire, too.
다하라 / 당신이 선택하는 일에 / 누가 알겠는가? / 당신도 백만장자가 될지

❶ 콤마(,)는 앞뒤에 나온 내용이 서로 동격임을 나타내어 '~의 저자인 …'으로 해석한다.

❷ spend + 시간[돈] + -ing:~하는 데 시간[돈]을 쓰다

❸ 과거분사구 needed to succeed는 앞에 나온 the energy and passion을 수식한다. needed 앞에는 'which are'가 생략되어 있다.

❹ 「too ~ to부정사」는 '너무 ~해서 …할 수 없다'의 의미를 나타내는 구문으로, 「so ~ that … can't」로 바꿔 쓸 수 있다. 또한 여기서는 to부정사 앞에 의미상 주어 for you가 생략된 것으로 볼 수 있다.
Life is **too short** (for you) **to spend** time doing something you don't enjoy.
= Life is **so short that** you **can't spend** time doing something you don't enjoy.

❺ 4형식 문장으로 yourself가 간접목적어(~에게), what you want to do가 직접목적어(~을)이다.

---

35 최고의 잠, REM 수면!

pp. 112~113

문제 정답 **1** ② **2** ④ **3** 숨겨진[억압된] 자신의 감정을 (꿈에서) 표출하는 것 **4** too weak to finish

문제 해설 **1** REM 수면의 특징과 중요한 기능에 대해 설명하고 있는 글이므로, 글의 주제로 ② 'REM 수면의 필요성과 이점'이 적절하다.
① 꿈이 깨어 있는 실제 생활에 미치는 영향 ③ 숨겨진 감정을 읽어내는 간단한 비결
④ REM 수면의 자연스러운 패턴과 단계 ⑤ REM 수면과 기억력 간의 관계

2 잠든 후 REM 단계에 들어가는 데는 1시간 반 정도 걸린다고 했으므로, ④는 글의 내용과 일치하지 않는다. (16~17행 참조)

3 'This'는 앞 문장, 'Dreams allow them to let out these feelings.'를 의미하는데, these feelings는 깨어 있을 때는 차마 부끄러워서 드러낼 수 없는 sexual desires(성적 욕구)와 jealousy(질투심)와 같은 감정이다.

4 「so ~ that … can't」는 '~해서 … 할 수 없다'의 의미로, 「too ~ to부정사」로 바꿔 쓸 수 있다.
Wilson은 너무 약해서 마라톤을 완주할 수 없었다.

잠잘 때, 우리의 뇌는 활동을 멈추는 걸까? 상황에 따라 다르다. 어떤 단계에서는 뇌의 활동이 느려진다. 또 어떤 단계에서는 우리의 뇌는 깨어 있을 때만큼이나 바쁘다. 뇌가 가장 바쁜 때는 REM 수면이라고 불리는 단계이다. REM은 'Rapid Eye Movement(급속 안구 운동)'의 줄임말이다. 이 단계에서는 수면자의 감긴 눈이 좌우로 빠르게 움직인다.

REM 수면은 감정적인 문제들을 처리하고 뇌를 건강하게 유지하는 데 있어 매우 필요하다. REM 수면동안 발생하는 꿈들은 뇌에게 성적 욕구와 질투심 같은 숨겨진 감정을 풀어놓을 수 있는 기회를 준다. 사람들은 보통 너무 부끄러워서 깨어 있을 때는 이런 감정을 표현하지 못한다. 꿈은 그들에게 이런 감정들을 표출하게 해 준다. <u>이것이 그들에게 마음의 평화를 준다.</u> REM은 또한 정보가 장기 기억으로 전환되는 단계이다. 이런 이유로, 만일 우리가 REM 수면을 충분히 취하지 못하면, 우리의 뇌는 정보를 우리 기억 속에 오랫동안 저장할 수 없다.

우리가 잠든 후, REM 단계로 들어가는 데 보통 1시간 30분이 걸린다. 그리고 REM 수면은 보통의 8시간 수면 동안 약 5번 발생한다.

When we sleep, / do our brains stop working? / It depends. / During some stages, / the brain slows
우리가 잠잘 때 / 우리의 뇌는 활동을 멈추는 걸까? / 상황에 따라 다르다 / 어떤 단계 동안 / 뇌는 느려진다 /

down. / During other stages, / our brains are just as busy / as when we are awake. / The busiest time for
다른 단계 동안 / 우리의 뇌는 딱 바쁘다 / 우리가 깨어 있을 때만큼 / 뇌가 가장 바쁜 때는 /

the brain / is a stage / ❶called REM sleep. / REM is short for Rapid Eye Movement. / The sleeper's
단계이다 / REM 수면이라고 불리는 / REM은 'Rapid Eye Movement'의 줄임말이다 / 수면자의 감긴 눈들이 /

closed eyes / move rapidly / from side to side / at this stage.
빠르게 움직인다 / 좌우로 / 이 단계에서 /

REM sleep is very necessary / ❷for processing emotional issues / and keeping the brain healthy. /
REM 수면은 매우 필요하다 / 감정적인 문제들을 처리하는 데 있어 / 그리고 뇌를 건강하게 유지하는 데 /

Dreams / ❸that take place during REM sleep / give the brain a chance / ❹to let go of hidden
꿈들은 / REM 수면동안 발생하는 / 뇌에게 기회를 준다 / 숨겨진 감정을 풀어놓을 수 있는 /

emotions, / like sexual desires and jealousy. / People are usually ❺too ashamed / to express these feelings /
성적 욕구와 질투심 같은 / 사람들은 보통 너무 부끄럽다 / 이런 감정을 표현하기에는 /

when they are awake. / Dreams allow them / to let out these feelings. / This gives them peace of mind. /
그들이 깨어 있을 때 / 꿈은 그들에게 허락한다 / 이런 감정들을 표출하도록 / 이것이 그들에게 마음의 평화를 준다 /

REM is also a stage / ❻when information is transferred / into long-term memory. / For this reason, /
REM은 또한 단계이다 / 정보가 전환되는 / 장기 기억으로 / 이런 이유로 /

if we cannot get enough REM sleep, / our brains cannot hold information / in our memories / for a long
만일 우리가 REM 수면을 충분히 취하지 못하면 / 우리의 뇌는 정보를 저장할 수 없다 / 우리 기억 속에 / 오랫동안 /

time. /

It usually takes an hour and a half / to get to the REM stage / after we fall asleep. / And REM sleep
보통 1시간 30분이 걸린다 / REM 단계로 들어가는 데 / 우리가 잠든 후 / 그리고 REM 수면은 /

occurs about five times / during a normal eight-hour sleep.
약 5번 발생한다 / 보통의 8시간 수면 동안

❶ 과거분사구 called REM sleep은 앞에 나온 a stage를 수식하며, called는 '~라고 불리는'의 의미를 갖는다.

❷ 동명사 processing과 keeping이 and로 연결되어 전치사 for의 목적어로 쓰였다.

❸ 주격 관계대명사 that이 이끄는 형용사절이 뒤에서 주어 Dreams를 수식하여 주어가 길어진 형태이다.

❹ to let go of가 앞에 나온 a chance를 수식하는 형용사적 용법으로 쓰였다.

❺ 「too + 형용사 + to부정사」: 너무 ~해서 …할 수 없다 (= so 형용사 + that + 주어 + can't 동사)

(= People are usually so ashamed that they can't express these feelings ~)

⑥ when은 '때, 시기'를 나타내는 관계부사로, when ~ memory는 앞에 나온 a stage를 수식한다. 또한 관계부사 when은 「전치사 + which」의 형태인 at which로 바꿔 쓸 수 있다.

REM is a stage. + Information is transferred into long-term memory at the stage.

→ REM is a stage **at which** information is transferred into long-term memory.

→ REM is a stage **when** information is transferred into long-term memory.

---

36 식물도 무선으로 소통해요! pp. 114~115

문제 정답 **1** ⑤ **2** ④ **3** ④

문제 해설 **1** 땅속에서 곰팡이들이 식물의 뿌리에서 자라 식물들을 서로 연결해 주며, 식물들은 이 거대한 곰팡이 네트워크를 이용해 정보와 영양분을 서로 교환한다는 내용의 글이므로 ⑤ '곰팡이: 정보와 영양분에 대한 식물들의 네트워크'가 글의 제목으로 적절하다.

① 곰팡이는 식물들과 모든 것을 공유한다
② 곰팡이는 생존을 위해 어떻게 식물들에 의존하는가
③ 숲은 어떻게 식물들과 곰팡이를 지원하는가
④ 식물들은 숲에서 스스로를 어떻게 보호하는가

2 (A) 곰팡이 네트워크가 모든 곳에 있다고 설명하는 앞 문장에 이어 그에 대한 사실 정보를 덧붙이고 있으므로, In fact(사실상)가 적절하다.

(B) 뒤에 식물을 위협하는 곤충에 대한 정보가 구체적으로 나오고 있으므로, For example(예를 들어)이 적절하다.

① 게다가, 더욱이 – 반면에　　　　　② 그러나 – 결과적으로
③ 요약하자면 – 예를 들어　　　　　⑤ 사실상 – 다시 말해서

3 식물은 곤충의 공격을 받으면 다른 식물들에게 곰팡이 네트워크를 통해 경고 신호를 보낸다고 했으므로, ④ '그것은 식물들을 보호하기 위해 곤충을 공격한다.'는 글의 내용과 일치하지 않는다.

① 그것은 주로 식물들의 뿌리에서 발견될 수 있다.
② 그것은 식물들을 서로 연결해 준다.
③ 식물들은 그것을 통해 서로를 도울 수 있다.
⑤ 그것은 다른 식물들에게 영양분을 공급하는 데 사용된다.

본문 해석 표면에서는 숲이 고요하고 조용하게 보일지도 모르지만, 땅 아래에서는 식물들이 서로 의사소통을 하느라 분주하다. 나무들과 꽃들은 왔다 갔다 끊임없이 정보를 전달하고 있다. 그런데 그것들은 어떻게 의사소통을 하는가? 그것들은 거대한 곰팡이 네트워크를 이용하고 있다. 이 자그마한 것들은 식물들의 뿌리에서 자라 식물 왕국의 멤버들을 함께 연결할 것이다.

그리고 이런 종류의 곰팡이 네트워크는 어디에나 있다. 사실상, 땅 위에 있는 식물들의 대략 90%는 모종의 곰팡이로 연결되어 있다. 이 네트워크는 너무나 강력하여 어떤 과학자들은 그것을 인터넷에 비유한다.

당신은 식물들이 어떻게 이 곰팡이 네트워크를 이용하는지 궁금할지도 모른다. 그것들은 정보와 영양분을 교환하기 위해 그것을 이용한다. 예를 들어, 그것들이 곤충에 의해 공격당하면 그것들은 다른 식물들에게 경고 신호를 보낸다. 또한 가을철에 자작나무가 잎을 잃고 당분을 생산할 수 없을 때, 상록수인 소나무는 곰팡이 네트워크를 통해 그것들에게 영양분을 공급해 줄 것이다. 여름철에 자작나무가 많은 잎을 갖고 있을 때, 그것들은

자라고 있는 소나무에게 당분을 보냄으로써 호의에 보답한다. 이처럼 식물들은 비록 그것들이 다른 종에 속한다 하더라도 거대한 곰팡이 인터넷을 통해 서로를 돕는다.

On the surface, / the forest might seem calm and quiet, / but under the ground / the plants ❶ are busy
표면에서는 / 숲이 고요하고 조용하게 보일지도 모른다 / 하지만 땅 아래에서는 / 그 식물들이 의사소통을 하느라

communicating / with each other. / The trees and flowers / are constantly passing information / back and
분주하다 / 서로 / 나무들과 꽃들은 / 끊임없이 정보를 전달하고 있다 / 왔다 갔다 /

forth. / So how do they communicate? / They're using a giant network of fungi. / ❷ These little
그런데 그것들은 어떻게 의사소통을 하는가? / 그것들은 거대한 곰팡이 네트워크를 이용하고 있다 / 이 자그마한 것들은

guys / will grow on the roots of plants / and connect the members of the plant kingdom together. /
식물들의 뿌리에서 자랄 것이다 / 그리고 식물 왕국의 멤버들을 함께 연결해 줄 것이다 /

And this kind of fungi network is everywhere. / In fact, / about 90% of the plants on land / are connected to
그리고 이런 종류의 곰팡이 네트워크는 어디에나 있다 / 사실상 / 땅 위에 있는 식물들의 대략 90%는 / 모종의 곰팡이로 연결되어

some kind of fungi. / This network is ❸ so powerful / that some scientists compare it to the Internet. /
있다 / 이 네트워크는 너무나 강력해서 / 어떤 과학자들은 그것을 인터넷에 비유한다 /

You probably wonder / ❹ how plants use this fungi network. / They use it / to exchange information and
당신은 아마도 궁금할 것이다 / 식물들이 어떻게 이 곰팡이 네트워크를 이용하는지 / 그것들은 그것을 이용한다 / 정보와 영양분을 교환하기 위해 /

nutrients. / For example, / if they are attacked by insects, / they will send out warning signals / to other
예를 들어 / 그것들이 곤충들에 의해 공격당하면 / 그것들은 경고 신호를 보낸다 / 다른 식물들

plants. / Also, / in the fall, / when the birch trees lose their leaves / and can't produce sugar, /
에게 / 또한 / 가을철에 / 자작나무가 자신의 잎을 잃을 때 / 그리고 당분을 생산할 수 없을 때 /

the evergreen pine trees / may ❺ provide them with nutrients / through the fungi network. / In the
상록수인 소나무는 / 그것들에게 영양분을 공급해 줄 것이다 / 곰팡이 네트워크를 통해 / 여름철에 /

summer, / when the birch trees have lots of leaves, / they return the favor / by sending sugar / to the
자작나무가 많은 잎을 갖고 있을 때 / 그것들은 호의에 보답한다 / 당분을 보냄으로써 / 자라고

growing pine trees. / Like this, / plants help each other / through the great fungi network / even if they
있는 소나무들에게 / 이처럼 / 식물들은 서로를 돕는다 / 거대한 곰팡이 네트워크를 통해 / 비록 그것들이 다른

belong to other species.
종에 속한다 하더라도

❶ be busy -ing: ~하느라 분주하다
  ex. My brother **is busy preparing** for the examination. 내 남동생은 시험 준비에 바쁘다.

❷ 주어 These little guys는 앞에 나온 fungi를 비유적으로 표현한 것이다. 동사 will grow와 (will) connect가 and에 의해
  병렬로 연결되어 '이 자그마한 것들이 자라서 연결해 줄 것이다' 해석한다.

❸ 「so + 형용사 + that + 주어 + 동사」는 '너무 ~해서 …하다'의 의미를 나타낸다.

❹ wonder의 목적어 역할을 하는 간접의문문으로 「의문사 + 주어 + 동사」의 어순을 취한다.

❺ 「provide A with B」는 'A에게 B를 공급하다'의 의미로, 「provide B for A」로 쓸 수도 있다.
  (= The evergreen pine trees may provide nutrients for them through the fungi network.)

문제 정답 1 ③   2 ①   3 ②   4 ③   5 ④   6 We spent the whole weekend swimming in the sea.
7 My sister is so busy that she can't attend the meeting.

문제 해설 1 average: 평범한, 보통의; 평균의

Eric은 키가 너무 크지도 너무 작지도 않다. 그는 <u>보통의</u> 신장을 갖고 있다.

① 똑똑한; 밝은   ② 학업의, 학문의   ④ 거대한

2 warning: 경고, 주의

당신의 시기적절한 <u>경고</u>가 우리의 목숨을 구했다.

② 단계   ③ 강점, 장점   ④ 표면, 지면

3 take place: 일어나다

그 영화제가 10월에 <u>있을</u> 예정이다.

① 잇다, 연결하다   ③ 확인하다, 알아보다   ④ (특정 활동을) 하다

4 nutrient: 영양소, 영양분 / any substance that plants or animals need in order to live and grow

5 be short for: ~의 줄임말이다 / let go of: (잡고 있던 것을) 놓다 / belong to: ~에 속하다, ~의 것이다

• Alex는 Alexander<u>의 줄임말이다</u>.

• 과거를 <u>놓을</u> 때이다.

• 이 여행 가방은 Thompson 씨 <u>것이다</u>.

6 spend + 시간[돈] + -ing: ~하는 데 시간[돈]을 쓰다 / 시간에 해당하는 어구는 the whole weekend이다.

7 so + 형용사 + that + 주어 + can't ...: 너무 ~해서 …할 수 없다

WORKBOOK

UNIT 01

Word Practice

p. 02

A | 1 독특한, 고유의   2 단서, 실마리
3 필수적인, 가장 중요한
4 상태가 좋은
5 광장   6 죄를 짓다   7 폭탄
8 개발하다; 발전하다   9 영향을 끼치다, 큰 도움이 되다; 성공하다
10 참을성 있게   11 먹이를 주다   12 처벌하다
13 A를 B로부터 빼앗다   14 움켜잡다   15 부족
16 부양하다   17 특징   18 부화하다
19 (노예의) 주인   20 자동의

B | 1 compliment   2 be praised for   3 task
4 ordinary   5 live up to   6 surround
7 court   8 diligence   9 due to
10 species   11 robotics   12 carry out
13 judge   14 modern   15 criminal
16 exist   17 yell   18 version
19 a handful of   20 behavior

01 칭찬하면서 재판을 한다?

p. 03

1 바벰바족이라고 불리는 그곳에 사는 그 부족은 세계에서 가장 낮은 범죄율로 유명하다.
2 이것은 범죄를 처벌하는 그들의 독특한 방법 때문이다.
3 그들의 마을에서 누군가가 범죄를 저지를 때, 그 사람은 마을 광장에 서 있어야 한다.
4 소리를 지르는 대신에 모든 사람들은 그 범죄자에 대한 온갖 종류의 좋은 것들을 말한다.
5 그것은 마치 판사 없이 수백 명의 변호사가 모여 말하는 법정과 같다.
6 그것은 그 범죄자가 감정적으로 다치지 않고 자신의 행동을 바꾸는 데 도움이 된다.
7 칭찬은 큰 도움이 될 수 있고, 진정으로 사람들을 변화시킬 수 있다.

02 노예를 부리는 개미

p. 04

1 개미들은 종종 그것들의 부지런함 때문에 칭찬받는다.
2 모든 종의 개미들이 그 칭찬에 부응하는 것은 아니다.
3 소수의 개미 종들은 자신들의 좀 더 약한 사촌들에게 이러한 핵심적인 일들을 하게 할 방법을 생각해 냈다.
4 이러한 소위 '노예 사역 개미'는 이웃 개미들로부터 알을 약탈한다.
5 노예 사역 개미들은 그것들의 보금자리를 공격하고, 다 자란 개미들을 죽이며, 아직 태어나지 않은 새끼들을 자신들의 보금자리로 나른다.
6 그 새끼들이 부화했을 때, 그것들은 자신들의 새 주인을 받아들이고 본인들의 과업을 수행한다.
7 그것들은 노예 사역 개미가 전투를 전문으로 하고 스스로 그러한 기본적인 과업들을 수행할 능력을 잃었기 때문에, 노예 사역 개미의 새끼들에게 먹이를 준다.

03 스스로 움직이는 인형, 오토마톤

p. 05

1 그 기계는 상태가 좋지 못했기 때문에, 박물관의 큐레이터들은 그것이

무엇을 할 수 있는지 알지 못했다.
2 그들은 끈기 있게 부품들을 조립해서 그것을 시운전 해 보았다.
3 그 소년은 눈을 뜨고, 자신의 손에 있는 펜을 움켜쥐고, 그리기 시작했다!
4 그것은 현대적인 로봇의 최초 버전이었다.
5 한 편의 시를 쓰고 난 후, 그 기계는 그것에 'Maillardet(메일러뎃)의 자동 로봇에 의해 쓰임'이라고 이와 같이 서명했다.
6 스위스의 시계 제작자인 Henri Maillardet(헨리 메일러뎃)은 1805년에 런던에서 이 자동 기계를 개발했다.
7 Maillardet은 재미로 이 기계를 만들었을지 모르지만, 그것은 분명히 오늘날의 로봇 공학 기술을 위한 길을 여는 데 일조했다.

UNIT 02

Word Practice

p. 06

A | 1 ~와 닮다   2 식습관   3 미신
4 (사람·사물을 상징하는) 특징, 특성, 트레이드마크
5 (사이가) 가까운, 친한   6 받아들일 수 있는, 수용 가능한
7 개성   8 (과거에) ~하곤 했다
9 재채기하다; 재채기   10 인간관계 연결망, 사회 관계망
11 관찰하다, 주시하다   12 ~하기 쉽다, ~할 가능성이 있다
13 퍼지다   14 ~에 대한 반응으로
15 입증하다, 보여주다   16 A를 B로 인식하다
17 ~와 비슷한   18 ~을 …라고 여기다
19 날씬한   20 악령

B | 1 reflect   2 protect A from B   3 explanation
4 sign   5 obesity   6 look deep into
7 impression   8 in reality   9 signature
10 lasting   11 adopt   12 overweight
13 expert   14 suggest   15 day after day
16 basis   17 bless   18 personal
19 soul   20 opportunity

04 비만도 전염된다?

p. 07

1 새로운 조사에 따르면 비만은 사회적 관계망에서 한 사람으로부터 다른 사람에게 퍼질 수 있다.
2 사실 한 사람이 과체중이 되면, 그의 가까운 친구들이나 가족 구성원들도 과체중이 된다.
3 한 가지 설명은 우리가 우리 주변의 사람들을 보면서 받아들일 수 있는 체형이 무엇인지에 대한 생각을 바꾼다는 것이다.
4 가까운 친구가 과체중이 되면 비만이 당신이 생각하는 것만큼 나빠 보이지 않을 수도 있다.
5 만약 당신에게 건강에 해로운 식습관을 가진 뚱뚱한 친구들이 많다면, 당신도 그들의 생활 방식을 채택할 가능성이 있다.
6 실제로 당신이 뚱뚱한 친구들과 가족 구성원들이 많을수록 당신이 뚱뚱하게 될 가능성도 높아진다.

05 재채기를 하면 축복이!

p. 08

1 누군가가 재채기를 하면, 미국에서는 사람들이 "Bless You.(당신을 축복해요.)" 또는 "God bless you.(신의 축복이 있기를.)"라고 말한다.
2 이러한 이유는 사람들이 재채기가 불운을 가져온다고 믿기 때문이다.
3 고대 유럽의 미신에 따르면 당신이 재채기를 하면 당신의 영혼이 몸에서 빠져나간다고 여겼다.
4 그때 악령이 당신의 몸에 들어와서 당신을 아프게 하기 위해 그 기회를 이용할 것이다.

5 독일에서 사람들은 "Gesundheit."이라고 말하는데, 그것은 '건강'을 의미한다.
6 독일 사람들은 재채기를 몸이 아플 수 있음을 알려주는 신호라고 인식한다.
7 프랑스 사람들과 스페인 사람들은 재채기에 대한 반응이 독일 사람들과 비슷하다.
8 누군가가 재채기를 할 때 프랑스 사람들은 "Sante."라고 말하고, 스페인 사람들은 "Salud."라고 말한다.
9 언어는 다르겠지만 그 말들은 모두 당신이 재치기를 할 때 당신이 건강하기를 기원한다.

06 시그니처 스타일을 찾아라!
p. 09

1 어떤 유명인들은 날마다 같은 스타일을 유지한다.
2 그들의 셔츠, 바지, 그리고 헤어스타일은 그들의 개인적인 이미지의 일부가 되었다.
3 패션 전문가들은 그것을 그들의 '시그니처 스타일'로 간주한다.
4 그 스타일은 그들의 개성과 그들이 다른 사람들에게 보이길 원하는 이미지를 반영해 준다.
5 시그니처 스타일을 갖는 것은 당신 자신의 지속적인 인상을 만들어 내는 훌륭한 방법이다.
6 당신이 매일 입는 옷들의 공통적인 특징에 대해 생각해보고 그것들을 기본으로 활용하라.
7 여전히 모르겠다면, 당신이 닮고 싶은 사람의 스타일을 관찰해보라.
8 무엇이 그들에게 잘 어울리는지 주목하고 당신 자신의 스타일을 생각해 내라.
9 당신의 스타일은 당신의 트레이드마크가 될 것이고 당신 주변의 다른 사람들의 스타일과 상당히 다른 당신의 독특한 개성을 정말로 보여줄 것이다.

UNIT 03

Word Practice
p. 10

A | 1 완전히　　　　2 (적과) 싸우다　　　3 심리; 심리학
4 A와 B를 결합시키다　5 기운이 나는, 상쾌한　6 기기, 장비, 장치
7 다시 말해서　　　8 (과학) 기술　　　9 아랍의; 아랍인
10 자리 잡다, 정착하다　　　　　　　11 광고
12 ~을 접하게 되다; ~에 노출되다　　13 가상의
14 증강 현실　　　15 조합, 결합
16 간격을 두고, 시차를 두고　　　　　17 게시하다, 설치하다
18 상품　　　19 B에 A를 더하다　20 암기하다, 외우다

B | 1 virtual reality　　2 advance　　　3 fit
4 side effect　　　5 make a mistake
6 long-term memory　　　　　7 psychologist
8 review　　　9 all over the world　10 entertainment
11 right　　　12 client
13 give a presentation　　　　14 permanently
15 context　　16 in a row　　17 moreover
18 transfer　　19 and so on　　20 performance

07 현실과 가상을 넘나드는 신기술
p. 11

1 디지털 기기 덕분에 우리는 새롭고 흥미진진한 경험을 할 수 있다.
2 이러한 경험을 만들어 내는 두 가지 기술들은 가상 현실(VR)과 증강 현실(AR)이다.
3 VR은 당신을 완전한 가상의 세계로 데려간다.
4 헤드셋을 씀으로써 당신은 주인공이 되어 직접 괴물들과 싸울 수 있다.
5 게다가 당신은 세계 곳곳에서 열리는 가상 콘서트에서 공연들을 즐길 수 있다.

6 반면에 AR은 실제 세계와 가상 세계의 결합체이다.
7 사실 그것은 실제 세계에 가상의 이미지들을 더해 준다.
8 당신은 IKEA 앱을 갖고 스마트폰으로 바로 가구가 당신의 집에 어떤 식으로 들어맞을지 볼 수 있다.
9 미래에 아마도 당신은 삶의 모든 부분에서 그것들을 경험하게 될 것이다.

08 거꾸로 읽어야 통해요!
p. 12

1 나의 오랜 친구인 Larry는 사우디아라비아에서 미국 제품을 판매하는 회사에서 자신이 새로 맡게 된 일에 대해 나에게 말해 주었다.
2 내 첫 프로젝트는 청량음료 광고를 만드는 것이었는데, 내가 큰 실수를 했다.
3 언어상의 문제가 걱정돼서, 나는 회의용 칠판에 그림 세 장을 나란히 붙여 놓았다.
4 첫 번째 그림에서는 사막의 더위 때문에 땀에 젖은 한 남자를 보여 주었다.
5 가운데 그림에서는 청량음료 한 병을 재빨리 마시는 동일한 남자를 보여 주었다.
6 세 번째 그림에서 그는 완전히 생기를 되찾고 얼굴에 함박웃음을 지었다.
7 나는 아랍인들이 오른쪽에서 왼쪽으로 읽는다는 것을 몰랐다.

09 영어 단어, 이렇게 외워 봐요!
p. 13

1 당신은 24시간 내에 당신이 외우는 단어들의 약 80%를 잊어버린다.
2 그렇다면 새로운 단어를 외우는 가장 좋은 방법은 무엇일까?
3 새로운 단어 몇 개를 배운 후에, 같은 날 시간이 지난 후에 그것들을 다시 보라.
4 그런 다음, 일주일 후, 그리고 나서 그 후 10일 후 등등 그것들을 복습하라.
5 새로운 단어를 당신의 장기 기억 속으로 이동시키기 위해서는 그것들을 7번 이상 접할 필요가 있다.
6 그저 단어들을 반복하거나 같은 방법으로 그것들을 복습하는 것으로는 충분하지 않다.
7 당신이 단어들을 그림과 결합시키거나 또는 일기를 쓸 때 그것들을 활용해 볼 수 있다.
8 단어를 복습하는 데 다양한 방법을 활용하는 것을 시도해 보라, 그러면 그 새로운 단어들이 당신의 기억 속에 영원히 자리 잡을 것이다.

UNIT 04

Word Practice
p. 14

A | 1 남성(의)　　　2 완벽한　　　3 (해답을) 내놓다
4 (특정한 방향으로) 빨아들이다
5 의사소통의; 이야기하기 좋아하는　　　6 무서운
7 형성시키다; 형성되다 8 임신　　　9 스트레스를 받는
10 보이지 않는　　11 (~와) 조화롭게　12 애쓰다, 고심하다
13 거대한　　　14 매우, 극히　　　15 저자
16 삼키다　　　17 길, 방향　　　18 경쟁하다
19 표현하다　　　20 상황

B | 1 respect　　　2 stage　　　3 lie in
4 cause　　　5 tend to　　　6 progress
7 gravity　　　8 run out of　　9 female
10 complete　　11 depict
12 be lost in thought　　　　13 imperfect
14 hold up　　15 have no interest in
16 development　17 stare　　　18 describe
19 sex　　　20 fuel

10 달라도 너무 다른 남녀의 뇌

1 여자들은 자신의 문제와 감정에 대해 남자들보다 더 많이 말한다.
2 모든 뇌는 여성의 뇌로 시작되고, 남자 아이들의 경우 임신 8주 후에야 남성의 뇌가 된다.
3 그 시기에, 남자 아이들의 두뇌의 의사소통 영역은 점점 작아지고, 공격성과 성에 대한 영역이 점점 커지게 된다.
4 이런 변화를 겪은 후 남성과 여성은 그들의 성장에서 서로 다른 길을 간다.
5 그룹 내에서 여자 아이들이 조화롭게 행동하는 경향이 있고, 반면에 남자 아이들은 서로 경쟁하거나 언쟁을 벌인다.
6 나중에 커서 남자들은 스트레스를 받으면 종종 과묵해진다.
7 하지만 똑같은 상황에서 여자들은 평소보다 말을 훨씬 더 많이 한다.

11 우주 속 진공청소기, 블랙홀
p. 16

1 우주 공간 저 멀리 위에 보이지 않는 괴물이 있다.
2 그것은 가까이 오는 모든 것, 심지어 거대한 별들까지 빨아들이고 삼킬 수 있다!
3 많은 과학자들은 별이 나이가 너무 많아지면 블랙홀이 된다고 믿는다.
4 노쇠한 별은 연료가 다 떨어져 자체의 육중한 무게를 지탱할 수가 없다.
5 그 별은 점점 작아져 쌀 한 톨보다 훨씬 더 작아진다.
6 거대한 것이 매우 작아질 때, 그것의 중력이 끌어당기는 힘은 어마어마하게 강해진다.
7 블랙홀의 중력이 끌어당기는 힘은 너무 강해서 그것은 마치 진공청소기처럼 가까이에 있는 것은 어떤 것이든 안으로 빨아들일 수 있다.
8 만약 당신이 블랙홀에 빠지게 되면, 그것의 중력이 너무도 강하기 때문에 다시는 빠져나올 방법이 없을 것이다.
9 블랙홀이 아주 멀리 있다는 것은 우리에게 다행스러운 일이다!

12 다빈치도 그리기 어려웠던 얼굴
p. 17

1 1495년에 레오나르도 다빈치는 이탈리아의 밀라노에 있는 한 교회를 위한 그림을 공들여 작업하고 있었다.
2 그 그림은 예수님이 돌아가시기 전날 밤에 그의 12사도들과 나눈 마지막 식사를 묘사했다.
3 그는 많은 나날동안 자신의 미완성된 그림을 뚫어져라 봤다.
4 그는 예수님을 진정으로 사랑하고 존경했다.
5 어떤 친절하거나 멋진 얼굴은 충분히 좋은 것이 아니었다.
6 그는 어떤 진척도 없이 그저 고심하고 있었다.
7 나는 도저히 예수님의 얼굴에 있는 선함과 사랑을 묘사할 수 없을 것 같다.
8 오늘날 우리는 「최후의 만찬」에서 예수님의 얼굴을 볼 수 있다.
9 아무도 알지 못하지만, 그것은 아마도 레오나르도가 바랐던 만큼 아름답지는 않을 것이다.

UNIT 05

Word Practice
p. 18

A | 1 창의적인, 창조적인   2 포함하다   3 유리한 점
4 인구   5 (시합의) 상대, 적수   6 사라지다
7 따로 떼어놓다   8 공급   9 휴양지, 리조트
10 실험(정신); 시도   11 만들어내다, 생산하다
12 모욕하다; 모욕(적인 말, 행동)   13 조만간, 곧
14 환경 친화적인   15 지루함, 따분함   16 (수량이) 오르다
17 정신의   18 비밀의, 남이 모르는
19 배설물; 쓰레기   20 당황하게 하다

B | 1 religion   2 explore   3 alternative
4 nutrient   5 tropical   6 athlete

7 free from   8 ban   9 opposing
10 treat   11 catch up   12 cost
13 demand   14 ignore   15 dominate
16 concentrate on   17 raise   18 garbage(trash)
19 limitless   20 environment

13 지루함이 선사하는 놀라운 선물
p. 19

1 심리학자들은 지루함이 종종 창의적인 사고로 이어진다고 말한다.
2 사람들이 외부 자극에서 자유로울 때, 그들은 보통 자신들의 머릿속 깊은 곳에 무엇이 있는지 탐구하기 시작한다.
3 그들은 자신들의 생각과 실험적인 시도로 궁리해보고 싶어 한다.
4 마이크로소프트 사의 창립자인 빌 게이츠는 일 년에 두 차례씩 일주일 동안 비밀 리조트로 자신을 데려간다.
5 스스로를 (외부) 세상과 격리시킴으로써, 그는 완벽한 지루함을 경험하고 창의적인 사업 아이디어를 생각해낸다.
6 오늘날 우리는 항상 스마트폰과 컴퓨터에 노출되어 있기 때문에 거의 지루하지 않다.
7 곧 당신은 당신이 얼마나 창의적인지 깨달을 것이다!

14 경기 중 독설은 이제 그만!
p. 20

1 당신이 누군가에게 trash talk을 하면[모욕적인 말을 하면], 당신은 그 사람을 쓰레기처럼 취급하는 것이다.
2 Trash talker(모욕적인 말을 하는 사람)는 종종 그야말로 상대팀 선수들의 기술에 대해 모욕한다.
3 심각한 trash talk은 선수들의 가족이나 인종, 또는 종교에 대한 모욕을 포함한다.
4 선수들은 심리적인 이점을 얻기 위해 이런 말을 사용한다.
5 그것은 상대팀 선수가 경기를 더 엉망으로 하도록 그들을 당황하게 한다.
6 농구선수 Michael Jordan(마이클 조던)과 종합 격투기 선수 Conor McGregor(코너 맥그리거)는 잘 알려진 trash talker이다.
7 그들은 종종 자신들의 trash talk으로 상대편 선수들을 제압했다.
8 trash talk을 하는 것은 스포츠 정신에 어긋나는 것이기 때문에 많은 스포츠 협회들은 그것을 금지한다.

15 미래의 먹거리, 곤충
p. 21

1 방콕을 여행하는 사람이라면 누구나 아마 사람들이 거리에서 간식으로 곤충을 팔고 있는 것을 본 적이 있을 것이다.
2 요즘 곤충은 열대 지방에서 뿐만 아니라 전 세계의 많은 나라들에서도 인기 있는 음식이 되었다.
3 세계의 인구가 계속해서 증가함에 따라 육류에 대한 수요가 빠르게 늘고 있지만 공급이 따라가지 못하고 있다.
4 이것이 사람들이 곤충을 고기에 대한 대안으로 고려하고 있는 이유이다.
5 지구상에는 천만 종의 곤충들이 있기 때문에 그것들의 공급은 무한하다.
6 게다가 식량으로 곤충을 키우는 것이 가축을 기르는 것보다 비용도 훨씬 덜 든다.
7 소는 무게를 1그램 늘리기 위해 8그램의 먹이를 먹지만, 반면에 곤충은 똑같은 양의 무게를 늘리기 위해 2그램 미만의 먹이를 필요로 한다.
8 곤충을 기르는 것은 그것들이 배설물을 훨씬 덜 생산하기 때문에 환경에도 더 좋다.
9 더 중요한 것은 대부분의 곤충은 맛이 있고 영양가도 풍부하다.

UNIT 06

Word Practice
p. 22

A | 1 머뭇거리다, 주저하다   2 (~의) 양; 용량; 음량

정답과 해설 | 67

3 자주, 흔히   4 놓다, 배치하다
5 ~에게 복수하다   6 (필요에) 맞추다, 부응하다
7 (전시회·도서관 등의) 책임자, 관리자
8 (말·행동의) 멈춤; (말·일을 하다가) 잠시 멈추다
9 ~을 나타내다, ~을 가리키다   10 방대한, 어마어마한
11 (인터넷상의) 정보, 콘텐츠   12 불쑥 끼어들다
13 자유롭게 ~하다   14 알아보다
15 우연히 ~하다   16 효과적으로
17 몸짓, 제스처   18 A를 B로 바꾸다
19 원래, 본래   20 ~의 부족

B | 1 break in   2 huge   3 interest
4 be flooded with   5 tailor A to B   6 promising
7 extend to   8 shoot
9 come into the picture   10 steal
11 turn   12 take A as B   13 display
14 reply   15 tend to   16 interrupt
17 play an important role   18 process
19 thoughtfulness   20 compare A to B

16 디지털 큐레이터가 뭐지?
p. 23

1 정보의 양이 급속도로 증가함에 따라 정보를 효과적으로 처리하는 것이 어려워졌다.
2 이것이 디지털 큐레이터가 등장하게 된 배경이다.
3 '큐레이터'는 본래 박물관에 전시할 아이템들에 대한 책임을 지는 사람을 의미했다.
4 오늘날 이 개념은 디지털 세상으로 확대된다.
5 '디지털 큐레이터'는 인터넷상에 있는 어마어마한 정보의 바다에서 알맞은 콘텐츠를 선별하여 고객들의 요구에 그것을 맞추는 사람을 일컫는다.
6 앞으로 정보의 엄청난 증가 때문에 디지털 큐레이터는 훨씬 더 중요한 역할을 할 것으로 기대된다.
7 결과적으로 디지털 큐레이터에 대한 수요는 많아질 것이다.

17 우리는 이렇게 대화해!
p. 24

1 모든 나라는 자신들만의 고유한 대화 스타일이 있다.
2 각 사람들은 마치 볼링 선수처럼 자신의 차례를 기다린다.
3 대화 중에 오랜 멈춤이 있더라도 다른 사람들은 절대 끼어들지 않는다.
4 누군가 머뭇거릴 때 또 다른 사람이 방해한다.
5 그것은 마치 농구선수들이 공을 가로챌 때와 같다.
6 럭비 선수들처럼 이탈리아 사람들은 많은 손짓을 사용하고 빈번히 다른 사람들을 방해한다.
7 흥미롭게도, 이탈리아 사람들은 대화에서 (말을) 가로막는 것을 배려심이 없어서라기보다 관심의 표시라고 생각하는 경향이 있다.
8 다음에 당신이 외국인 친구들과 대화를 하게 되면, 그들이 자신들 나름의 '공놀이' 방식을 갖고 있다는 것을 기억하고 그들에게 맞추려 노력하라.

18 두 별자리에 얽힌 슬픈 전설
p. 25

1 그리스 신화에 따르면, 사냥하는 여신을 도와주는 일을 하는 Callisto(칼리스토)라는 아름다운 여인이 있었다.
2 Callisto가 너무 아름다워서 신들의 왕인 Zeus(제우스)는 아내가 있는데도 불구하고 그녀와 사랑에 빠졌다.
3 그녀는 이것이 자신의 남편을 훔친 것에 대해 Callisto에게 복수할 가장 좋은 때라고 생각했다.
4 그녀는 Callisto를 못생긴 곰으로 바꿔버렸다.
5 Arcas(아르카스)는 자라서 강한 사냥꾼이 되었다.

6 어느 날 숲에서 사냥을 하다가 그는 커다란 곰과 마주쳤다.
7 Arcas는 자신의 엄마를 알아보지 못하고 그녀를 쏘려고 했다.
8 자신이 사랑하는 여인을 구하기 위해 Zeus는 Arcas도 곰으로 바꾸어 버렸다.
9 만약 당신이 밤하늘에서 큰곰자리와 작은곰자리를 보게 된다면, 이 슬픈 이야기를 떠올리고 그들에게 행복을 빌어주어라.

UNIT 07

Word Practice
p. 26

A | 1 ~의 원인이 되다, 초래하다   2 문자
3 입력하다   4 A가 ~하는 것을 막다   5 질병, 병
6 부정행위 속임수 쓰기   7 알칼리성의   8 ~해야 한다
9 진화하다   10 물질   11 확신하는
12 유제품, 낙농 제품   13 영양소   14 자동적으로
15 ~을 빤히 쳐다보다   16 투표하다; 표
17 (말을) 덧붙이다; 추가하다   18 속이다, 농간을 부리다
19 인식   20 A와 B를 구별하다

B | 1 recognition   2 online poll   3 state
4 grain   5 prove   6 advise
7 be about to   8 oxygen   9 gently
10 a bowl of   11 had better   12 blind
13 cell   14 be provided with
15 damage   16 lose one's temper
17 diet   18 advanced
19 build up   20 acidic

19 왜 자꾸 채소를 많이 먹으라고 하죠?
p. 27

1 하나는 고기, 곡물, 설탕, 그리고 유제품과 같은 산성 식품이다.
2 다른 하나는 알칼리성 식품으로, 그것은 주로 과일과 채소이다.
3 산성 식품을 너무 많이 먹는 것은 산성비가 식물들에게 해를 입히는 것처럼 많은 건강 문제를 일으킨다.
4 산성 물질이 당신의 혈액에 쌓이면, 산소와 영양소가 당신의 세포들 사이에서 자유롭게 이동할 수 없다.
5 당신의 세포들이 산소와 영양소를 공급받지 못하면 그것들은 죽거나 아프게 된다.
6 사실 많은 인간의 질병들은 당신의 몸이 너무 산성화 되어 생긴다.
7 영양학자들에 따르면, 이상적인 식단은 80%의 알칼리성 음식과 20%의 산성 음식으로 되어야 한다.
8 이 식단은 여러분을 약알칼리성으로 유지해 줄 것인데, 그것이 가장 건강한 상태이다.

20 건망증 부부의 동문서답
p. 28

1 90대의 한 부부가 건망증이 늘어가고 있어서, 그들의 의사는 그들에게 기억하는 데 도움이 되도록 여러 가지 것들을 메모하라고 충고한다.
2 그 나이든 남자가 마실 것을 가지러 막 부엌에 가려고 할 때, 그의 아내가 그에게 자신에게 아이스크림 한 그릇을 가져다 줄 것을 부탁한다.
3 당신이 가는 김에, 나는 위에 딸기 몇 개도 원해요.
4 당신은 그것을 메모하는 편이 좋을 거예요.
5 나는 분명 그것을 기억하고 있어요. 딸기와 초콜릿 시럽을 얹은 아이스크림이요.
6 20분 뒤, 그가 베이컨과 달걀이 얹힌 접시를 가지고 돌아온다.
7 그의 아내가 잠시 그 접시를 빤히 쳐다보며 묻는다. "내 토스트는 어디 있죠?"

21 로그인하려고? 사람이라면 증명해 봐! p. 29

1 1999년에 한 웹사이트가 컴퓨터 공학으로 가장 좋은 학교를 선정하기 위해 온라인 여론조사를 실시했다.
2 이런 식의 부정행위를 막기 위해 몇몇 사람들이 CAPTCHA(캡차)라 불리는 테스트 프로그램을 고안해 냈다.
3 CAPTCHA는 컴퓨터와 인간을 구별하도록 설계된 일종의 단어 인식 테스트이다.
4 테스트 화면에 보이는 단어들은 이상한 모양을 하고 있다.
5 웹사이트 방문객들은 자신들이 진짜 인간임을 증명하기 위해서 그 단어들을 입력해야 한다.
6 이런 식으로 CAPTCHA는 컴퓨터 프로그램이 농간을 부리는 것을 막을 수 있다.
7 요즘에는 시각장애인을 위해 글을 크게 소리 내 읽어 주는 오디오 CAPTCHA가 있다.
8 좀 더 발전된 것은 문자나 숫자를 3D로 보여 주는 3D CAPTCHA이다.

UNIT 08

Word Practice
p. 30

A | 1 긍정적인 2 성취하다 3 속이다; 바보
4 반응 5 효과가 있다; 일하다; 일; 효과, 결과
6 전체의, 온 7 (건강을 위해 하는) 운동
8 소리치다, 고함치다 9 매일
10 (빛으로) ~을 환하게 만들다; 환하게 되다
11 ~에 영향을 미치다 12 ~에 참여하다 13 까치
14 보통의, 평상시의 15 ~의 느낌 16 분명히, 명확히
17 심리학자 18 즐거운, 기분 좋은 19 성적
20 결과적으로

B | 1 vision 2 do well on 3 violently
4 active 5 score 6 negative
7 reward 8 climb up 9 self-satisfaction
10 flash 11 cry 12 praise
13 achievement 14 musical instrument
15 disagree 16 go by[pass by] 17 prize
18 conduct 19 experiment 20 continue

22 까치에게는 친절만 베푸세요! p. 31

1 한 실험이 까치의 기억력을 테스트하기 위해 실시되었다.
2 한 남자가 어떤 까치가 그를 보고 있을 때 그 까치의 둥지에 올라가서 그것의 새끼를 데려갔다.
3 그 까치는 심지어 그를 따라가면서 계속해서 울부짖었다.
4 그것은 일종의 '고함'인 듯 했다.
5 몇 분 후, 같은 옷을 입은 또 다른 남자가 까치를 속이기 위해 둥지를 지나갔다.
6 놀랍게도 그 까치는 아무 반응도 보이지 않았다.
7 이 실험은 우리에게 까치가 그것의 새끼를 데려간 사람의 얼굴을 기억할 수 있었음을 보여 준다.

23 돈으로 보상하면 성적이 오를까? p. 32

1 어떻게 하면 우리 아이들이 더 열심히 공부하도록 할 수 있을까?
2 연구들은 성적에 대한 대가로 돈을 주는 것이 효과가 있음을 보여 준다.
3 미국에서 한 집단의 학생들이 SAT시험을 잘 치기 위한 대가로 돈을 받았다.

4 많은 학부모들이 좋은 시험 성적에 대해 돈을 주는 것이 그들의 자녀들에게 상을 주는 것과 같다고 생각한다.
5 일부 부모들은 그들의 자녀들이 돈을 받지 않는다면 어떤 것도 하려고 하지 않을 것을 우려한다.
6 연구들에 따르면 일에 대해 보상을 받는 사람들은 보통 그 보상이 멈추면 일하는 것을 멈춘다고 한다.
7 많은 심리학자들은 사람들이 내면으로부터 보상을 받아야 한다고 믿는다.
8 그들은 진정한 상은 잘 해낸 일로부터 나오는 성취감과 자기만족감이라고 믿는다.

24 음악을 가까이하면 머릿속에서 불꽃이 팡팡! p. 33

1 심리학자들에 따르면 음악은 그저 즐거운 활동 그 이상의 것이다.
2 자기 공명 영상 정밀 검사는 당신이 무언가를 할 때 당신의 뇌가 활발해지는 것을 보여 준다.
3 독서, 그림 그리기 그리고 수학 문제 풀기와 같은 활동들은 당신의 한 쪽 뇌의 일부에 불을 켠다.
4 놀랍게도 음악은 당신의 뇌의 많은 부분들을 동시에 환하게 한다.
5 당신이 악기를 연주할 때, 당신의 뇌 전체가 불꽃놀이처럼 번쩍거린다.
6 그것은 마치 뇌 전체가 전신 운동에 참여하고 있는 것과 같다.
7 음악을 듣거나 악기를 연주하는 것은 당신의 뇌를 더 튼튼하게 만들어 주고 사고력을 향상시킨다.
8 만일 당신이 날마다 계속해서 음악과 관련된 활동들을 한다면, 그것의 긍정적 효과가 당신의 성적에서도 나타날 것이다.

UNIT 09

Word Practice
p. 34

A | 1 청구서 2 용감한 3 임무
4 편안한, 쾌적한 5 도움을 청하다 6 제공하다
7 중간의 8 긴장, 초조
9 ~에게 무너지다, 함락되다 10 깨닫다, 알아차리다
11 예약하다 12 현대적인, 최신의 13 즉시, 곧바로
14 권하다, 부추기다
15 저지하다, 억제하다 16 맞다, 환영하다 17 식은땀
18 두려운, 무서운 19 애국심이 강한 20 ~와 연결되다

B | 1 general 2 furry 3 boarding
4 form a line 5 relaxed 6 attack
7 attract 8 reasonable 9 army
10 end result 11 caring 12 facilities
13 end up -ing 14 grooming 15 overdue
16 adopt 17 electricity 18 give A a salute
19 accept 20 battleground

25 강아지 호텔로 오세요! p. 35

1 우리는 당신이 집을 떠나 있어야 할 때 당신의 개에게 훌륭한 숙박 및 데이케어 서비스를 제공합니다.
2 우리는 기숙, 털 손질, 개의 데이케어 등등에 대한 최신 시설을 갖추고 있습니다.
3 우리의 숙련되고 배려심 많은 직원들은 언제나 당신의 털이 복슬복슬한 가족과 함께 일하는 것을 즐깁니다.
4 당신의 개를 집에 홀로 두는 대신 그것이 좋은 시간을 갖도록 하세요.
5 그 최종 결과는 합리적인 가격으로 누리는 좀 더 안전하고 편안한 경험입니다!
6 개 두 마리: 1박에 80달러
7 장기 투숙: 10박마다 1박 무료 제공

26 고객의 코를 사로잡아라!
p. 36

1 후각은 다른 감각보다 우리의 기분과 기억력에 더 많은 영향을 준다.
2 그 이유는 후각이 뇌의 감정 통제 센터와 직접적으로 연결이 되어 있기 때문이다.
3 일부 상점과 기업들은 이를 알고, 냄새를 이용해 고객의 행동에 영향을 주려고 노력한다.
4 바닐라 향은 여성들을 좀 더 편안하게 느끼도록 해서, 그들은 더 오래 매장에 머무르며 돈을 더 쓰게 된다.
5 요즘에는 냄새가 훨씬 더 색다른 방법으로 사용되고 있다.
6 호주에서는 전기회사들이 지불 기일이 지난 고객들의 청구서에 땀 냄새를 묻힌다.
7 불안감과 두려움이라는 감정들은 식은땀의 흔한 원인이다.
8 이것은 그들에게 당장 청구서 대금을 지불하도록 종용한다.
9 다음에 당신이 쇼핑을 하거나 우편물을 볼 때, 당신은 무슨 냄새를 맡는 지를 주의하라!
10 당신은 그것을 깨닫지도 못하고 그 냄새에 의해 통제받고 있을지도 모른다.

27 프랑스를 구한 택시 기사들
p. 37

1 프랑스군은 마른강에서 독일군을 저지하려고 애썼다.
2 파리에 6,000명의 군인들이 있었으나, 그들을 전투 장소로 수송할 수단이 없었다.
3 그들이 군인들을 실어 나르는 데 파리에 있는 택시들을 모두 이용할 수 있다면, 그들은 그 도시를 구할 수도 있었다.
4 군대는 도움을 요청했고 애국심이 강한 택시 기사들은 수락했다.
5 파리의 군사령관 Gallieni(갈리에니) 장군은 택시 기사들을 맞으러 나왔다.
6 그는 그들에게 경례를 했고 그리고 나서 임무를 수행하도록 그들을 보냈다.
7 군인들은 재빠르게 전투 장소로 보내졌고 그곳에서 그들은 독일의 공격을 막을 수 있었다.
8 용감한 택시 기사가 없었다면, 파리는 독일군에게 함락되었을 것이다.

UNIT 10

Word Practice
p. 38

A | 1 원하다, 좋아하다
2 (천체가) 운행하다, (물체가) 이동하다; 여행하다
3 위협당한   4 (바람이) 불다   5 거부하다, 거절하다
6 더 이상 ~않는   7 움직임, 흔들림
8 속도를 올리다, 가속하다   9 ~을 둘러싸다
10 소유자   11 (불쾌한 일은 잊어버리고) 앞으로 나아가다
12 ~해서 정말 다행이다 13 ~와 함께, ~에 따라 14 잘못, 책임
15 ~로 들이밀다   16 소유하다, 점유하다 17 같은 방식으로
18 순간   19 접근하다   20 바로 그것

B | 1 all the time   2 dizzy   3 dislike[hate]
4 guard   5 top   6 otherwise
7 slow down   8 sick   9 occupy
10 waste one's time -ing   11 past
12 spin   13 put up   14 be jealous of
15 make a list of   16 prison[jail]   17 at a speed of
18 feeder   19 duty   20 freedom

28 모두가 나를 좋아할 순 없잖아?!
p. 39

1 만약 당신은 당신이 좋아하지 않는 사람들의 명단을 만든다면, 그것은 얼마나 길까?
2 당신이 좋아하지 않는 사람들은 항상 몇 명 있을 것이다.
3 같은 식으로, 당신을 좋아하지 않는 사람들도 항상 몇 명 있을 것이다.
4 당신은 누군가가 당신을 싫어한다는 것을 알게 되면 기분이 나쁠 지도 모른다.
5 그러나 그것이 당신의 잘못을 의미하는 것은 아니다.
6 모든 사람이 당신을 좋아하도록 하는 것은 불가능한데, 왜 그렇게 하려고 시간을 낭비하는가?
7 당신이 누군가의 '싫은 사람 명단'에 있다는 느낌이 들 때, 그것에 대해 걱정하거나 스트레스 받지 마라.
8 당신을 좋아하는 사람들이 중요한 사람들이므로 그들에게 당신의 에너지를 써라.

29 시속 100,000km로 도는 지구
p. 40

1 차의 창문을 통해, 당신은 집들과 나무들이 당신을 스쳐 지나가는 것을 본다.
2 차가 속도를 낼 때, 당신은 (자동차) 좌석 안으로 당겨지는 느낌을 받는다.
3 차는 당신에게 그것이 움직이고 있다는 많은 신호를 주지만, 지구는 그렇지 않다.
4 지구는 그것이 우주 공간에서 움직일 때, 부딪칠 어떤 것도 없기 때문에 소리를 내지 않는다.
5 지구를 둘러싸는 공기는 지구와 함께 움직이므로, 그것의 움직임이 우리의 얼굴에 바람을 불어주지 않는다.
6 그것은 또한 같은 속도로 움직이므로 우리는 속도가 느려지거나 빨라지는 것을 전혀 느끼지 못한다.
7 우리는 지구가 움직이는 것을 느낄 수 없어서 정말 다행이다!
8 그렇지 않다면, 우리는 지구의 움직임 때문에 항상 어지럽고 메스꺼움을 느끼게 될 것이다.

30 지나친 욕심으로 스스로를 가둔 새
p. 41

1 작년에 우리는 뒷마당에 벌새 모이통을 설치했다.
2 무려 네 마리의 새들이 동시에 그 모이통을 이용하곤 했다.
3 그 모이통은 일주일에 한번만 채워지면 되었다.
4 수컷 벌새 한 마리가 옮겨와서 그는 다른 벌새들이 그것을 사용하는 것을 거부했다.
5 모이통에서 물을 마신 후, 그는 근처 나무에 앉아 모이통에 다가가는 어떤 새에게나 공격을 하곤 했다.
6 그 모이통에 대한 '소유자'가 되기를 선택함으로써 그 수컷 벌새는 자유를 잃었다.
7 그는 더 이상 자신이 원하는 대로 자유롭게 오갈 수 없었다.
8 그가 소유하기 위해 그렇게 열심히 노력했던 바로 그것이 그의 감옥이 되었다.

UNIT 11

Word Practice
p. 42

A | 1 국경   2 역사
3 ~하도록 강요받다, 억지로 ~하다   4 판단
5 수입하다   6 나누다   7 스스로
8 ~을 가두다   9 자발적인   10 특징, 특성
11 재미있게 놀다   12 땅, 토지
13 ~하는 데 어려움을 겪다   14 손상, 피해; 피해를 입히다
15 지리적인   16 자선 (활동); 자선 단체
17 특별한 목적을 위한) 활동   18 개체 수; 인구
19 ~에 초점 맞추다   20 통제 불능의

B | 1 gym[gymnasium] 2 serve as   3 conflict
4 precious   5 reduce A to B   6 jail
7 feed on   8 cause   9 process
10 straight line   11 prove   12 raise money

Unit **01**

01 칭찬하면서 재판을 한다? pp. 12~13

☐ **tribe**[traib] 츄**롸**이브	몡 부족
☐ **be famous for**	~로 유명하다
☐ **crime rate**	범죄율
crime[kraim] 크**롸**임	몡 범죄
☐ **due to**	~때문에, ~에 기인하는
☐ **unique**[juːníːk] 유ː**니**ː크	혱 독특한, 고유의
☐ **punish**[pʌ́niʃ] **퍼**니쉬	몸 처벌하다
☐ **commit a crime**	죄를 짓다
commit[kəmít] 커**밑**	몸 (그릇된 일을) 저지르다
☐ **square**[skwɛər] 스**퀘**어r	몡 광장
☐ **surround**[səráund] 써**롸**운드	몸 둘러싸다, 에워싸다
☐ **criminal**[krímənəl] 크**뤼**머널	몡 범죄자, 범인
☐ **instead of -ing**	~하는 대신에
☐ **yell**[jel] **예**을	몸 소리치다, 고함치다
☐ **court**[kɔːrt] **코**ːr트	몡 법정
☐ **lawyer**[lɔ́ːjər] **러**ː이어r	몡 변호사 *cf.* law 법 ▶ law firm 법률 사무소
☐ **judge**[dʒʌdʒ] **줘**줘	몡 판사 몸 판단하다
☐ **compliment**[kámpləmənt] **캄**플러먼트	몡 칭찬, 찬사
☐ **hold a festival**	축제를 열다
☐ **bomb**[bɑm] **밤**	몡 폭탄
☐ **hurtful**[hə́ːrtfəl] **허**ːr트펄	혱 마음을 상하게 하는 몸 hurt 아프게 하다
☐ **behavior**[bihéivjər] 비**헤**이뷔어r	몡 행동, 행실 몸 behave 행동하다
☐ **emotionally**[imóuʃənəli] 이**모**우셔널리	뮏 감정적으로, 정서적으로
☐ **go a long way**	영향을 끼치다, 큰 도움이 되다; 성공하다

02 노예를 부리는 개미 pp. 14~15

☐ **be praised for** ~ 때문에 칭찬받다

　praise[preːz] 프뤠이즈 동 칭찬하다 명 칭찬

☐ **diligence**[dílidʒəns] 딜러전쓰 명 근면, 성실 형 diligent

☐ **support**[səpɔ́ːrt] 써포ː*r*트 동 부양하다

☐ **species**[spíːʃiːz] 스삐ː쉬ː즈 명 (분류상의) 종

☐ **live up to** (기대에) 부응하다

☐ **a handful of** 소수의

　handful[hǽndfùl] 핸드풀 명 소량, 소수; 한 움큼

☐ **figure out** ~을 알아내다

☐ **essential**[isénʃəl] 이쎈셜 형 필수적인, 가장 중요한

☐ **task**[tæsk] 태스크 명 일, 과업

☐ **so-called**[sóuːkɔ́ːld] 쏘우컬ː드 부 소위, 이른바

☐ **slave-making ant** 노예 사역 개미, 무사 개미

　slave[sleiv] 슬레이브 명 노예

☐ **neighboring**[néibəriŋ] 네이버링 형 이웃의, 근처의 *cf.* neighbor 이웃

☐ **unborn**[ʌnbɔ́ːrn] 언버ː*r*언 형 아직 태어나지 않은

☐ **young**[jʌŋ] 영 명 (동물의) 새끼들

☐ **hatch**[hætʃ] 해취 동 부화하다

☐ **master**[mǽstər] 매스터*r* 명 (노예의) 주인

☐ **carry out** 수행하다 (= perform)

☐ **feed**[fiːd] 피ː드 동 먹이를 주다 (-fed-fed) 명 먹이, 사료

☐ **specialize in** ~을 전문으로 하다

☐ **feature**[fíːtʃər] 피ː춰*r* 명 특징

□ **recent** [rí:sənt] 뤼:슨ㅌ

형 최근의

□ **exist** [igzíst] 이그**지**스ㅌ

동 존재하다

□ **mysterious** [mistíəriəs] 미쓰**티**어뤼어ㅆ

형 기이한, 불가사의한 명 mystery 미스터리

□ **institute** [ínstətjùːt] **인**쓰터튜:ㅌ

명 협회, 연구소

□ **in good shape**

상태가 좋은

□ **curator** [kjuəréitər] 큐어**뤠**이러r

명 (전시회·도서관 등의) 책임자, 관리자
동 curate ~의 관리자 역할을 하다
('care'에서 유래됨.)

□ **patiently** [péiʃəntli] **페**이션틀리

부 참을성 있게
형 patient 참을성 있는, 끈기 있는
명 patience 끈기, 인내; 환자

□ **put ~ together**

~을 조립하다

□ **give ~ a test run**

~을 시운전 해 보다

□ **clutch** [klʌtʃ] 클러취

동 움켜잡다

□ **poetry** [póuitri] **포**위츄리

명 (집합적) 시
cf. poem (한 편의) 시 poet 시인

□ **ordinary** [ɔ́ːrdənèri] **오**:r더네뤼

형 보통의, 평범한 (↔ extraordinary 비범한)

□ **version** [və́ːrʒən] **버**:r젼

명 ~판, 형태

□ **modern** [mádərn] **마**뤈

형 현대의, 현대적인

□ **clue** [kluː] 클**루**:

명 단서, 실마리

□ **sign** [sain] **싸**인

동 ~에 서명하다 명 징후, 조짐; 표지판

□ **clockmaker** [klákmèikər] 클**락**메이커r

명 시계 제조공

□ **develop** [divéləp] 디**벨**럽

동 개발하다; 발전하다

□ **automatic** [ɔ̀ːtəmǽtik] 어:러**매**릭

형 자동의

□ **show off**

~을 자랑하다

□ **pave the way for**

~을 위해 길을 열다

□ **robotics** [roubátiks] 로오우**바**틱ㅆ

명 로봇 공학

Unit 2

04 비만도 전염된다?

pp. 20~21

- ☐ **slender** [sléndər] 슬렌더r — 휑 날씬한
- ☐ **obesity** [oubí:səti] 오우비:써티 — 명 비만 (= fatness)
- ☐ **spread** [spred] 스쁘뤠드 — 동 퍼지다 (-spread-spread)
- ☐ **social network** — 인간관계 연결망, 사회 관계망
  social [sóuʃəl] 쏘우셜 — 형 인간 사회의; 사교적인
- ☐ **overweight** [òuvərwéit] 오우버r웨이트 — 형 비만의, 뚱뚱한 (= fat, obese)
- ☐ **close** [klous] 클로우ㅅ — 형 (사이가) 가까운, 친한
- ☐ **explanation** [èksplənéiʃən] 엑스플러네이션 — 명 설명, 해명 동 explain 설명하다
- ☐ **acceptable** [əkséptəbl] 억쎕터블 — 형 받아들일 수 있는, 수용 가능한
  동 accept 받아들이다
- ☐ **eating habit** — 식습관
- ☐ **be likely to** — ~하기 쉽다, ~할 가능성이 있다
  likely [láikli] 라이클리 — 형 가능성 있는, 있음 직한
- ☐ **adopt** [ədápt] 어답트 — 동 채택하다, 받아들이다
- ☐ **in reality** — 현실적으로, 실제로는
- ☐ **suggest** [səgdʒést] 써줴스트 — 동 보여주다; 암시[시사] 하다
- ☐ **argue (with)** [áːrgju:] 아:r규: — 동 (~와) 언쟁을 벌이다

05 재채기를 하면 축복이!

☐ **sneeze** [sniːz] 스니:즈 　　　　　 통 재채기하다 명 재채기

☐ **God bless you** 　　　　　　　　　 신의 축복이 있기를

　　bless [bles] 블레쓰 　　　　　　　 통 ~을 축복하다

☐ **superstition** [sjùːpərstíʃən] 수:퍼r스띠션 　 명 미신

☐ **soul** [soul] 쏘울 　　　　　　　　　 명 영혼 (= spirit)

☐ **evil spirit** 　　　　　　　　　　 악령

　　evil [íːvəl] 이:벌 　　　　　　　　 형 악마의, 사악한

☐ **opportunity** [àpərtjúːnəti] 아퍼r튜:너티 　 명 기회 (= chance)

☐ **recognize A as B** 　　　　　　 A를 B로 인식하다

　　recognize [rékəgnàiz] 뤠커그나이즈 　 통 인식하다, 알아보다

☐ **sign** [sain] 싸인 　　　　　　　　 명 징후, 조짐

☐ **similar (to)** [símələr] 씨멀러r 　　　 형 (~와) 비슷한

☐ **in (one's) response to** 　　　　 ~에 대한 반응으로

　　response [rispáns] 뤼스빤쓰 　　　 명 반응

☐ **look deep into** 　　　　　　　 ~을 깊이 살펴보다

☐ **protect A from B** 　　　　　　 A를 B로부터 보호하다

06 시그니처 스타일을 찾아라! pp. 24~25

☐ **day after day**	날마다 (= every day)
☐ **used to**	(과거에) ~하곤 했다
☐ **personal** [pə́ːrsənəl] 퍼ːr스널	형 개인의, 개인적인
☐ **personality** [pə̀ːrsənǽləti] 퍼ːr스낼러티	명 개성
☐ **expert** [ékspəːrt] 엑스퍼ːr트	명 전문가
☐ **consider** [kənsídər] 컨씨더r	동 ~을 …라고 여기다
	▶ consider A (as) B A를 B로 간주하다
☐ **signature** [sígnətʃər] 씨ㄱ너춰r	형 ~을 대표하는, ~하면 떠오르는 명 서명; 특징
☐ **reflect** [riflékt] 뤼플렉트	동 반영하다 명 reflection 반영
☐ **lasting** [lǽstiŋ] 래스팅	형 지속적인
☐ **impression** [impréʃən] 임프뤠션	명 인상
	동 impress 인상을 갖게 하다; 감동을 주다
☐ **feature** [fíːtʃər] 피ː춰r	명 특징
☐ **basis** [béisis] 베이씨ㅆ	명 기반, 기초 형 basic 기초적인
☐ **observe** [əbzə́ːrv] 업저ːr브	동 관찰하다, 주시하다
☐ **resemble** [rizémbl] 뤼젬블	동 ~을 닮다
☐ **trademark** [tréidmàːrk] 츄뤠이드마ːr크	명 (사람·사물을 상징하는) 특징, 특성, 트레이드 마크
☐ **demonstrate** [démənstrèit] 데먼스츄뤠이트	동 입증하다, 보여주다

Unit **3**

☐ **device**[diváis] 디**바**이스 · 몡 기기, 장비, 장치

☐ **technology**[teknáləʤi] 텍**날**러쥐 · · · · · · · · · · · · · · · · 몡 (과학) 기술

☐ **virtual reality** · 가상 현실

   virtual[vɔ́:rtʃuəl] **버**:*r*츄얼 · · · · · · · · · · · · · · · · · · · 혱 가상의 (↔ real 현실의)

   reality[ri:ǽləti] 뤼:**앨**러티 · · · · · · · · · 몡 현실 *cf.* in reality 현실적으로, 실제로는

☐ **augmented reality** · 증강 현실

   augmented[ɔːgméntid] 어ː그**멘**티드 · · · · · · · · · · · 혱 증대된, 확대된

☐ **completely**[kəmplíːtli] 컴플리ː틀리 · · · · · · · · · · · · · · 톃 완전히

☐ **fight**[fait] **파**이트 · 동 (적과) 싸우다

☐ **performance**[pərfɔ́ːrməns] 퍼*r***포**ː*r*먼쓰 · · · · · 몡 공연 동 perform 공연하다; 수행하다

☐ **all over the world** · 세계 도처에

☐ **combination**[kàmbənéiʃən] **캄**버네이션 · · · · · · 몡 조합, 결합 동 combine 결합시키다

☐ **add A to B** · B에 A를 더하다

☐ **fit**[fit] **핏** · 동 (~에) 맞다

☐ **right**[rait] **롸**이트 · 톃 즉시, 바로

☐ **advance**[ədvǽns] 어드**밴**쓰 · · · · · · · · · · · · · · · · · · · 몡 진전, 발전

☐ **side effect** · 부작용

   effect[ifékt] 이**펙**트 · 몡 영향, 효과

☐ **entertainment**[èntərtéinmənt] 엔터*r***테**인먼트 몡 오락 동 entertain 즐겁게 하다; 접대하다

☐ **moreover**[mɔːróuvər] 모ː*r***오**우버*r* · · · · · · · · · · · · 톃 더욱이, 게다가

☐ **in other words** · 다시 말해서

08 거꾸로 읽어야 통해요! pp. 32~33

- ☐ **product**[prádʌkt] 프롸덕트 — 몡 상품 (= goods)

- ☐ **project**[prádʒekt] 프롸젝트 — 몡 프로젝트, 기획(물)

- ☐ **soft drink** — 청량음료 *cf.* drink 음료; 술

- ☐ **advertisement** 애드버r타이즈먼트 — 몡 광고
  [æ̀dvərtáizmənt] — 통 advertise 광고하다

- ☐ **make a mistake** — 실수하다

- ☐ **Arab**[ǽrəb] 애럽 — 혱 아랍의 몡 아랍인

- ☐ **client**[kláiənt] 클라이언트 — 몡 고객, 의뢰인

- ☐ **give a presentation** — 발표하다

  presentation[prì:zəntéiʃən] 프뤼:즌테이션 — 몡 프레젠테이션, 발표

- ☐ **put up** — 게시하다, 설치하다

- ☐ **meeting board** — 회의용 칠판

- ☐ **in a row** — 잇달아, 연이어

- ☐ **have a smile on one's face** — 웃는 얼굴을 하고 있다, 미소를 띠고 있다

- ☐ **refreshed**[rifréʃt] 뤼프레쉬트 — 혱 기운이 나는, 상쾌한
  cf. refreshing 기운이 나게 하는
  통 refresh 생기를 되찾게 하다, 상쾌하게 하다

- [ ] **memorize** [méməràiz] 메머롸이ㅈ — 통 암기하다, 외우다 명 memory 기억(력)

- [ ] **review** [rivjúː] 뤼뷰ː — 통 복습하다 명 복습

- [ ] **at intervals** — 간격을 두고, 시차를 두고

  interval [íntərvəl] 인터r벌 — 명 (장소·시간의) 간격

- [ ] **and so on** — 기타 등등

- [ ] **psychologist** [saikálədʒist] 싸이칼러쥐스ㅌ — 명 심리학자

- [ ] **psychology** [saikálədʒi] 싸이칼러쥐 — 명 심리; 심리학

- [ ] **be exposed to** — ~을 접하게 되다; ~에 노출되다

  expose [ikspóuz] 익스포우ㅈ — 통 경험하게[접하게] 하다; 노출시키다

- [ ] **transfer** [trǽnsfər] 츄뺀스퍼r — 통 옮기다, 이동하다

- [ ] **long-term memory** — 장기 기억
  (↔ short-term memory 단기 기억)

- [ ] **combine A with B** — A와 B를 결합시키다

  combine [kəmbáin] 컴바인 — 통 결합시키다

- [ ] **try -ing** — 시험 삼아 ~해보다

- [ ] **settle** [sétl] 쎄를 — 통 자리 잡다, 정착하다

- [ ] **permanently** [pə́ːrmənəntli] 퍼ː r머넌틀리 — 부 영원히, 완전히

- [ ] **context** [kántekst] 칸텍스ㅌ — 명 문맥, 상황

Unit 4

- [ ] **cause** [kɔːz] 커:즈 — 동 ~의 원인이 되다, 초래하다
- [ ] **difference** [dífərəns] 디퍼뤈ㅆ — 명 차이점 (↔ similarity 유사점)
- [ ] **sex** [seks] 쎅ㅆ — 명 성별, 성
- [ ] **author** [ɔ́ːθər] 어:써r — 명 저자 (= writer)
- [ ] **female** [fíːmeil] 피:메이을 — 명 여성 형 여성의
- [ ] **male** [meil] 메이을 — 명 남성 형 남성의
- [ ] **pregnancy** [prégnənsi] 프레그넌씨 — 명 임신
- [ ] **communicative** 커뮤:너커티ㅂ [kəmjúːnəkəitiv] — 형 의사소통의; 이야기하기 좋아하는 동 communicate 의사소통하다
- [ ] **area** [ɛ́əriə] 에어뤼어 — 명 영역, 부분
- [ ] **aggression** [əgréʃən] 어그뤠썬 — 명 공격(성) 형 aggressive 공격적인
- [ ] **path** [pæθ] 패ㅆ — 명 길, 방향
- [ ] **development** [divéləpmənt] 디벨럽먼ㅌ — 명 발달, 성장 동 develop 발달하다
- [ ] **tend to** — ~하기 쉽다, ~하는 경향이 있다
- [ ] **in harmony** — (~와) 조화롭게 (= harmoniously)
- [ ] **under stress** — 스트레스를 받는
- [ ] **situation** [sìtʃuéiʃən] 씨츄에이션 — 명 상황
- [ ] **have no interest in** — ~에 전혀 관심이 없다
  ▶ have an interest in ~에 관심[흥미]를 갖다
- [ ] **compete (with)** [kəmpíːt] 컴피:ㅌ — 동 (~와) 경쟁하다
- [ ] **argue (with)** [áːrgjuː] 아:r규: — 동 (~와) 말다툼하다, 언쟁하다

☐ **invisible** [invízəbl] 인비저블   혱 보이지 않는 (↔ visible 보이는)

☐ **suck** [sʌk] 썩   동 (특정한 방향으로) 빨아들이다

☐ **swallow** [swálou] 스왈로우   동 삼키다

☐ **giant** [dʒáiənt] 좌이언트   혱 거대한 (= huge)

☐ **scary** [skέəri] 스께어리   혱 무서운

☐ **lie in**   ~에 있다

☐ **form** [fɔːrm] 포:r엄   동 형성시키다; 형성되다

☐ **run out of**   ~을 다 써버리다 (= use up)

☐ **fuel** [fjúːəl] 퓨:얼   뗭 연료

☐ **hold up**   떠받치다, 지탱하다

☐ **stage** [steidʒ] 스떼이쥐   뗭 단계

☐ **a grain of**   한 알의 ~, 한 알갱이의 ~

☐ **gravitational pull**   중력의 당기는 힘

    gravitational [grὰvətéiʃənəl] 그래버테이셔널   혱 중력의

☐ **extremely** [ikstríːmli] 익스트륌:리   뫄 매우, 극히

☐ **vacuum cleaner**   진공청소기

    vacuum [vǽkjuəm] 배큐엄   뗭 진공 (상태)

☐ **gravity** [grǽvəti] 그래버뤼   뗭 중력

☐ **support** [səpɔ́ːrt] 써포:r트   동 떠받치다; 지원하다

12 다빈치도 그리기 어려웠던 얼굴 pp. 42~43

☐ **depict**[dipíkt] 디픽트   동 (그림으로) 그리다, 묘사하다

☐ **meal**[mi:l] 미을   명 식사, 끼니

☐ **complete**[kəmplí:t] 컴플리:트   동 완료하다, 끝마치다 (= finish)

☐ **express**[iksprés] 익스프뤠스   동 표현하다 명 expression 표현

☐ **be lost in thought**   골똘히 생각하다

☐ **come up with**   (해답을) 내놓다

☐ **stare**[stɛər] 스떼어r   동 빤히 쳐다보다

☐ **respect**[rispékt] 뤼스펙트   명 존경 동 존경하다

☐ **perfect**[pə́:rfikt] 퍼:r픽트   형 완벽한 (↔ imperfect 불완전한)

☐ **struggle**[strʌ́gl] 스뜨뤄글   동 애쓰다, 고심하다

☐ **progress**[prágres] 프롸그뤠쓰   명 (목표 달성을 위한) 진척

☐ **cannot possibly**   도저히 ~할 수 없다

☐ **describe**[diskráib] 디스끄롸이브   동 묘사하다 명 description 묘사

Unit 05

- ☐ **get bored**   따분함을 느끼다
- ☐ **psychologist**[saikálədʒist] 싸이**칼**러쥐스트   명 심리학자
- ☐ **boredom**[bɔ́:rdəm] **보**:r덤   명 지루함, 따분함
- ☐ **creative**[kriéitiv] 크뤼**에**이티ㅂ   형 창의적인, 창조적인 동 create 창조하다
- ☐ **free from**   ~이 없는, ~을 면한
- ☐ **outside stimulation**   외부 자극
  - **stimulation**[stìmjəléiʃən] 스띠멀레이션   명 자극 동 stimulate 자극하다
- ☐ **explore**[iksplɔ́:r] 익스플**로**:r   동 (문제 등을) 탐구하다; 탐험하다
- ☐ **play with**   (재미 삼아 이리저리) 궁리해보다
- ☐ **thought**[θɔ:t] **쏘**:트   명 생각, 사고 동 think 생각하다
- ☐ **experiment**[ikspérəmənt] 익스**페**뤄먼트   명 실험(정신); 시도
- ☐ **founder**[fáundər] **파**운더r   명 창립자, 설립자 동 found 설립하다
- ☐ **secret**[sí:krit] **씨**:크뤼트   형 비밀의, 남이 모르는 명 비밀, 기밀
- ☐ **resort**[rizɔ́:rt] 뤼**조**:r트   명 휴양지, 리조트
- ☐ **separate**[sépərèit] **쎄**퍼뤠이트   동 따로 떼어놓다
- ☐ **experience**[ikspíəriəns] 익스**피**어뤼언쓰   동 경험하다, 겪다 명 경험, 체험
- ☐ **complete**[kəmplí:t] 컴플**리**:트   형 완전한, 완벽한
- ☐ **be exposed to**   ~에 노출되다
- ☐ **sooner or later**   조만간, 곧

14 경기 중 독설은 이제 그만! pp. 50~51

☐ **ignore** [ignɔ́ːr] 이그노ːr — 통 무시하다

☐ **concentrate (on)** [kánsəntrèit] 칸썬츄뤠이트 — (~에) 집중하다

☐ **trash talk** [trǽtɔ̀ːk] 츄뢔쉬턱ː — 명 (상대를) 기죽이는 말
통 (상대에게) 모욕적인 말을 하다
▶ trash talker 기죽이는 말을 하는 사람

☐ **treat** [triːt] 츄뤼ː트 — 통 대하다, 취급하다

☐ **garbage** [gáːrbidʒ] 가ːr비쥐 — 명 쓰레기 (= trash)
cf. garage 차고, 주차장

☐ **insult** [insʌ́lt] 인썰트 — 통 모욕하다
[ínsʌlt] 인썰트 — 명 모욕(적인 말, 행동)

☐ **opposing** [əpóuziŋ] 어포우징 — 형 서로 겨루는, 맞서는

☐ **involve** [inválv] 인봘ㅂ — 통 포함하다

☐ **religion** [rilídʒən] 륄리줜 — 명 종교 형 religious 종교의

☐ **athlete** [ǽθliːt] 애쓸리ː트 — 명 운동선수 (= player)

☐ **mental** [méntəl] 멘틀 — 형 정신의 (↔ physical 육체의)

☐ **advantage** [ədvǽntidʒ] 어드봰티쥐 — 명 유리한 점 (↔ disadvantage 불리(한 점))

☐ **upset** [ʌpsét] 엎쎄트 — 통 당황하게 하다

☐ **mixed martial arts** — 종합 격투기 cf. martial arts 무술

☐ **dominate** [dámənèit] 다머네이트 — 통 지배하다, 제압하다

☐ **opponent** [əpóunənt] 어포우넌트 — 명 (시합의) 상대, 적수

☐ **against sportsmanship** — 스포츠 정신에 어긋나는

☐ **association** [əsòusiéiʃən] 어쏘우시에이션 — 명 협회

☐ **ban** [bæn] 밴 — 통 금지하다

☐ **go away** — 사라지다

☐ **tropical**[trápikəl] 츄**롸**피컬 · 혱 열대지방의

☐ **raise**[reiz] **뤠**이즈 · 동 키우다, 기르다; 들어 올리다

☐ **environment**[inváiərənmənt] 인**바**이어뤈먼트 · 명 환경

☐ **produce**[prədjúːs] 프뤄**듀**ː쓰 · 동 만들어내다, 생산하다

☐ **waste**[weist] **웨**이스트 · 명 배설물; 쓰레기

☐ **nutrient**[njúːtriənt] **뉴**ː트리언트 · 명 영양소, 영양분

☐ **hold back** · 저지하다, 방해하다

☐ **population**[pàpjəléiʃən] 파**뿔**레이션 · 명 인구

☐ **increase**[inkríːs] 인크**뤼**ː쓰 · 동 증가하다
　　　　　[ínkriːs] **인**크뤼ː쓰 · 명 증가 (↔ decrease 동 감소하다 명 감소)

☐ **demand**[dimǽnd] 디**맨**ㄷ · 명 수요 (↔ supply 공급)

☐ **rise**[raiz] **롸**이즈 · 동 (수량이) 오르다

☐ **catch up** · 따라잡다

☐ **alternative**[ɔːltə́ːrnətiv] 얼ː**터**ːr너티ㅂ · 명 대안, 달리 취할 방법

☐ **advantage over** · ~보다 유리한 점

☐ **species**[spíːʃiːz] 스**삐**ː쉬ː즈 · 명 (생물의) 종

☐ **limitless**[límitlis] **리**밑리ㅆ · 혱 무한한, 한없는

☐ **cost**[kɔːst] **커**ː스트 · 동 (비용이) ~들다 명 비용, 가격

☐ **less than** · ~보다 적은

☐ **feed**[fiːd] **피**ːㄷ · 명 먹이, 사료 동 먹이를 주다

☐ **amount**[əmáunt] 어**마**운트 · 명 양 (= quantity)

☐ **eco-friendly**[èkoufréndli] 에코우프**뤤**들리 · 혱 환경 친화적인

Unit 6

16 디지털 큐레이터가 뭐지?   pp. 56~57

☐ **be flooded with**	~으로 넘쳐나다, 쇄도하다
flood[flʌd] 플러드	통 넘쳐나게 하다; 침수시키다
☐ **process**[práses] 프롸쎄ㅆ	통 (데이터를) 처리하다
☐ **search**[sə:rtʃ] 써:r취	명 검색
☐ **be uploaded to**	~로 업로드되다
upload[ʌ́plòud] 엎로우드	통 업로드하다, (데이터를) 작은 컴퓨터에서 큰 컴퓨터로 전송하다 (↔ download (데이터를) 다운로드하다, 내려받다)
☐ **volume**[válju:m] 발륨:	명 (~의) 양; 용량; 음량
☐ **effectively**[iféktivli] 이풱티블리	부 효과적으로
☐ **come into the picture**	등장하다, 중요해지다
☐ **curator**[kjuəréitər] 큐어뤠이러r	명 (전시회·도서관 등의) 책임자, 관리자 통 curate ~의 관리자 역할을 하다 ('care'에서 유래됨.)
☐ **originally**[ərídʒənli] 어뤼줘늘리	부 원래, 본래
☐ **take care of**	~에 대한 책임이 있다
☐ **display**[displéi] 디스플레이	통 전시하다, 진열하다
☐ **extend to**	~로 확대하다, ~까지 미치다
☐ **refer to**	~을 나타내다, ~을 가리키다
☐ **content**[kántent] 칸텐트	명 (인터넷상의) 정보, 콘텐츠 cf. contents (책의) 목차; 내용물
☐ **vast**[væst] 봬스트	형 방대한, 어마어마한
☐ **tailor A to B**	A를 B에 맞추다
☐ **play an important role**	중요한 역할을 하다
☐ **demand**[dimǽnd] 디맨드	명 수요 (↔ supply 공급)
☐ **promising**[prámisiŋ] 프롸미씽	형 유망한, 장래성 있는

□ **unique** [juːníːk] 유ː니ː크 — 형 독특한

□ **compare A to B** — A를 B에 비유하다

□ **turn** [təːrn] 터r언 — 명 차례

□ **bowler** [bóulər] 보울러r — 명 볼링하는 사람

□ **pause** [pɔːz] 퍼ː즈 — 명 (말·행동의) 멈춤 동 (말·일을 하다가) 잠시 멈추다

□ **break in** — 끼어들다, 방해하다

□ **hesitate** [hézətèit] 헤저테이트 — 동 머뭇거리다, 주저하다

□ **interrupt** [ìntərʌ́pt] 인터뤕트 — 동 (말·행동을) 방해하다
명 interruption (말을) 가로막음

□ **steal** [stiːl] 스띠일 — 동 빼앗다, 가로채다

□ **gesture** [dʒéstʃər] 줴스춰r — 명 몸짓, 제스처

□ **frequently** [fríːkwəntli] 프뤼ː퀀틀리 — 부 자주, 흔히

□ **tend to** — ~하는 경향이 있다

□ **take A as B** — A를 B라고 여기다

□ **interest** [íntərèst] 인터뤠스트 — 명 관심; 흥미 동 흥미를 갖게 하다

□ **rather than** — ~보다는

□ **a lack of** — ~의 부족

□ **thoughtfulness** [θɔ́ːtfəlnis] 써ː트풜니쓰 — 명 배려심 형 thoughtful 사려 깊은

□ **the next time** — 다음에 ~하면

□ **match** [mætʃ] 매취 — 동 (필요에) 맞추다, 부응하다

□ **be free to** — 자유롭게 ~하다

□ **jump in** — 불쑥 끼어들다

□ **reply** [riplái] 뤼플라이 — 동 대답하다 명 대답

18 두 별자리에 얽힌 슬픈 전설

pp. 60~61

☐ **end up**	결국 (어떤 처지에) 처하게 되다
☐ **Greek**[griːk] 그뤼ː크	휑 그리스의 몡 Greece 그리스
☐ **myth**[miθ] 미쓰	몡 신화
☐ **fall in love with**	~와 사랑에 빠지다 (-fell-fallen)
☐ **anger**[ǽŋɡər] 앵거r	몡 분노, 화 휑 angry 화난, 성난
☐ **happen to**	우연히 ~하다
☐ **moment**[móumənt] 모우먼트	몡 순간, 때
☐ **get back at**	~에게 복수하다
☐ **turn A into B**	A를 B로 바꾸다 (= change A into B)
☐ **huge**[hjuːdʒ] 휴ː쥐	휑 엄청 큰, 거대한
☐ **forest**[fɔ́ːrist] 포ː뤼스트	몡 숲
☐ **run into**	~와 마주치다
☐ **recognize**[rékəɡnàiz] 뤠커그나이즈	동 알아보다
☐ **shoot**[ʃuːt] 슈ː트	동 (총을) 쏘다
☐ **place**[pleis] 플레이쓰	동 놓다, 배치하다
☐ **wish**[wiʃ] 위쉬	동 ~이 …하기를 바라다, 기원하다

Unit **7**

☐ **diet**[dáiət] 다이어트	몡 식단
☐ **one ~ the other ...**	(둘 중에) 하나는 ~ 다른 하나는 …
☐ **acidic**[əsídik] 어씨딕	휑 산성의 몡 acid 산, 신 것
☐ **grain**[grein] 그뤠인	몡 곡물; 곡식의 낟알
☐ **dairy product**	유제품, 낙농 제품
dairy[déəri] 데어뤼	휑 유제품의
☐ **alkaline**[ǽlkəlàin] 앨컬라인	휑 알칼리성의 몡 alkali 알칼리
☐ **cause**[kɔːz] 커ː즈	동 ~의 원인이 되다, 초래하다
☐ **damage**[dǽmidʒ] 대미쥐	동 손상시키다, 피해를 입히다
☐ **substance**[sʌ́bstəns] 썹스턴ㅆ	몡 물질
☐ **build up**	축적되다, 쌓이다
☐ **oxygen**[ɑ́ksidʒən] 악ː씨줜	몡 산소
☐ **nutrition**[njuːtríʃən] 뉴ː트뤼션	몡 영양(소) *cf.* nutritionist 영양학자
☐ **cell**[sel] 쎄울	몡 세포
☐ **be provided with**	~을 공급받다
provide[prəváid] 프뤄바이ㄷ	동 제공하다, 공급하다
☐ **disease**[dizíːz] 디지ː즈	몡 질병, 병
☐ **state**[steit] 스떼이ㅌ	몡 상태

20 건망증 부부의 동문서답 pp. 68~69

□ **forgetful** [fərgétfəl] 퍼r겥펄 | 형 잘 잊어버리는, 건망증이 있는

□ **advise** [ədváiz] 어드바이ㅈ | 동 충고하다 명 advice 충고, 조언

□ **write down** | ~을 적다

□ **be about to** | 막 ~하려던 참이다

□ **a bowl of** | 한 그릇의

　　bowl [boul] 보울 | 명 그릇, 사발

□ **gently** [dʒéntli] 젠틀리 | 부 다정하게 형 gentle 상냥한, 온화한

□ **remind** [rimáind] 뤼마인드 | 동 (기억하도록) 다시 한번 말해주다;
　　　　　　　　　　　　　　　상기시키다

□ **would like** | ~을 원하다 (= want)

□ **had better** | ~하는 편이 낫다

□ **get ~ in one's mind** | ~을 기억하다

□ **add** [æd] 애드 | 동 (말을) 덧붙이다; 추가하다

□ **certain** [sə́:rtən] 써:r튼 | 형 확신하는 (= sure)

□ **syrup** [sírəp] 씨뤕 | 명 시럽(달콤한 액체)

□ **lose one's temper** | 화내다

　　temper [témpər] 템퍼r | 명 화; (걸핏하면 화를 내는) 성질

□ **hurry into** | ~에 급히 들어가다

□ **stare (at)** [stɛər] 스떼어r | 동 (~을) 빤히 쳐다보다

□ **for a moment** | 잠시 동안

21   로그인하려고? 사람이라면 증명해 봐!   pp. 70~71

☐ **conduct** [kəndʌ́kt] 컨덕ㅌ — ⑧ (특정한 활동을) 하다, 행하다
▶ conduct a poll 여론조사를 하다

☐ **online poll** — 온라인 여론조사

☐ **play a trick** — 속이다, 장난을 부리다

    trick [trik] 츄릭 — ⑲ 속임수, 장난

☐ **vote** [vout] 보우ㅌ — ⑧ 투표하다 ⑲ 표

☐ **automatically** [ɔ̀:təmǽtikəli] 어:러매리컬리 — ⑨ 자동적으로

☐ **over and over again** — 여러 번 반복해서

☐ **cheating** [tʃí:tiŋ] 치:팅 — ⑲ 부정행위, 속임수 쓰기

☐ **come up with** — ~을 생각[고안] 해내다

☐ **recognition** [rèkəgníʃən] 뤠커그니션 — ⑲ 인식 ⑧ recognize 인식하다

☐ **be designed to** — ~하기 위해 만들어지다, 설계되다

☐ **tell A and B apart** — A와 B를 구별하다 (= tell A from B)

☐ **be required to** — ~해야 한다

☐ **type in** — 입력하다

☐ **prove** [pru:v] 프루:ㅂ — ⑧ 증명하다 ⑲ proof 증거

☐ **prevent A from -ing** — A가 ~하는 것을 막다

☐ **evolve** [ivάlv] 이발ㅂ — ⑧ 진화하다 ⑲ evolution 진화

☐ **read ~ out** — ~을 소리 내어 읽다

☐ **the blind** — 시각장애인들

    blind [blaind] 블라인ㄷ — ⑲ 눈이 먼, 맹인의   *cf.* deaf 귀가 먼

☐ **advanced** [ədvǽnst] 어드밴쓰ㅌ — ⑲ 진보한

☐ **display** [displéi] 디스플레이 — ⑧ 보여주다; 전시하다

☐ **character** [kǽriktər] 캐릭터r — ⑲ 문자

Unit 8

22 까치에게는 친절만 베푸세요! pp. 74~75

☐ **magpie** [mǽgpài] 매그파이	명 까치
☐ **experiment** [ikspérəmənt] 익스페뤄먼트	명 실험
☐ **conduct** [kəndʌ́kt] 컨덕트	동 (특정한 활동을) 하다
☐ **climb up**	오르다
☐ **go by**	~을 지나가다 (= pass by)
☐ **cry** [krai] 크롸이	동 (새가) 울부짖다, 울다
☐ **violently** [váiələntli] 봐이얼런틀리	부 격렬하게, 맹렬히
☐ **continue** [kəntínju:] 컨티뉴:	동 (쉬지 않고) 계속하다
☐ **yell** [jel] 예을	동 소리치다, 고함치다
☐ **fool** [fu:l] 푸울	동 속이다 명 바보
☐ **reaction** [riǽkʃən] 뤼액션	명 반응 동 react 반응하다
☐ **clearly** [klíərli] 클리어r리	부 분명히, 명확히
☐ **vision** [víʒən] 뷔전	명 시력 (= sight)

23 돈으로 보상하면 성적이 오를까?

☐ **grade** [greid] 그뤠이드 / 명 성적

☐ **work** [wəːrk] 워ːr크 / 동 효과가 있다; 일하다 명 일; 효과, 결과

☐ **do well on** / ~을 잘 하다. (시험을) 잘 보다

☐ **as a result** / 결과적으로

☐ **score** [skɔːr] 스꼬ːr어r / 명 점수

☐ **normal** [nɔ́ːrməl] 노ːr멀 / 형 보통의, 평상시의 (↔ abnormal 비정상적인)

☐ **prize** [praiz] 프롸이즈 / 명 상

☐ **disagree** [dìsəgríː] 디쓰어그뤼ː / 동 의견이 다르다 (↔ agree 동의하다)

☐ **reward** [riwɔ́ːrd] 뤼워ːr드 / 명 보상 동 보상하다

☐ **psychologist** [saikɑ́lədʒist] 싸이칼러쥐스트 / 명 심리학자

☐ **the sense of** / ~의 느낌

☐ **achievement** [ətʃíːvmənt] 어취ːv먼트 / 명 성취 동 achieve 성취하다

☐ **self-satisfaction** 쎌프쌔리스팩션 [sélfsæ̀tisfǽkʃən] / 명 자기만족, 자부

   satisfaction [sæ̀tisfǽkʃən] 쌔리스팩션 / 명 만족 동 satisfy 만족시키다

☐ **praise** [preiz] 프뤠이즈 / 동 칭찬하다 명 칭찬

24 음악을 가까이 하면 머릿속에서 불꽃이 팡팡! pp. 78~79

☐ **pleasant** [plézənt] 플레즌트	혱 즐거운, 기분 좋은
☐ **affect** [əfékt] 어펙트	동 ~에 영향을 미치다 (= influence)
☐ **active** [ǽktiv] 액티브	혱 활발한, 왕성한 (↔ inactive 활발하지 않은)
☐ **light up**	(빛으로) ~을 환하게 만들다; 환하게 되다
☐ **all at once**	동시에
☐ **musical instrument**	악기
instrument [ínstrəmənt] 인스트뤄먼트	명 기구, 도구; 악기
☐ **entire** [intáiər] 인타이어r	혱 전체의, 온 (= whole)
☐ **flash** [flæʃ] 플래쉬	동 번쩍거리다
☐ **engage in**	~에 참여하다
☐ **workout** [wə́ːrkàut] 워:r크아웃	명 (건강을 위해 하는) 운동
☐ **on a daily basis**	매일 (= every day)
☐ **positive** [pázətiv] 파저티브	혱 긍정적인 (↔ negative 부정적인)
☐ **effect** [ifékt] 이펙트	명 영향, 효과

Unit 09

☐ **offer** [ɔ́ːfər] 어:퍼r	통 제공하다
☐ **boarding** [bɔ́ːrdiŋ] 보:r딩	명 (식사가 포함된) 기숙, 하숙
☐ **daycare** [déikɛ̀ər] 데이케어r	명 낮 동안 돌봐주는 것, 데이케어
☐ **modern** [mɑ́dərn] 마뤈	형 현대적인, 최신의
☐ **facilities** [fəsílətis] 퍼씰러티ㅆ	명 pl. 편의 시설(기관)
☐ **grooming** [grúːmiŋ] 그루:밍	명 (동물의) 털 손질
☐ **doggie** [dɔ́ːgi] 더:기	형 개의 (= doggy)
☐ **caring** [kɛ́əriŋ] 케어륑	형 배려하는, 보살피는
☐ **furry** [fə́ːri] 퍼:리	형 털로 덮인 명 fur 털
☐ **end result**	최종 결과
☐ **comfortable** [kʌ́mfərtəbəl] 컴퍼r터블	형 편안한, 쾌적한
☐ **reasonable** [ríːzənəbəl] 리:저너블	형 합리적인, 가격이 적당한
☐ **per** [pər] 퍼:r	전 ~당, ~마다
☐ **nail** [neil] 네일	명 손톱; 발톱
☐ **medium** [míːdiəm] 미:디엄	형 중간의
☐ **start at**	~에서 시작되다
☐ **make a reservation**	예약하다
reservation [rèzərvéiʃən] 뤠저r베이션	명 예약 통 reserve 예약하다

26 고객의 코를 사로잡아라! pp. 86~87

☐ **affect** [əfékt] 어**펙**트 — 동 ~에 영향을 미치다 (= influence)

☐ **sense** [sens] **쎈**쓰 — 명 감각 *cf.* five senses 오감

☐ **be connected to** — ~와 연결되다

　 connect [kənékt] 커**넥**트 — 동 연결하다

☐ **emotional** [imóuʃənəl] 이**모**우셔널 — 형 감정의 명 emotion 감정

☐ **control center** — 관리 센터, 통제 센터

☐ **adopt** [ədápt] 어**답**트 — 동 채택하다, 고르다

☐ **cone** [koun] **코**운 — 명 (아이스크림의) 콘

☐ **attract** [ətrǽkt] 어츄**뢕**트 — 동 (주의·흥미를) 끌다, 유인하다

☐ **relaxed** [rilǽkst] 릴**랙**쓰트 — 형 느긋한, 편안한

☐ **electricity** [ilektrísəti] 일렉트**뤼**써티 — 명 전기

☐ **overdue** [òuvərdjú:] **오**우버*ㄹ***듀:** — 형 (지불의) 기한이 지난
　 cf. due ~하기로 되어 있는, 마감이 되어 ~해야 하는

☐ **bill** [bil] **비**을 — 명 청구서

☐ **anxiety** [æŋzáiəti] 앤**자**이어티 — 명 긴장, 초조 형 anxious 초조한

☐ **cause** [kɔ:z] **커**:즈 — 명 원인 동 ~의 원인이 되다

☐ **cold sweat** — 식은땀

　 sweat [swet] 스**웰** — 명 땀 동 땀을 흘리다

☐ **remind A of B** — A에게 B를 생각나게 하다

☐ **frightening** [fráitniŋ] 프**롸**이트닝 — 형 두려운, 무서운

☐ **encourage** [inkə́:ridʒ] 인**커**:뤼줘 — 동 권하다, 부추기다; 격려하다
　 (↔ discourage 그만두게 하다)

☐ **right away** — 즉시, 곧바로

☐ **end up -ing** — 결국 ~하게 되다

☐ **realize** [rí:əlàiz] **뤼**:얼라이ㅈ — 동 깨닫다, 알아차리다

☐ **army** [áːrmi] 아:r미	몡 군대
☐ **within** [wiðín] 위딘	젠 ~ 이내에
☐ **hold back**	저지하다, 억제하다
☐ **general** [dʒénərəl] 줴너럴	몡 장군 혱 일반적인
☐ **ask for help**	도움을 청하다
☐ **patriotic** [pèitriátik] 페이트리아딕	혱 애국심이 강한 몡 patriotism 애국심
☐ **accept** [əksépt] 억쎕트	통 받아들이다, 수락하다
☐ **scheduled** [skédʒuːld] 스께줄:드	혱 예정된
☐ **form a line**	(군대 등이) 열을 짓다
☐ **military commander**	군사령관 *cf.* command (군대에서) 지휘하다
☐ **greet** [griːt] 그리:트	통 맞다, 환영하다
☐ **give A a salute**	A에게 경례하다
salute [səlúːt] 썰루:트	통 거수경례하다 몡 거수경례; 경의의 표시
☐ **send off on one's mission**	임무 수행을 하도록 파견하다
mission [míʃən] 미션	몡 임무
☐ **battleground** [bǽtlgràund] 배를그롸운드	몡 싸움터, 전장
☐ **attack** [ətǽk] 어택	몡 공격, 습격 통 공격하다
☐ **brave** [breiv] 브레이브	혱 용감한 몡 bravery 용기
☐ **fall to**	~에게 무너지다, 함락되다
☐ **means** [miːnz] 미인즈	몡 수단 *cf.* mean 통 의미하다

28 모두가 나를 좋아할 순 없잖아?!

pp. 92~93

☐ **make a list of**	~의 목록을 작성하다
☐ **in the same way**	같은 방식으로
☐ **dislike** [disláik] 디스**라**이ㅋ	통 싫어하다 (= hate)
☐ **be jealous of**	~을 질투하다
jealous [dʒéləs] **젤**러ㅆ	형 질투하는, 시기하는
☐ **threatened** [θrétnd] 쓰**뤠**튼ㄷ	형 위협당한 통 threaten 협박[위협]하다 명 threat 협박, 위협
☐ **impossible** [impásəbəl] 임**파**써블	형 불가능한 (↔ possible 가능한)
☐ **waste one's time -ing**	~하는 데 시간을 낭비하다
☐ **somebody** [sʌ́mbàdi] **썸**바디	때 어떤 사람, 누군가
☐ **get stressed**	스트레스를 받다
☐ **move on**	(불쾌한 일은 잊어버리고) 앞으로 나아가다
☐ **fault** [fɔːlt] **퍼**얼ㅌ	명 잘못, 책임

☐ **minute** [mínit] 미니트 — 몡 순간, 잠시

☐ **spin** [spin] 스삔 — 동 (축을 중심으로 빙빙) 돌다, 회전하다

☐ **top** [tɑp] 탑 — 몡 팽이; 꼭대기

☐ **travel** [trǽvəl] 츄래블 — 동 (천체가) 운행하다, (물체가) 이동하다; 여행하다

☐ **at a speed of** — ~의 속도로

☐ **past** [pæst] 패스트 — 전 ~을 지나서

☐ **blow** [blou] 블로우 — 동 (바람이) 불다 (-blew-blown)

☐ **speed up** — 속도를 올리다, 가속하다

☐ **be pushed into** — ~로 들이밀리다

☐ **hit against** — ~에 부딪치다

☐ **surround** [səráund] 써롸운드 — 동 ~을 둘러싸다

☐ **along with** — ~와 함께, ~에 따라

☐ **slow down** — 속도를 늦추다, 감속하다

☐ **thank goodness** — ~해서 정말 다행이다

☐ **otherwise** [ʌðərwàiz] 아더r와이즈 — 뷰 그렇지 않다면

☐ **dizzy** [dízi] 디지 — 형 어지러운

☐ **sick** [sik] 씩 — 형 메스꺼운; 아픈

☐ **all the time** — 항상 (= always)

☐ **motion** [móuʃən] 모우션 — 몡 움직임, 흔들림

Unit 10

30   지나친 욕심으로 스스로를 가둔 새   pp. 96~97

☐ **put up** — 세우다, 짓다

☐ **feeder** [fíːdər] 피ː더r — 몡 모이통 *cf.* feed 몡 먹이 동 먹이를 주다

☐ **backyard** [bǽkjáːrd] 백야ːr드 — 몡 뒷마당, 뒤뜰

☐ **refuse** [rifjúːz] 뤼퓨ː즈 — 동 거부하다, 거절하다 몡 refusal 거절, 거부

☐ **nearby** [níərbái] 니어r바이 — 혱 근처의 분 가까운 곳에

☐ **approach** [əpróutʃ] 어프로우취 — 동 접근하다

☐ **owner** [óunər] 오우너r — 몡 소유자 동 own 소유하다

☐ **freedom** [fríːdəm] 프뤼ː덤 — 몡 자유 *cf.* free 혱 자유로운 분 자유롭게; 무료로

☐ **no longer** — 더 이상 ~않는 (= not ~ any longer)

☐ **please** [pliːz] 플리ː즈 — 동 원하다, 좋아하다
cf. as A pleases A가 원하는 대로

☐ **guard** [gɑːrd] 가ːr드 — 몡 감시

☐ **duty** [djúːti] 듀ː리 — 몡 의무

☐ **occupy** [ákjəpài] 아큐파이 — 동 (시간·장소를) 차지하다 (= take up)

☐ **the very thing** — 바로 그것

☐ **possess** [pəzés] 퍼제쓰 — 동 소유하다, 점유하다

☐ **prison** [prízən] 프뤼즌 — 몡 감옥 (= jail)

31 생태계를 위협하는 외래 동물, 몽구스 pp. 102~103

☐ **mongoose** [máŋguːs] 망:구:쓰   ⑲ 몽구스 (인도산 족제비과의 육식동물)

☐ **the West[East]Indies**   서[동]인도 제도

☐ **cause** [kɔːz] 커:즈   ⑧ ~의 원인이 되다, 초래하다

☐ **damage** [dǽmidʒ] 대미쥐   ⑲ 손상, 피해 ⑧ 피해를 입히다

☐ **import** [impɔ́ːrt] 임포:rㅌ   ⑧ 수입하다 (↔ export 수출하다)

☐ **increase in number**   숫자가 늘다

☐ **reduce A to B**   A를 B로 줄이다

☐ **population** [pàpjəléiʃən] 파뿰레이션   ⑲ 개체 수; 인구

☐ **be satisfied with**   ~에 만족하다

☐ **quite** [kwait] 콰이ㅌ   ⑨ 꽤, 상당히 *cf.* quiet 조용한

☐ **grow out of control**   통제할 수 없게 되다
        cf. out of control 통제 불능의

☐ **have no choice but to**   ~하지 않을 수 없다

☐ **judgment** [dʒʌ́dʒmənt] 줘쥐먼ㅌ   ⑲ 판단 (= judgement) ⑧ judge 판단하다

☐ **prove** [pruːv] 프루:ㅂ   ⑧ ~으로 판명되다

☐ **feed on**   ~을 먹고 살다 (-fed-fed)

32 선행은 재미있게 즐기면서! pp. 104~105

□ **funation** [fʌ́neiʃən] 퍼네이션 — 명 퍼네이션 (fun과 donation이 합해짐.)

□ **combination** [kàmbənéiʃən] 캄버네이션 — 명 결합(된 것) 동 combine 결합시키다

□ **donation** [dounéiʃən] 도우네이션 — 명 기부 동 donate 기부하다

□ **activity** [æktívəti] 액티버티 — 명 (특별한 목적을 위한) 활동

□ **focus (on)** [fóukəs] 포우커ㅆ — 동 (~에) 초점 맞추다 명 초점

□ **process** [práses] 프롸쎄ㅆ — 명 과정

□ **grain of rice** — 쌀 알

　 grain [grein] 그뤠인 — 명 (곡식의) 낟알

□ **jail** [dʒeil] 줴일 — 동 투옥하다 명 감옥
　 cf. put A in jail A를 감옥에 가두다

□ **raise money** — 돈을 모금하다

　 raise [reiz] 뤠이ㅈ — 동 모금하다

□ **charity** [tʃǽrəti] 췌러티 — 명 자선 (활동); 자선 단체

□ **lock up** — ~을 가두다

□ **teachers' lounge** — 교무실

□ **gym** [dʒim] 쥠 — 명 체육관 (= gymnasium)

□ **have fun** — 재미있게 놀다

□ **voluntary** [váləntèri] 발런테뤼 — 형 자발적인, 자원의

□ **fund** [fʌnd] 펀ㄷ — 명 기금, 자금

☐ **have difficulty -ing** ~하는 데 어려움을 겪다

☐ **history**[hístəri] 히스터뤼 몡 역사

☐ **land**[lænd] 랜ㄷ 몡 땅, 토지

☐ **precious**[préʃəs] 프뤠셔ㅆ 혱 귀중한, 값비싼

☐ **resource**[risɔ́ːrs] 뤼쏘ːr쓰 몡 자원

☐ **European**[jùərəpíːən] 유어러피ː언 몡 유럽인 혱 유럽의

☐ **unexpected**[ʌ̀nikspéktid] 언익스펙티ㄷ 혱 예상 밖의, 예기치 못한

☐ **divide**[diváid] 디바이ㄷ 동 나누다 몡 division 분할, 분배

☐ **for oneself** 스스로

☐ **serve as** ~의 역할을 하다

☐ **border**[bɔ́ːrdər] 보ːr더r 몡 국경

☐ **straight line** 직선 *cf.* curved line 곡선

☐ **care (about)**[kéər] 케어r 동 (~에) 신경 쓰다

☐ **geographical**[dʒìːəgráefikəl] 쥐ː어그래피컬 혱 지리적인 몡 geography 지리

☐ **characteristic**[kæ̀riktərístik] 캐뤽터뤼스틱 몡 특징, 특성

☐ **be forced to** ~하도록 강요받다, 억지로 ~하다

   force[fɔːrs] 포ːr쓰 동 ~를 강요하다

☐ **get along (with)** (~와) 잘 지내다

☐ **conflict**[kɑ́nflikt] 칸플릭ㅌ 몡 (이해관계의) 충돌, 대립

34 백만장자들의 공통점은? pp. 110~111

☐ **millionaire** [mìljənɛ́ər] 밀리어네어r 　　명 백만장자 *cf.* million 100만(의)

☐ **behavior** [bihéivjər] 비헤이뷔어r 　　명 행동 동 behave 행동하다

☐ **conduct a study** 　　연구하다

☐ **attend** [əténd] 어텐드 　　동 ~에 다니다; 참석하다

☐ **average** [ǽvəridʒ] 애버뤼쥐 　　형 평범한, 보통의; 평균의

☐ **academic achievement** 　　학업 성취도

　　academic [æ̀kədémik] 애커데믹 　　형 학업의, 학문의

　　achievement [ətʃíːvmənt] 어취:브먼트 　　명 성취(한 것) 동 achieve 성취하다

☐ **passion** [pǽʃən] 패션 　　명 열정

☐ **take a look** 　　보다 (= look)

☐ **try one's best** 　　최선을 다하다 (= do one's best)

☐ **who knows?** 　　혹시 모르지. 어쩌면

☐ **suggest** [səgdʒést] 써줴스트 　　동 ~임을 보여 주다; 암시하다

☐ **bright** [brait] 브롸이트 　　형 똑똑한; 밝은

☐ **identify** [aidéntəfài] 아이덴터파이 　　동 확인하다, 알아보다

☐ **strength** [streŋkθ] 스뜨뤵쓰 　　명 강점, 장점 (↔ weakness 약점)

☐ **It depends.**	상황에 따라 다르다.
☐ **stage**[steidʒ] 스떼이쥐	⑲ 단계
☐ **be short for**	~의 줄임말이다
☐ **Rapid Eye Movement**	급속 안구 운동
☐ **from side to side**	좌우로
☐ **necessary**[nésəsèri] 네써쎄뤼	⑲ 필수적인, 꼭 필요한 ⑲ necessity 필요성; 필수품
☐ **process**[práses] 프롸쎄쓰	⑧ 처리하다
☐ **emotional**[imóuʃənəl] 이모우셔널	⑲ 감정적인 ⑲ emotion 감정
☐ **issue**[íʃuː] 이쓔ː	⑲ 문제, 이슈
☐ **take place**	일어나다 (= happen, occur)
☐ **let go of**	(쥐고 있던 것을) 놓다
☐ **sexual desire**	성적 욕구
desire[dizáiər] 디자이어r	⑲ 욕구 ⑧ 바라다, 원하다
☐ **jealousy**[dʒéləsi] 젤러씨	⑲ 질투, 시기 ⑲ jealous 질투하는, 시기하는
☐ **ashamed**[əʃéimd] 어쉐임ㄷ	⑲ 부끄러운
☐ **let out**	(밖으로) 내다, 표출하다
☐ **transfer**[trǽnsfər] 츄뢘스퍼r	⑧ 옮기다, 이동하다
☐ **long-term memory**	장기 기억
☐ **fall asleep**	잠들다
☐ **normal**[nɔ́ːrməl] 노ːr멀	⑲ 보통의 (↔ abnormal 비정상적인)
☐ **waking life**	(깨어 있는) 실제 생활, 현실
☐ **benefit**[bénəfit] 베너피ㅌ	⑲ 혜택, 이득

36 식물도 무선으로 소통해요! pp. 114~115

☐ **surface** [sə́:rfis] 써:r퓌ㅆ		명 표면, 지면
☐ **constantly** [kánstəntli] 칸쓰턴틀리		부 끊임없이
☐ **back and forth**		왔다 갔다, 앞뒤로
☐ **giant** [dʒáiənt] 좌이언트		형 거대한
☐ **guy** [gai] 가이		명 녀석
☐ **connect** [kənékt] 커넥트		동 잇다, 연결하다
☐ **kingdom** [kíŋdəm] 킹덤		명 왕국, 세계
☐ **nutrient** [njú:triənt] 뉴:트리언트		명 영양소, 영양분
☐ **powerful** [páuərfəl] 파워r펄		형 강력한
☐ **compare A to B**		A를 B에 비유하다 *cf.* compare A with B A와 B를 비교하다
☐ **compare** [kəmpέər] 컴페어r		동 비유하다; 비교하다
☐ **warning** [wɔ́:rniŋ] 워:r닝		명 경고, 주의 동 warn 경고하다
☐ **produce** [prədjú:s] 프뤄듀:ㅆ		동 생산하다, 만들어내다
☐ **evergreen** [évərgrì:n] 에버r그뤼:ㄴ		형 항상 푸른 잎을 가진
☐ **favor** [féivər] 페이버r		명 호의, 은혜
☐ **belong to**		~에 속하다, ~의 것이다
☐ **species** [spíːʃiːz] 스삐:쉬:ㅈ		명 (분류상의) 종
☐ **turn to**		~에 의지하다
☐ **survival** [sərváivəl] 써r봐이버r		명 생존, 살아남음 동 survive 살아남다

MEMO

리·더·스·뱅·크

13 European   14 be satisfied with 15 unexpected
16 care about   17 donation   18 resource
19 increase in number   20 have no choice but to

31 생태계를 위협하는 외래 동물, 몽구스　p. 43

1 쥐가 그들의 사탕수수 농장을 공격하여 심각한 피해를 일으키고 있었다.
2 그것은 동인도 제도에 서식하는 몽구스라 불리는 몸길이 18인치의 동물이었다.
3 곧 그 몽구스들의 수가 늘어났고 쥐의 개체 수도 거의 제로 상태로 줄어들었다.
4 쥐의 숫자가 떨어지면서, 몽구스들이 새, 뱀 그리고 거북이와 같은 다른 동물들 잡아먹기 시작했다.
5 이것이 더 큰 문제를 야기했는데, 이들 동물들이 사탕수수에 피해를 주는 벌레들을 잡아먹어 주었기 때문이었다.
6 이 동물들이 없어지자, 벌레 개체 수는 통제할 수 없이 늘어났고 그 전보다 더 많이 사탕수수에 피해를 입혔다.
7 농부들은 결국 그 몽구스들에 대한 사냥을 시작할 수밖에 없었다.

32 선행은 재미있게 즐기면서!　p. 44

1 퍼네이션은 기부를 재미있는 활동으로 만듦으로써 그것을 장려하는 방식이다.
2 이것은 결과보다는 기부의 재미있는 과정에 초점을 맞추기 때문에 특히 아이들 사이에서 점점 더 인기가 많아지고 있다.
3 'Pocket Rice'라고 불리는 모바일 게임은 당신이 영어 퀴즈를 맞힐 때마다 당신에게 쌀을 준다.
4 그러면 당신은 모아둔 쌀을 아프리카에 있는 굶주린 아이들에게 기부할 수 있다.
5 또 다른 한 예는 '투옥하기'인데, 그것은 아이들이 자선 활동을 위해 충분한 돈을 모금하면 그들의 선생님을 '감옥'에 가두는 것을 허용한다.
6 그 혹은 그녀는 일정 기간 동안 교실이나 교무실에 '갇히게' 될 것이다.
7 퍼네이션은 재미있게 놀면서 세상을 더 좋은 곳으로 만드는 훌륭한 방법이다.
8 퍼네이션에 대한 아이디어 덕분에 자발적인 기부가 빠르게 증가하고 있다.

33 아프리카 국경은 왜 반듯할까?　p. 45

1 당신이 아프리카의 역사를 본다면 왜 이런 일이 발생했는지 알 수 있다.
2 그들은 사람들 사이에서 공유되는 귀중한 자원들을 가진 많은 땅들이 있었다.
3 19세기에 유럽인들이 아프리카로 왔을 때, 예상치 못한 일이 일어났다.
4 유럽인들은 아프리카에서 더 많은 땅을 소유하고 싶었으나, 본인들끼리 싸우기를 원하지는 않았다.
5 유럽인들은 아프리카의 지리적인 특징에 대해 신경 쓰지 않고 그곳의 많은 새 국경들을 결정하기 위해 직선을 그었다.
6 공통의 언어와 문화를 공유하지 않은 사람들이 함께 살도록 강요받았다.
7 이것은 사람들이 서로 어울려 지내는 것을 매우 어렵게 했다.
8 다음에 당신이 아프리카인들이 서로 싸우는 것에 관한 뉴스를 듣게 되면, 그 모든 것이 어떻게 시작되었는지 기억하라.

UNIT 12

Word Practice　p. 46

A | 1 부끄러운   2 처리하다   3 감정적인
4 백만장자   5 필수적인, 꼭 필요한 6 확인하다, 알아보다
7 장기 기억   8 똑똑한; 밝은   9 호의, 은혜
10 (밖으로) 내다, 표출하다   11 혜택, 이득
12 평범한, 보통의; 평균의   13 ~에 속하다
14 거대한   15 옮기다, 이동하다
16 항상 푸른 잎을 가진 17 ~에 다니다; 참석하다
18 ~의 줄임말이다   19 ~에 의지하다   20 영양소, 영양분

B | 1 behavior   2 produce   3 jealousy
4 from side to side 5 fall asleep   6 passion
7 survival   8 conduct a study 9 strength
10 warning   11 back and forth 12 connect
13 normal   14 let go of   15 surface
16 suggest   17 constantly   18 try one's best
19 species   20 take place[happen, occur]

34 백만장자들의 공통점은?　p. 47

1 Thomas J. Stanley (토마스 J. 스탠리)는 백만장자들의 습관과 행동을 연구하는 데 그의 인생의 많은 시간을 보냈다.
2 Stanley는 천 명이 넘는 미국의 백만장자에 대해 연구를 진행했다.
3 놀랍게도 그 결과는 그 백만장자들 중 대부분이 평범한 대학을 다녔다는 것을 보여 주었다.
4 그들의 학업 성취도는 그리 높지 않았다.
5 그들의 성공은 자신의 일을 사랑하는 것에 대한 직접적인 결과였다.
6 이것이 그들에게 성공에 필요한 에너지와 열정을 부여했다.
7 인생은 당신이 좋아하지 않는 일을 하는 데 시간을 쓰기에 너무도 짧다.
8 당신의 마음속을 들여다보고, 세상에 그 무엇보다도 가장 하고 싶은 것이 무엇인지 스스로에게 물어보라.

35 최고의 잠, REM 수면!　p. 48

1 뇌가 가장 바쁜 때는 REM 수면이라고 불리는 단계이다.
2 REM 수면은 감정적인 문제들을 처리하고 뇌를 건강하게 유지하는 데 있어 매우 필요하다.
3 REM 수면동안 발생하는 꿈들은 뇌에게 성적 욕구와 질투심 같은 숨겨진 감정들을 풀어놓을 수 있는 기회를 준다.
4 사람들은 깨어 있을 때는 보통 너무 부끄러워서 이런 감정을 표현하지 못한다.
5 REM은 또한 정보가 장기 기억으로 전환되는 단계이다.
6 만일 우리가 REM 수면을 충분히 취하지 못하면, 우리의 뇌는 정보를 우리 기억 속에 오랫동안 저장할 수 없다.
7 우리가 잠든 후, REM 단계로 들어가는 데 보통 1시간 30분이 걸린다.
8 REM 수면은 보통의 8시간 수면 동안 약 5번 발생한다.

36 식물도 무선으로 소통해요!　p. 49

1 표면에서는 숲이 고요하고 조용하게 보일지도 모르지만, 땅 아래에서는 식물들이 서로 의사소통을 하느라 분주하다.
2 이 자그마한 것들은 식물들의 뿌리에서 자라 식물 왕국의 멤버들을 함께 연결할 것이다.
3 이 네트워크는 너무나 강력하여 어떤 과학자들은 그것을 인터넷에 비유한다.
4 당신은 식물들이 어떻게 이 곰팡이 네트워크를 이용하는지 궁금할지도 모른다.
5 그것들이 곤충에 의해 공격당하면 그것들은 다른 식물들에게 경고 신호를 보낼 것이다.
6 가을철에 자작나무가 잎을 잃고 당분을 생산할 수 없을 때, 상록수인 소나무는 곰팡이 네트워크를 통해 그것들에게 영양분을 공급해 줄 것이다.
7 여름철에 자작나무가 많은 잎을 갖고 있을 때, 그것들은 자라고 있는 소나무에게 당분을 보냄으로써 호의에 보답한다.
8 이처럼 식물들은 비록 그것들이 다른 종에 속한다 하더라도 거대한 곰팡이 네트워크를 통해 서로 돕는다.

MEMO